Susan Göldi
Deutsch und Kommunikation

Susan Göldi

Deutsch und Kommunikation

Handbuch für die Aus- und Weiterbildung

Weitere Kapitel zu diesem Buch:
www.hep-verlag.ch

der bildungsverlag

der bildungsverlag
www.hep-verlag.ch

Susan Göldi
Deutsch und Kommunikation
Handbuch für die Aus- und Weiterbildung
ISBN 978-3-03905-468-8

Weitere Kapitel zu diesem Buch:
www.hep-verlag.ch

Illustrationen: Mascha Greune, München

Bibliografische Information der Deutschen Bibliothek.
Die Deutsche Bibliothek verzeichnet diese Publikation
in der Deutschen Nationalbibliografie; detaillierte
bibliografische Daten sind im Internet unter
http://dnb.ddb.de abrufbar.

3., überarbeitete und erweiterte Auflage 2008

hep verlag ag
Brunngasse 36
CH-3011 Bern

www.hep-verlag.ch

Vorwort zur 3. Auflage

Seit der ersten Auflage von 2001 (damals unter dem Titel «Kommunikation») hat sich bezüglich der deutschen Sprache und den Kommunikationsgrundlagen kaum etwas geändert. Die veränderten Rahmenbedingungen an den Hochschulen und den Zubringerschulen nach Abschluss der Bolognareform sind heute aber deutlicher sichtbar und einheitlicher als damals: Grosse Jahrgangsklassen, volle Stundenpläne und eigenverantwortliches Selbststudium prägen den Lernalltag. Die Schulen verlangen von Studierenden mehr Lernleistungen in kürzerer Zeit.

Das überarbeitete Handbuch möchte deshalb das selbstverantwortliche Lernen von Studierenden noch stärker unterstützen und so die raren Kontaktlektionen von der reinen Wissensvermittlung entlasten.

Das Handbuch bietet neu mehr Visualisierungen, damit die Studierenden das Wesentliche besser erkennen und dank anschaulichen Darstellungen Inhalte schneller aufnehmen können. Ausserdem ergänzen neue Kapitel den Teil *Anwendungen*. In vielen Aus- und Weiterbildungen spielen heute Texte aus der Unternehmenskommunikation eine wichtige Rolle. Deshalb sind Kapitel zu den Textsorten *Medienmitteilung* und *Werbebrief* – zwei bedeutenden Textsorten der Unternehmenspublizistik – dazu gekommen. Ein ebenfalls neues Kapitel entstand zum Thema *Gebrauchsanleitung*. Denn Anleitungen bilden häufig wesentliche Teile von Projektberichten, und Produktverantwortliche müssen auch Gebrauchsanleitungen verantworten. Die neuen Kapitel finden Sie als elektronische Dokumente auf der Webseite des Verlags: www.hep-verlag.ch.

Mein Dank geht an Robert Brawer für die Durchsicht der Manuskripte und an meine Kinder für ihre kompetente Beratung bei der Auswahl von illustrierenden Comics. Vielen Dank an Meret Illi für die professionelle Projektleitung. Peter Egger danke ich für die Realisierung der dritten Auflage und die vielen wertvollen Lehrmittel, mit denen er zusammen mit dem hep-Team in den letzten Jahren den Schweizer Schulbuchmarkt bereichert hat.

Susan Göldi
Mai 2008

Visualisierungen und neue Kapitel ergänzen die 3. Auflage

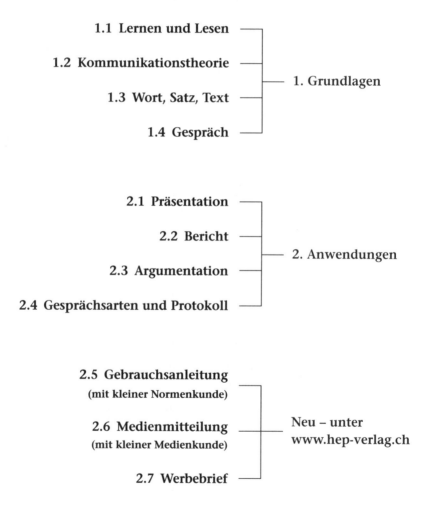

1.1 Lernen und Lesen

1.2 Kommunikationstheorie

1.3 Wort, Satz, Text — 1. Grundlagen

1.4 Gespräch

2.1 Präsentation

2.2 Bericht

2.3 Argumentation — 2. Anwendungen

2.4 Gesprächsarten und Protokoll

2.5 Gebrauchsanleitung
(mit kleiner Normenkunde)

2.6 Medienmitteilung — Neu – unter
(mit kleiner Medienkunde) www.hep-verlag.ch

2.7 Werbebrief

Vorwort zur 1. und 2. Auflage

Dieses Handbuch entstand aus Skripten zur Veranstaltung «Deutsch und Kommunikation» an der Fachhochschule Nordwestschweiz. Es gliedert sich in Grundlagen und in Anwendungen der Kommunikation. So führt es Studierende durch die Theorie und begleitet sie bei Schreib- und Redeanlässen als Ratgeber.

Das Handbuch konzentriert sich auf das Wesentliche, verzichtet auf grosse Tiefe oder Breite und präsentiert deshalb vieles vereinfacht und verkürzt. Studierende erhalten eine Zusammenstellung wichtiger Begriffe und Konzepte aus der Lern- und Kommunikationstheorie, der Gesprächspsychologie sowie der Sprach- und Texttheorie. Zu den Anwendungen *Präsentation, Dokumentation, Argumentation, Gesprächsarten* und *Protokoll* vermittelt das Handbuch verbindliches Wissen um Standards und unentbehrliche Kenntnisse wichtiger Erfolgsstrategien.

Theorie und Praxis sind im Handbuch eng verknüpft. Die Anwendungen basieren auf den theoretischen Grundlagen. Formal bildet aber jedes Kapitel eine in sich geschlossene Einheit: Eine Zusammenfassung eröffnet jedes Kapitel, eine Inhaltsübersicht zeigt die Kapitelgliederung, eine Einleitung führt Studierende ans Thema heran und ein Schlusswort fasst Ergebnisse zusammen. Die Kapitel im Teil *Anwendungen* enthalten auch Checklisten, die als Bewertungskriterien für schriftliche Arbeiten und mündliche Darbietungen dienen können.

Die einzelnen Kapitel sind zwar knapp gehalten, verzichten aber nicht auf Beispiele zur Veranschaulichung. Auch ist die Sprache leicht verständlich, das Handbuch setzt Fremdwörter zurückhaltend ein und führt Studierende an die Fachbegriffe heran. Es liest sich deshalb auch bei stark verschütteten oder sehr lückenhaften Kenntnissen der Grammatik problemlos.

Vielen Dank an Robert Brawer, Hans Gumprecht, Jan Loop und Peter Egger für die Durchsicht des Manuskriptes und die ermutigenden Kommentare.

Susan Göldi
Juni 2001/Winter 2003

Inhaltsverzeichnis

Kapitel unter www.hep-verlag.ch

2.5 **Gebrauchsanleitung (mit kleiner Normenkunde)**
  1 Einleitung
  2 Gesetze und Normen
  3 Inhalte von Gebrauchsanleitungen
  4 Visualisierungen in Gebrauchsanleitungen
  5 Gefahrenhinweise und Warnschilder
  6 Ergebnisse
  7 Literaturverzeichnis
  8 Checkliste Gebrauchsanleitung

2.6 **Medienmitteilung (mit kleiner Medienkunde)**
  1 Einleitung
  2 Beliebte Medienmitteilungen
  3 Platzieren von Medienmitteilungen
  4 Standards für Medienmitteilungen
  5 Beispiel einer Medienmitteilung
  6 Ergebnisse
  7 Literaturverzeichnis
  8 Checkliste Medienmitteilung

2.7 **Werbebrief**
  1 Einleitung
  2 Vorteile von Werbebriefen
  3 Konstruktion von Werbebriefen
  4 Manipulationstechniken für Werbebriefe
  5 Testen von Werbebriefen und Kontrolle der Werbeaktion
  6 Beispiel und Analyse eines Werbebriefes
  7 Ergebnisse
  8 Literaturverzeichnis
  9 Checkliste Werbebrief

1 Grundlagen

1.1 Lernen und Lesen

Zusammenfassung

Wir befassen uns mit Lernwegen, Lerntheorien und Lernbedingungen. Die Lernwege Hören, Sehen und Handeln bewirken in Kombination den grössten Lerneffekt. Lernen durch Lesen ist besonders anstrengend, aber auch besonders effizient. Konkrete Vorstellungen von Lerninhalten, genügend Zeit, Wissen und Aufmerksamkeit erleichtern das Lernen. Aufmerksamkeit hängt mit vielfältiger Motivation und Abwechslung beim Lernen zusammen.

Inhaltsverzeichnis

1 Einleitung

Beim Lernen setzen wir Informationen in eigene Fähigkeiten und in eigene Kenntnisse um. Dazu müssen wir die Informationen verarbeiten. Wie machen wir das? Wie gehen wir beim Lernen vor? Die Auseinandersetzung mit diesen Fragen soll das bewusste Lernen fördern und für zentrale Lernprobleme Lösungen anbieten.

Ich stütze mich bei den folgenden Ausführungen vor allem auf die Darstellungen von Metzger[1] und Kugemann[2] und beziehe mich auf die zwei lerntheoretischen Konzepte von Vester[3] und Birkenbihl[4]. Natürlich fliessen auch Erkenntnisse aus meiner eigenen Lehr- und Lernerfahrung mit ein.

Zunächst gehe ich auf die drei Lernwege Hören, Sehen und Handeln ein und beschreibe dann den Lernweg Lesen ausführlich. Weil Lesen der weitaus abstrakteste und für Studierende wichtigste Lernweg ist, wollen wir ihm besondere Beachtung schenken. Anschliessend erläutere ich kurz die beiden Lerntheorien von Birkenbihl und Vester. Letztere führt uns zu den zentralen Lernbedingungen Motivation und Konzentration. Schliesslich erläutere ich Arten und Zwecke von Lernplänen.

---

[1] Metzger, Christoph; Lern- und Arbeitsstrategien. Ein Fachbuch für Studierende an Fachhochschulen und Universitäten, Aarau: Sauerländer, 1996.

[2] Kugemann, Walter F.; Lerntechniken für Erwachsene, Stuttgart: Rowohlt, 1990, überarb. Ausg.

[3] Vester, Frederic; Denken, Lernen, Vergessen, Stuttgart: dtv, 1991, 18. Aufl. (1. Auflage 1978).

[4] Birkenbihl, Vera F.; Kommunikationstraining, München: mvg-verlag, 1997, 19. Auflage.

2 Lernwege

2.1 Hören

Im Studium hören wir meist, was wir lernen sollten, im Rahmen von Lehrvorträgen. Es ist eine besondere Herausforderung, den Lehrvortrag nicht nur hörend aufzunehmen, sondern ihn sofort schriftlich zu verarbeiten. Mitschriften zwingen uns dazu, das Gehörte ständig zusammenzufassen, in eigene Worte zu kleiden, die Wichtigkeit zu beurteilen, den Stoff selbst zu strukturieren und Zusammenhänge darzustellen. **Durch Zusammenfassen, in eigenen Worten Formulieren, Bewerten und Strukturieren ist der Stoff schon fast gelernt (Abb. 1).**

Klären wir zusätzlich offene Fragen und fassen die Mitschrift im Nachhinein zusammen, können wir davon ausgehen, den Stoff verarbeitet und damit gelernt zu haben.

Das Mitschreiben ist sehr anstrengend, aber es ist auch enorm effizient und deshalb lohnend. Aus diesem Grund empfiehlt es sich, bei jedem Lehrvortrag eine Mitschrift anzufertigen und diese nach Möglichkeit zu Hause nachzubereiten.

2.2 Sehen

Wir können jeden Tag stundenlang im Fernsehen beim Fussballspielen zusehen, das macht aus uns noch lange keine Fussballcracks. Zwar wüssten wir mit der Zeit viel über Fussball, auch wenn unser Fernseher keinen Ton hätte, wir also nichts über Fussball hören würden. Auf Grund der Wiederholung einzelner Ereignisse schliessen wir auf Regeln und Spielstrategien. So würden wir vermutlich lernen, dass es im Fussballspiel nicht gestattet ist, jemandem das Bein zu stellen oder dass ein gutes Zusammenspiel ein Erfolgsfaktor ist. Dafür müssten wir allerdings viel Zeit und Kombinationsgabe aufwenden. Auch wären fehlerhafte Interpretationen leicht möglich. Wir beobachten z.B., dass der Torhüter und die einwerfenden Spieler den Ball behändigen dürfen und schliessen daraus, dass beim Fussballspielen der Ball auch mit der Hand gespielt werden darf. Weil die unrechtmässige Ballberührung durch die Hand sehr selten vorkommt, wäre es gut möglich, dass wir sie in hundert Spielen nie beobachten und deshalb auch keine Kenntnis davon erhalten. **Ineffizienz und mögliche Fehlinterpretationen sind also die Nachteile beim Lernen durch Zusehen.**

Modul: Lern- und Arbeitstechnik	Datum: 29.9.2008
Notizen	Anmerkungen
3 Motivkategorien: a) innere, b) äussere und c) soziale Motive	Buch von Heckhausen Motivation und Handeln

a) Innere Motive besonders wichtig.
   Weil: Mit Freude, Interesse und Energie geht's leichter.
 	
   Aber:
   Auch Relaxen ist ein Bedürfnis und nützlich als Ausgleich. ☺
	! Prof: Warum-Frage könnte
	eine Prüfungsfrage sein

b) Äussere Motive v. a. kurzfristig wirksam: Belohnung
   subito als Zusatzanreiz (Sport, Medien, Spiele, Essen,
   Ausgehen ...) ans Lernen knüpfen
	Bedeutung für mich:
	Schwimmen ans Lernen
	knüpfen

c) Soziale Motive: Anschluss, Macht, Selbstbestimmung
 	
   Vorteile von Lerngruppen:
   – gemeinsamer Wort- und Erfahrungsschatz
   – Verarbeitungseffekt durchs Erklären
   – Zusatzmotivation durch Helfen
   – Benchmarking
   – Spass
	Möchte ich in eine Lern-
	gruppe?
	
	Benchmarking?
	Begriff nachschlagen

Positive statt negative Ziele setzen.
Weil:
   – Selbstverbesserung statt Selbstschutz
   – Erfolg erreichen statt Misserfolg vermeiden
	! Evtl. Prüfungsfrage
	
	Meine Ziele überprüfen und
	positiv formulieren

Abbildung 1
Beispiel einer Vorlesungsmitschrift. Notizen und Gedanken im Unterricht formulieren bedeutet effizient lernen. Handschriftliche Aufzeichnungen erfüllen denselben Dienst. (Die wenigsten Dozierenden und Studierenden schätzen das Geklapper dutzender Laptops.)

Die meisten Menschen können sich bildliche Eindrücke leichter einprägen als Worte, weil es oft einfacher ist, sich einen konkreten Gegenstand zu merken als ein abstraktes Zeichen, wie etwa eine Zahl, einen Namen oder einen Begriff. Vgl. dazu auch die Ausführungen weiter unten zur Theorie des gehirngerechten Lernens.

Der grosse Vorteil des Lernens durch Sehen besteht darin, dass Bilder das **Lernen optimal unterstützen und erleichtern.** Ein Prinzip – das uns in verschiedenen Zusammenhängen wieder begegnen wird – lautet: **Bilder stützen Worte.**

2.3 Handeln

Auch wenn wir also stundenlang beim Fussballspielen zuschauen, sind wir selbst noch lange keine Fussballspieler. Auch wenn uns jemand, und sei das ein Weltmeister persönlich, Erklärungen dazu gibt, können wir es noch nicht. Einzig selber Fussball zu spielen vermittelt uns über die theoretischen Kenntnisse hinaus auch die praktischen Fähigkeiten.

Während wir uns Kenntnisse durch Hören oder besser durch Hören und Sehen aneignen, erwerben wir Fähigkeiten durch Handeln.

Der Lernweg Handeln ist intensiv und oft auch mit Gefahren verbunden. Kein Werkstattmeister lässt seinen Lehrling schon am ersten Tag mit den gefährlichen Maschinen hantieren. Vorher muss viel zugehört und zugesehen werden. Der Verschleiss von Material und die Gefahren für den Lehrling wären sonst zu gross. Auch der Lernweg Handeln ist demnach verbunden mit anderen Lernwegen, nämlich dem Hören und dem Sehen (Abb. 2).

Die Kombination der drei Lernwege Hören, Sehen und Handeln führt meist zum Erfolg.[5] So lernt der Lernende effizient, ohne beim Lernen Schaden zu nehmen oder Schaden zuzufügen.

2.4 Lesen

2.4.1 Lesen als Schwerarbeit

Lernen durch Lesen ist deshalb Schwerarbeit, weil wir dabei alle bereits erwähnten Lernwege simulieren müssen. Es gibt kein Lernen ohne Hören, Sehen und Handeln. Können wir nicht wirklich Hören, Sehen und Handeln, müssen wir dies durch virtuelle Aktivitäten ausgleichen. Wir stellen selbst Bilder vor dem geistigen Auge – wie es so passend heisst – her (virtuelles Sehen). Wir hören die Laute mit unserem inneren Ohr (virtuelles Hören). Wir simulieren Handlungen, indem wir sie uns Schritt für Schritt als Bewegungsabläufe vorstellen (virtuelles Handeln).

Abbildung 2
Die Kombination der Lernwege führt zum Erfolg.

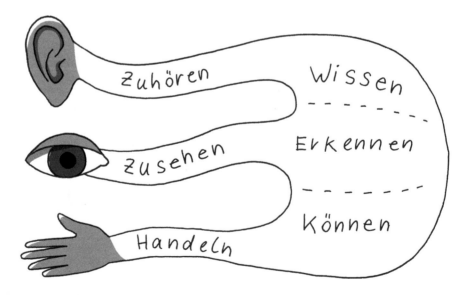

---

[5] Aus diesem Grund bestehen auch die meisten Schulstunden aus den drei Elementen: Theorie (Hören), Beispiele (Sehen) und Übungen (Handeln).

Sie sehen, welch grosse Bedeutung die Vorstellungskraft beim Lernen durch Lesen hat. Wer nie gelernt hat, sich Vorstellungen zu machen, wer die Bilder, Laute und Prozesse immer nur konsumiert hat, wird Mühe mit dem Lernen durch Lesen haben.

Dies begründet auch den enormen pädagogischen Wert der Lektüre für Kinder, Jugendliche und Erwachsene. Wenn sich auch das lernende Lesen wesentlich vom Lesen zur Unterhaltung oder zur Informationsaufnahme unterscheidet, schulen wir dabei gleichwohl die Vorstellungskraft. So erhalten wir für das Lernen durch Lesen beste Voraussetzungen.

Beim Lernen durch Lesen durchlaufen wir die im Folgenden beschriebenen drei Phasen:

1. Überfliegen und Anlesen
2. Bearbeiten
3. Kontrollieren

Während wir diese Phasen durchlaufen, arbeiten wir hart. Nicht nur volle Konzentration, sondern auch Werkzeuge wie Schreib- und Zeichenmaterial, Papier und Karteikarten sowie Nachschlagewerke sind dazu nötig.

Wir lesen deshalb am Arbeitsplatz. Es ist naiv zu glauben, dass wir Lesestoff im Bett, im Garten oder in der Badewanne so verarbeiten könnten, dass er wirklich gelernt ist. Was als Arbeitsplatz gilt, ist eine Definitionsfrage. Wählen Sie einen Platz oder richten Sie sich einen Platz ein, der wenig Ablenkung mit einer angenehmen Atmosphäre kombiniert.

2.4.2 Lesetechnik

Überfliegen und Anlesen

Wir überfliegen den Text. Oft ist auch von *diagonalem Lesen* oder *Schnelllesen* die Rede. Das Ziel dieses ersten Durchgangs ist, sehr schnell die zentralen Fragen zu klären:

• Um was geht es im Text und wie ist der Text aufgebaut?

Ausserdem überlegen wir uns:

• Ist der Text für mich von Interesse?

Um diese Frage zu klären, müssen wir bestimmte Absichten beim Lesen verfolgen. Je genauer wir wissen, was wir durch die Lektüre lernen wollen, um so schneller finden wir einen Text, der uns das Gewünschte vermittelt. Das heisst, wir beantworten im Vorfeld des Lesens die Frage:

• Was will ich aus dem Text lernen?

Schliesslich strukturieren wir in dieser 1. Phase den Lernvorgang, dazu fragen wir uns:

• Welche Textteile lese ich, wie lange brauche ich dazu und wann erledige ich das?

Wie gehen wir beim Überfliegen vor?

Wir beachten das typografisch Hervorgehobene (Titel, Fett- und Kursivdruck, Einzüge …). Ausserdem sehen wir uns Visualisierungen (Bilder, Schemata, Tabellen …) und Bildlegenden an. So erhalten wir rasch Kenntnis von

Schlüsselwörtern und Schlüsselsätzen, welche uns über das Thema informieren.

Strukturierte und typografisch gestaltete Texte erleichtern uns das Überfliegen, weshalb wir mit solchen Texten arbeiten sollten, wenn wir die Wahl haben.

Haben wir nach diesem ersten Überblick noch zu wenig Informationen, um zu entscheiden, ob und wie wir weiter lesen sollen, dann beginnen wir das sogenannte *Anlesen*. Wir lesen bei jedem Abschnitt den ersten Satz oder die ersten paar Sätze, wenn es sich um lange Abschnitte handelt.

Können wir Inhalt und Nutzen des Textes noch immer nicht erfassen, lesen wir stärker an. Wir lesen bei jedem Satz die ersten Worte und konzentrieren uns in deutschen Texten auf die Nomen (grossgeschriebene Wörter). Meist ist ein so starkes Anlesen aber unnötig. Bei vielen Texten reicht es, Hervorhebungen zu beachten und die Abschnitte anzulesen.

Sobald wir alle Fragen, die sich in Phase 1 stellen, beantwortet haben, starten wir mit der Phase 2, dem Bearbeiten, oder nehmen uns einen neuen Text vor.

Bearbeiten

Beim Bearbeiten eines Textes erfassen und klären wir Kernbegriffe und Kernaussagen. Dieses Ziel lässt sich meist nicht durch lockeres Konsumieren erreichen. Wir bearbeiten deshalb den Text nicht nur mit den Augen, sondern auch handfest, indem wir Markierungen im Text anbringen, einzelne Wörter, Sätze hervorheben, unterstreichen, überstreichen, durchstreichen, indem wir Worterklärungen, Randnotizen oder separate Notizen und Zeichnungen herstellen. (Sie finden in diesem Buch eine breite Randspalte, sie lässt sich für Notizen und Skizzen nutzen.)

Insbesondere Zeichnungen können uns das Lernen erleichtern. Zeichnen ermöglicht uns, unsere abstrakten gedanklichen Vorstellungen zu konkretisieren und in sinnliche Wahrnehmung zu verwandeln, was den Lernprozess positiv unterstützt. Wer sich von etwas ein Bild machen kann, der hat etwas gelernt. Sich eigene Bilder zu machen bringt für das Lernen oft mehr als die Bilder anderer zu konsumieren. Vgl. dazu weiter unten die Theorie des gehirngerechten Lernens von Birkenbihl.

Kontrollieren

In der dritten und letzten Phase kontrollieren wir, ob das Lernziel erreicht ist. Bietet das Lehrmittel Kontrollfragen an, lösen wir diese. Sonst formulieren wir selbst Fragen und beantworten sie oder stellen sie einer sachkundigen Person.

Zur Lernkontrolle fassen wir Gelesenes bzw. Gelerntes zusammen. Die Zusammenfassung gelingt nur, wenn wir Gelesenes wirklich verstanden haben. Insofern handelt es sich um eine Kontrolle. Durch das Bemühen, eine Zusammenfassung herzustellen, erzielen wir gleichzeitig einen wichtigen Lerneffekt. Die Zusammenfassung ist so Weg und Ziel zugleich.

Um sicherzustellen, dass der Stoff auch wirklich im Kopf und nicht nur auf dem Papier ist, repetieren wir mittels Zusammenfassungen. Das ist sinnvoller, als die gesamte Stofffülle wieder und wieder zu wälzen. Das funktioniert allerdings nur mit eigenen Zusammenfassungen, weil die Zusammenfassung einen wichtigen Schritt im Lernprozess darstellt. Es ist eine Illusion zu glauben, wir könnten den selben Lerneffekt erzielen, wenn wir mit fremden Zusammenfassungen arbeiten. Die Zusammenfassung dient so nicht nur der Lernkontrolle, sondern auch als Repetitionsinstrument. Zur Zusammenfassung vgl. auch das Kapitel «Wort, Satz, Text».

Wozu dient das Überfliegen und Anlesen?	• Thema des Textes erfassen • Textaufbau erkennen • Leseziele setzen • Textteile auswählen	Abbildung 3 Zusammen- fassung Lese- technik
Wie funktioniert das Diagonal-Lesen?	• Hervorgehobenes lesen • Bilder anschauen und Bildlegenden lesen • Erste Sätze von Abschnitten lesen • Erste Worte von Sätzen lesen	
Was bedeutet es, einen Text zu bearbeiten?	• Begriffe klären • Markierungen anbringen • Notizen anfertigen • Skizzieren	
Wie lässt sich das Textverständnis kontrollieren?	• Kontrollfragen lösen • Selbst Fragen stellen und beantworten • Mit anderen über das Gelesene sprechen • Gelesenes in eigenen Worten zusammen- fassen	

3 Lerntheorien und Lernbedingungen

3.1 Gehirngerechtes Lernen nach Birkenbihl

Das Hirn besteht bekanntlich aus zwei Hälften. Die linke Hirnhälfte denkt mehr rational, analytisch, detailgetreu, strukturiert und traditionell. Sie verarbeitet digitale Informationen wie Wörter und Zahlen. Die rechte Hirnhälfte denkt mehr emotional, synthetisch, überblicksmässig, chaotisch und kreativ. Sie verarbeitet analoge Informationen wie z. B. Bilder und Klänge (vgl. dazu Abb. 4).

Abbildung 4
Die beiden Hirnhälften und ihre Eigenschaften gemäss der Hemisphärentheorie

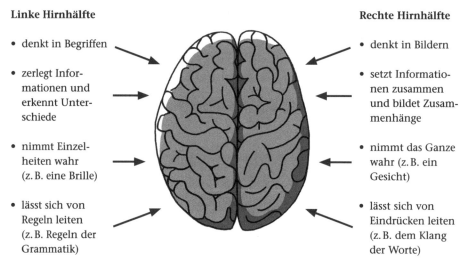

Linke Hirnhälfte

- denkt in Begriffen

- zerlegt Informationen und erkennt Unterschiede

- nimmt Einzelheiten wahr (z. B. eine Brille)

- lässt sich von Regeln leiten (z. B. Regeln der Grammatik)

Rechte Hirnhälfte

- denkt in Bildern

- setzt Informationen zusammen und bildet Zusammenhänge

- nimmt das Ganze wahr (z. B. ein Gesicht)

- lässt sich von Eindrücken leiten (z. B. dem Klang der Worte)

Dies wissen wir seit einigen Jahrzehnten. Forschungen mit Hirnverletzten begründen diese sogenannte **Hemisphärentheorie**. Bereits seit vielen Jahrhunderten hingegen gibt es ein Erfahrungswissen, das erstaunlich gut zur Hemisphärentheorie passt. Alte Mnemotechniken (Erinnerungs- oder Lerntechniken) basieren auf der Idee, dass beim Lernen zu den Worten Bilder und Gefühle hervorgerufen werden müssen.

Auf die Verbindung von Worten mit Bildern zielt auch die Theorie des gehirngerechten Lernens der Kommunikationstrainerin Vera Birkenbihl ab.[6]

---

[6] Birkenbihl, Vera F.; Kommunikationstraining, München: mvg-verlag, 1997, 19. Auflage.

Beim gehirngerechten Lernen bemühen wir uns, alles vor dem geistigen Auge zu sehen. Über alles, was wir nicht sehen können, müssen wir mehr Informationen beschaffen, bis wir eine Vorstellung vor unserem geistigen Auge gewonnen haben.

Der Lernvorgang besteht darin, Informationen als Worte *und* als Bilder zu verarbeiten. Dadurch können wir Informationen in beiden Hirnhälften speichern. Die Worte vernetzen wir in der linken Hirnhälfte, die Bilder in der rechten Hirnhälfte.

Wir sollten deshalb als Lernende alles, was wir hören und lesen, in Bilder verwandeln. Gelingt uns das, dann ist das Gelesene und Gehörte gelernt. Der Lernvorgang besteht im Kreieren von Vorstellungen und Verknüpfen von Informationen. Lernen ist deshalb eine kreative Tätigkeit, und wer erfolgreich Lernen kann, ist kreativ!

Vera Birkenbihl behauptet, dass die Fähigkeit, sich beim Lesen und Zuhören Vorstellungen zu machen, bei vielen Menschen verkümmert sei. Weshalb aber niemand zu verzagen brauche, denn die Vorstellungskraft könne durch Übung wieder ihre alte Stärke entwickeln. Entsprechende Übungen finden sich zahlreich in der Ratgeberliteratur.

Es empfiehlt sich also, beim Zuhören und Lesen immer Skizzen anzufertigen. Bei Lernschwierigkeiten versuchen wir einen Stoff so zu durchdenken, dass wir alles in Vorstellungen verwandeln und dort, wo uns das nicht gelingt, zusätzliche Informationen sammeln.

3.2 Dreistufiger Lernvorgang nach Vester

Wie speichern wir Informationen ab? Zu dieser Frage entwirft der Biochemiker Frederic Vester in seinem sehr populären Buch «Denken, Lernen, Vergessen» eine interessante Theorie: [7]

> Über unsere Sinne nehmen wir Informationen auf. Die Sinneseindrücke verweilen wenige Sekunden in Form elektrischer Ströme im Ultrakurzzeitgedächtnis (UZG). Schenken wir einer Information Aufmerksamkeit oder können wir sie einer bereits gespeicherten Information zuordnen, halten wir sie im Kurzzeitgedächtnis (KZG) in Form eines Botenstoffes (Ribonucleinsäure) fest. Sofern keine störenden Zusatzwahrnehmungen den Speichervorgang im Kurzzeitgedächtnis unterbrechen, wandert der Botenstoff ins Zellplasma. Erst wenn sich im Zellplasma neue Proteinketten auf Grund der Botenstoff-Vorlagen gebildet haben, ist die Information in Form von Materie (lange, verknäulte Proteinketten) im Langzeitgedächtnis (LZG) dauerhaft gespeichert.
>
> Während die Informationen im Ultrakurzzeitgedächtnis nur ca. 20 Sekunden verweilen, dauert der gesamte Speichervorgang etwa 20 Minuten.

Damit Informationen den Weg vom Ultrakurzzeit- ins Langzeitgedächtnis finden, braucht es also genügend Zeit, Aufmerksamkeit und / oder Verknüpfungs-

---

[7] Vester, Denken, Lernen, Vergessen, S. 43–65.

möglichkeiten mit bestehenden Gedächtnisinhalten (Abb. 5). Aus dieser Theorie können wir für unser Lernen drei Konsequenzen ableiten:

- **Ein Lernvorgang dauert ca. 20 Minuten.**
  Es hat keinen Sinn etwas Neues in wenigen Minuten lernen zu wollen. Wir sollten mindestens 20 Minuten bei einem Lernthema bleiben. Störende Zusatzwahrnehmungen können den Speichervorgang verhindern.

- **Je mehr wir lernen, um so mehr können wir dazu lernen (Verknüpfungsmöglichkeiten).**
  Diese These sollte dazu anspornen, möglichst viel und auch möglichst Vielfältiges zu lernen und dadurch viele Anknüpfungspunkte für neues Wissen zu schaffen.

- **Je aufmerksamer wir sind, um so mehr lernen wir.**
  Wir richten die Aufmerksamkeit bewusst auf neue Informationen. Wenn wir es verpassen, während der Ultrakurzzeitphase unsere Aufmerksamkeit auf das Neue zu richten, rauschen die Informationen an uns vorbei wie Strassenlärm.
  Die Aufmerksamkeit hängt mit den zwei Lernbedingungen *Motivation* und *Konzentration* zusammen. **Je konzentrierter und je motivierter wir sind, um so aufmerksamer sind wir beim Lernen.** Auf diese beiden Lernbedingungen kommen wir unten zurück.

Abbildung 5
Speicherungs-
prozess gemäss
Vester

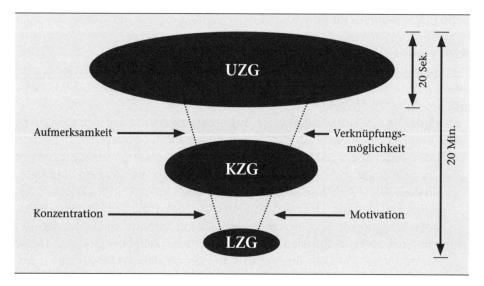

3.3 Lernbedingungen

3.3.1 Motivation

Motivation ist der Motor des Lernens. Je zahlreicher und je stärker unsere Lernmotive sind, umso leichter fällt das Lernen. Aus den diversen Motivationsmodellen wähle ich eines, mit dem sich Lernmotivation nicht nur syste-

matisch beschreiben, sondern auch steigern lässt. Heckhausen und Koauto-
rinnen und -autoren präsentieren, erläutern und diskutieren im Werk «Motivation und Handeln» zahlreiche Modelle. **Die meisten Motivationstheorien
unterscheiden aber alle grundsätzlich zwischen inneren Motiven, die der
Person zuzuschreiben sind, und äusseren Motiven, die der Situation zuzuschreiben sind.**[8] Bei den äusseren Motiven scheint es sinnvoll, zwischen sozialen Motiven, die mit sozialen Bedingungen wie Gruppenanschluss oder Macht
zusammenhängen, und nicht-sozialen Motiven zu unterscheiden. Im Folgenden sind deshalb drei Kategorien von Motiven beschrieben: innere, äussere
und soziale Motive (vgl. auch Abb. 6).

Innere Motive

**Innere Motive beim Lernen gleichen zu einem grossen Teil Grundbedürf-
nissen wie Hunger und Durst: Wissensdurst, Erkenntnishunger, Neugier,
Tatendrang.** Diese Kräfte wirken auf den Lernmotor des Menschen vom Säug-
lingsalter an und bringen ein völlig hilfloses Wesen in kurzer Zeit dazu,
unglaublich viel zu verstehen und zu können. Dabei dienen Wissensdurst und
Tatendrang als Mittel zum Zweck und sind gleichzeitig auch Selbstzweck, denn
der beständige Hunger nach Neuem und der Drang zu handeln spenden
Lebensfreude und Sinn.

Wir sind aber nicht nur mit einem angeborenen Lernmotor ausgestattet, sondern
auch mit Bremsen. Konsumhaltung, Gleichgültigkeit und Trägheit verhindern
Lernen. Sich zurückzulehnen und zu konsumieren ist das pure Gegenteil von
Lernen, und gerade deshalb ausgezeichnet geeignet, um das Lernen optimal zu
ergänzen. Weil sich die Lernkonzentration durch die Abwechslung von Lernen
und Nicht-Lernen auf hohem Niveau halten lässt, empfiehlt es sich, in Lernpau-
sen dem Drang sich zu entspannen nachzugeben. Das beeinflusst nicht nur die
Konzentration positiv, sondern erlaubt uns auch, unseren so ganz und gar gegen-
sätzlichen Bedürfnissen nachzugeben.

Motivation schöpfen wir auch aus dem Willen. Der **Wille steuert das Interesse, das Durchhaltevermögen und den Zielerfolg.** Der Entscheid, offen für
Neues zu sein, sich für vieles und vielfältiges zu interessieren, ist auch ein Wil-
lensentscheid. Grundsätzlich ist eine offene Haltung dem Lernen sehr förderlich, denn was interessiert, lernt sich leicht, und Desinteresse macht das Lernen zur Qual. Mit Willenskraft lassen sich auch Lernprobleme lösen und
Lernmisserfolge durchstehen. Bei Fehlplanungen oder ungenügenden Bewertungen zum Beispiel gilt es zu analysieren, zu optimieren und neu zu starten.
Der Wille zum Durchhalten und Erfolg haben, verhindert das voreilige Aufgeben bei Krisen – und Krisen gibt es beim Lernen immer.

Ein weiterer Aspekt im Zusammenhang mit der inneren Motivation sind die
Ziele. Zwar gehören die Ziele oft zu den äusseren Motiven, sei das nun eine

---

[8] Heckhausen, Jutta et al. (Hg.); Motivation und Handeln, Berlin: Springer 2006, 3., überarb. und
aktual. Aufl.

gute Note oder die Beförderung ins nächste Studienjahr. Meist gehen innere und äussere Zielmotive einher, denn eine gute Note bereitet auch Freude, macht Stolz und gibt Sicherheit. Was aber grundsätzlich verschieden sein kann, sind positiv und negativ definierte Ziele. Wer positive Ziele anstrebt, fokussiert zum Beispiel auf Erfolg, auf Kontrolle und auf Anschluss an eine Gruppe. Wer dagegen negative Ziele anstrebt, konzentriert sich auf Vermeiden von Misserfolg, Vermeiden von Kontrollverlust und Vermeiden von Gruppenausschluss. Naheliegend ist: Richten wir unsere Kräfte auf den Erfolg statt darauf, Misserfolg zu vermeiden, haben wir tatsächlich mehr Erfolg. Bei Heckhausen heisst es:

> *«Nicht am Ziel der Selbstverbesserung, sondern am Schutz des Selbstwerts orientiert sich das Handeln misserfolgsmotivierter Personen. [...] die misserfolgsbezogene Handlungsdirektive [ist] dem Erwerb von Kompetenzen abträglich.»*[9]

Deshalb lohnt es sich, die eigene Zieldefinition zu analysieren und negative Ziele in positive Ziele zu verwandeln.

Übrigens: Alle diese inneren Motive sind nicht nur Voraussetzung, sondern in einem höheren Mass auch Ergebnis des Studiums. Nach erfolgreich abgeschlossenem Studium verfügen Sie nicht nur über Wissen und Können, sondern auch über eine spezielle Einstellung zum Lernen. Studienabsolventen können sich immer weiter entwickeln, weil sie hoch motivierte Menschen sind.

Äussere Motive

Motivation ergibt sich auch aus äusseren Anreizen wie kleinen oder grösseren Belohnungen für geleistete Arbeit. Äussere Anreize setzen wir zusätzlich zu den inneren ein. Bei einem langen Studium von vier bis fünf Jahren sind gut geplante äussere Anreize sehr zweckmässig.

Wie können Lernanreize konkret aussehen?

- Wir planen sowohl kleine wie auch grosse Erholungsphasen ein. Jeder Tag, jede Woche, jedes Jahr sollte Erholungsphasen enthalten. Wir koppeln die Erholungsphasen mit Lernleistungen und schaffen so Lernanreize. Z. B.: Nach drei Stunden konzentriertem Lernen gönnen Sie sich einen Kinobesuch; nach sechs Tagen Arbeit und Schule ruhen Sie am Sonntag aus; nach den Modulschlussprüfungen machen Sie Ferien.
- Auch Essen, Telefonieren, Fernsehen, allgemein alles, was Ihnen Spass macht, können Sie als Anreiz ans Lernen koppeln. Haben Sie beispielsweise versucht, alle Mathematikaufgaben zu lösen, dann haben Sie sich einen schönen Abend verdient.

Von Bestrafungen hingegen ist grundsätzlich abzuraten. Können Sie die Mathematikaufgaben trotz eifrigem Bemühen nicht lösen, sollten Sie sich erst

---

[9] Heckhausen, Motivation und Handeln, S. 181. Dabei weisen Heckhausen et al. auch daraufhin, dass *«Übermotivation»* im Sinne zu hoch gesteckter Ziele ebenfalls kontraproduktiv ist.

recht etwas gönnen. Bestrafung ist kontraproduktiv, da sie zusätzlich frustriert und einem das Lernen verleidet. Vernünftiger ist es, bei Misserfolgen eine Erholungsphase für ein Überdenken der eigenen Anstrengungen zu nützen. Versuchen Sie innere Motive aufzubauen, neue äussere Anreize zu schaffen und das Lernverhalten so zu korrigieren, dass sich Erfolg einstellen kann.

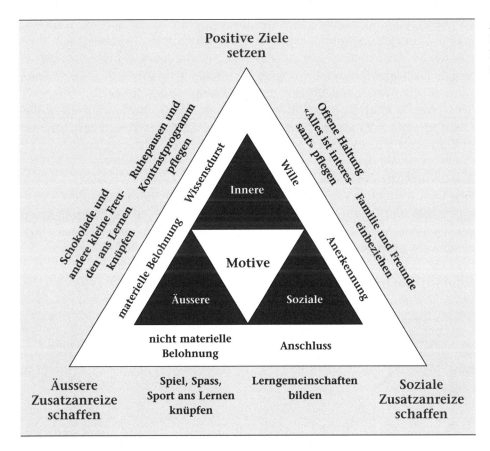

Abbildung 6
Lernmotive und
Möglichkeiten,
sie zu steigern

Soziale Motive

Schliesslich treiben auch soziale Motive den Lernmotor an. Soziale Motive ergeben sich z. B. aus dem Klassenverband oder einer Lerngemeinschaft. Indem wir zusammen mit Kolleginnen und Kollegen lernen, sehen wir immer realistisch, wo wir im Vergleich zu anderen stehen. Indem wir anderen helfen, vertiefen wir das eigene Verständnis. Indem wir Erklärungen annehmen, erhalten wir Hilfe. Die Lerngemeinschaft kontrolliert und unterstützt so das Lernen. Im Gespräch mit den Kolleginnen und Kollegen lernen wir auch neue Lernstrategien kennen, können Lernprobleme diskutieren und Lösungen suchen.

Ein soziales Motiv ist auch die Anerkennung, die Studienabsolventen erhalten, wobei die Anerkennung von der Familie, den Arbeitgebern, der Gesellschaft allgemein kommen kann. Für manche mag der Stolz der Eltern ein bedeutsames Motiv sein, für andere die grössere Verantwortung am Arbeitsplatz, für dritte der Titel, der sie als gebildete und erfolgreiche Mitglieder der Gesellschaft ausweist.

Soziale Motive ergeben sich auch aus Erwartungen der Umgebung. Wenn wir allen, den Eltern, den Freunden, der Arbeitgeberin, den Arbeitskollegen erzählt haben, dass wir ein Studium machen, dann können wir es nicht mehr von heute auf morgen abbrechen. Unsere Umgebung macht sich ein neues Bild von uns und ist enttäuscht, wenn es nicht klappt. Die Umgebung will auch Gründe für ein Scheitern oder Aufgeben hören. Wir müssen uns rechtfertigen. Soziale Kontrolle verhindert so einen leichtfertigen Studienabbruch und kann – vor allem in Krisensituationen – den Durchhaltewillen stärken.

Allein soziale Motive reichen nicht aus, um ein Studium zu absolvieren. Niemand macht ein Studium nur für Ruhm und Ehre. Im Verein mit inneren und äusseren Motiven sind soziale Motive aber durchaus wirksam.

3.3.2 Konzentration

Eine zweite wichtige Lernbedingung neben der Motivation stellt die Konzentration dar. Der Lernmotor, die Motivation, kann noch so stark sein, können wir die Kräfte nicht sammeln und auf ein Ziel hin ausrichten, kommen wir gleichwohl nicht vorwärts.

Konzentration können wir fördern, indem wir folgenden lernpsychologischen Grundsatz beachten: **Abwechslung fördert die Konzentration** (Abb. 7).

Abbildung 7 Abwechslung fördert die Konzentration

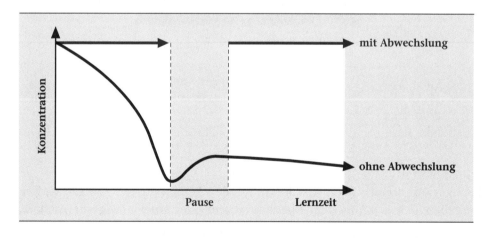

Abwechslung lässt sich beim Lernen auf den **Lernweg** beziehen. Wir lesen nicht nur, sondern schreiben und zeichnen auch. Vielleicht lesen wir gewisse Passagen laut vor, so dass wir uns selbst zuhören können.

Abwechslung lässt sich auch auf den **Lernstandort** beziehen. Wir wechseln den Arbeitsplatz oder gehen herum.

In Bezug auf die **Lerninfrastruktur** bedeutet Abwechslung den Einsatz verschiedener Schreibmittel, Farben etc.

28

Schliesslich bedeutet Abwechslung auch, den Lernstoff bzw. das Stoffgebiet gelegentlich zu wechseln. Nach 30 bis 90 Minuten am selben Lernstoff tritt bei den meisten Lernenden Sättigung ein und sie sollten den Stoff wechseln. Dabei sollten wir nicht möglichst ähnliche, sondern möglichst verschiedene Lernstoffe kombinieren. Die Kombination von Verschiedenem bringt eine der Konzentration förderliche Abwechslung, die Kombination von Ähnlichem hingegen kann zu Verwirrung, Verwechslungen und Überlagerungen führen.

Auch Pausen bringen Abwechslung. Gemäss dem Prinzip: Abwechslung fördert die Konzentration, können Pausen aus Nichts-Tun bestehen, oder daraus, etwas ganz anderes zu tun. Sinnvollerweise füllen wir Pausen mit ans Lernen gekoppelten äusseren Anreizen (vgl. oben): Sport, Kochen, Essen, Telefonieren, Spazieren, Kaffee trinken, Freunde treffen.

Natürlich eignen sich nicht alle Tätigkeiten für alle Arten von Pausen. In kurzen Pausen von 10 bis 30 Minuten können wir keine Bergwanderung unternehmen und eine längere Pause von 2 bis 3 Stunden sollten wir nicht nur mit Kaffee füllen, eine lange Pause von mehreren Tagen oder Wochen ist erst recht sinnvoll zu nutzen. Es empfiehlt sich, Pausen beim Lernen einzuplanen und sich auch geeignete Abwechslung und Erholung für die Pausen zu überlegen.

Beim Lernen treten sogenannte Lernplateaus auf (Abb. 8). Wir lernen, und plötzlich können wir nichts mehr aufnehmen. Wir sind auf einem Lernplateau angelangt. Die Lernkurve verläuft eine Weile horizontal, es findet kein erkennbarer Wissenszuwachs mehr statt. Das ist ein vorübergehendes Phänomen. Lassen Sie sich von solchen vordergründig wenig ergiebigen Lernphasen nicht entmutigen.

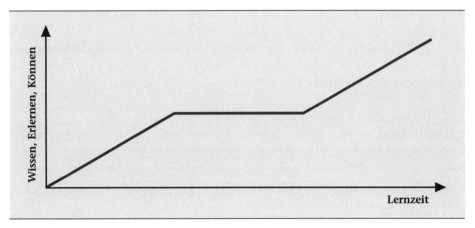

**Abbildung 8
Unvermeidbare
Lernplateaus**

Während wir auf einem Lernplateau meinen, nichts zu lernen, passiert in unserem Kopf sehr viel. Meist folgt darauf ein Lernsprung. Lernplateaus haben nichts mit einer Konzentrationsschwäche zu tun, sondern bilden eine notwendige Phase im Lernprozess.

29

4 Lernplanung

Oft treten Probleme im Studium auf Grund fehlender oder fehlerhafter Planung auf. So wie wir den Arbeitsalltag planen und strukturieren, sollten wir auch den Lernalltag planen und strukturieren. Dabei empfiehlt es sich, mit lang-, mittel- und kurzfristigen Plänen zu arbeiten.

4.1 Langfristige Lernplanung

Ein langfristiger Plan erstreckt sich über das gesamte Studium (Abb. 9). Er plant
- Promotionsprüfungen und grosse Studienarbeiten,
- Erwerbstätigkeit und berufliche Veränderungen,
- Auslandaufenthalte,
- familiäre Ereignisse wie die Hochzeit oder die Geburt eines Kindes ein.

Der langfristige Plan zeigt, wann wir mehr Zeit und Kraft fürs Studium brauchen, wann
- Erholungsphasen und Ferien möglich sind.

Er überblickt bei einem modularen Studium
- alle Module, die wir für das Diplom nachweisen müssen sowie deren Staffelung.

Er zeigt also, wann wir uns mit welchem Modul befassen und wann wir Module abschliessen. Auch enthält der langfristige Plan den Zeitpunkt, an dem wir das Studium beenden.

4.2 Mittelfristige Lernplanung

Ein mittelfristiger Plan erstreckt sich über ein Semester bis zu den Modulschlussprüfungen bzw. einer anderen Promotionsschwelle. Der mittelfristige Plan zielt auf die Promotion ab und plant alles ein, was dafür wichtig ist. Er berücksichtigt
- Präsenzzeiten an Veranstaltungen,
- Lernzeiten,
- Prüfungen,
- Zeiten für Prüfungsvorbereitungen,
- Quartals- oder Semesterarbeiten.

Oft helfen die Semesterpläne der Schule beim Planen. Sie enthalten Unterrichtszeiten, Prüfungswochen und Projektphasen. Sie lassen sich leicht durch individuelle Angaben ergänzen und den spezifischen Bedürfnissen anpassen.

Jahr	2009	2010	2010	2011	2011	2012	
Woche	38 52/1 4-6-8 18 26-28-30	38 52/1 4-6-8 18 26-28-30		38 52/1 4-6-8 18 26-28-30		38 52/1 4-6-8 18 26-28-30	
Semester	1. Semester HS	2. Semester FS	3. Semester HS	4. Semester FS	5. Semester HS	6. Semester FS	Diplom
Prüfungen	****	*****	****	****	****	****	
Arbeiten / Praktikum		******				Stellensuche	
Auslandsemester				***************	*******		
Ferien	*	* *	* *	*	*	***	
Projekte	Projekt 1 — 6	Projekt 2 — 6	Projekt 3 — 6	Projekt 4 — 6	Projekt 5 — 6	Bachelorthesis — 12	42
Fachmodule	Konvergenz Math. 3; Konvergenz BWL 3; Konvergenz; Rechnungswesen 3; Informatik Grundlagen 3; Marketing Grundlagen 3; Logistik Grundlagen 3	Statistik 3; Elektrotechnik 3; Mechanik; Herstellverfahren 3; Kostenrechnung 3; Anwendungssysteme 3; Materialwirtschaft 3; Volkswirtschaftslehre 3	Thermodynamik 3; Automatisierung 3; Messtechnik 3; Werkstoffe 3; Investitionsrechnung 3; Programmieren 3; Datenbanken 3; Marketinginstrumente 1 — 3	Physik 3; Schaltungstechnik 3; Konstruktion 3; Finanzmanagement 3; Organisationslehre 3	Lineare Algebra 3; Systemtheorie 3; Individualarbeit 3; Marketinginstrumente 2 — 3	Internationales 3; Marketing 3; Marketingplan 3; Produktentwicklung 3	100
Vertiefungsmodule					Fertigungstechnik 1 — 3; Steuerungen 1 — 3; Planmanagement 3	Fertigungstechnik 2 — 3; Steuerungen 2 — 3; Produktionslabor 3	18
Kontextmodule	Kommunikation 1 — 2; English 1 — 2	Kommunikation 2 — 2; English 2 — 2	Literatur 2; English 3 — 2		Public Relations 2; Ethik 2; English 4 — 2	Soziologie 2; Didaktik 2	22
ECTS-Punkte	28	34	34	21	33	34	184
Stunden / Semester	28 x 30 = 840	34 x 30 = 1020	34 x 30 = 1020	21 x 30 = 630	33 x 30 = 990	34 x 30 = 1020	5520
Stunden / Woche	840 : 22 = 38	1020 : 22 = 46	1020 : 22 = 46	630 : 22 = 29	990 : 22 = 45	1020 : 22 = 46	42

Abbildung 9
Langfristiger Zeitplan über das gesamte Studium

4.3 Kurzfristige Lernplanung

Ein kurzfristiger Plan erfasst alle Aktivitäten einer Woche. Er kann Woche für Woche gleich, ähnlich oder auch immer wieder verschieden aussehen. Aktivitäten von Lernenden sind insbesondere:

- Erwerbsarbeit,
- Unterricht,
- Erholungszeiten,
- Fahrzeiten,
- Familienzeiten und
- Lernzeiten.

Gerade wenn die Lernzeit sehr knapp ist, sollten wir sie täglich einplanen. Nur ein detaillierter Plan und natürlich dessen Umsetzung verhindern, dass keine Zeit zum Lernen übrigbleibt.

Die kurzfristige Planung lässt sich am Einfachsten mit einer **Agenda** bewältigen. Entweder auf Papier oder im elektronischen Kalender planen wir alle Wochenaktivitäten ein. Vergessen Sie bei der kurzfristigen Planung auch die Chaoszeiten nicht. Planen Sie also mehr als nur fünf Minuten fürs Frühstück oder Mittagessen ein. Denn trotz Studium möchten Sie vermutlich ein soziales Wesen bleiben, das ab und zu ein Gespräch führt oder eine Zeitung liest.

4.4 Vorteile der Lernplanung

Durch das Planen organisieren wir nicht nur das Lernen, sondern wir visualisieren, kontrollieren und reflektieren es auch. Alle Pläne haben stets bildhafte Gestalt, sie enthalten grafische Elemente, Skizzen, Icons oder Symbole.[10] Nicht wenigen Menschen bereitet es zum Beispiel Freude, etwas Erledigtes abzuhaken. Das ist nichts anderes als die Visualisierung eines Erfolgs. Ausserdem erlaubt die Lernplanung Kontrolle. Wir sehen, was erledigt und vor allem auch, was noch nicht erledigt ist. Unerledigtes lässt sich also entdecken und allenfalls neu im Plan platzieren, damit es nicht vergessen geht. Schliesslich nehmen sich Planende während der Lernplanung eine Auszeit vom Lernen. Sie denken während dieser Auszeit über das Lernen, dessen Gliederung, Staffelung und Bedeutung nach. Sie definieren Teilziele, Erfolgskriterien und Handlungsalternativen und unterstützen damit den Lernprozess optimal. Abbildung 10 zeigt die diversen Funktionen von Zeitplänen in der Übersicht.

---

[10] Mehr zu diesen Begriffen im Kapitel 2.5 Gebrauchsanleitung.

Zeitpläne sind **Organisationsinstrumente**	• Arbeitsprozesse bilden und in Teilprozesse gliedern • Teilprozesse priorisieren und koordinieren • Teilprozesse terminieren	**Abbildung 10** **Vielfältiger** **Nutzen von** **Zeitplänen**
Zeitpläne sind **Kontrollinstrumente**	• Zeitfresser finden • Vergessenes aufspüren • Änderungen rechtzeitig vornehmen	
Zeitpläne sind **Visualisierungsinstrumente**	• Prozesse, Konflikte und Synergien visualisieren • Ziele visualisieren • Erfolge visualisieren z. B. mit Abhaken	
Zeitpläne sind **Reflexionsinstrumente**	• Ziele definieren • Erfolgskriterien bestimmen • Szenarien einkalkulieren	

5 Ergebnisse

Die drei Lernwege Sehen, Hören und Handeln sind in Kombination am effizientesten, da sie sowohl Vorstellungen wie auch Kenntnisse und Fähigkeiten vermitteln.

Beim Lernweg Lesen müssen wir Sehen mit dem inneren Auge, Hören mit dem inneren Ohr und Handeln virtuell simulieren. Lernen durch Lesen ist äusserst arbeitsintensiv und wird sinnvoll in die drei Phasen: 1. Überfliegen und Anlesen, 2. Bearbeiten und 3. Kontrollieren gegliedert. Beim Überfliegen und Anlesen entscheiden wir, ob, wie und warum wir etwas lesen. Beim Bearbeiten verinnerlichen wir durch Markieren, Zeichnen, Ergänzen und Neuformulieren den Stoff. Beim Kontrollieren stellen und beantworten wir Fragen und fassen zusammen.

Das gehirngerechte Lernen nach Birkenbihl beruht auf der Hemisphärentheorie. Es besagt, dass wir zu jedem abstrakten Zeichen (Worte und Zahlen) konkrete Vorstellungen (Bilder und Gefühle) entwickeln müssen, um die Zeichen in Kenntnisse und Fähigkeiten verwandeln zu können.

Die Lerntheorie von Vester geht von einem dreistufigen Lernvorgang aus. Informationen gelangen vom Ultrakurzzeitgedächtnis ins Kurzzeitgedächtnis und von da ins Langzeitgedächtnis. Die Speicherung im Langzeitgedächtnis erfolgt nur bei genügend Zeit, Verknüpfungsmöglichkeiten mit bereits vorhandenem Wissen sowie ausreichender Aufmerksamkeit. Aufmerksamkeit hängt von Motivation und Konzentration ab.

Motor des Lernens bilden vor allem innere Motive wie Interesse und Durchhaltewillen. Äussere Motive bestehen in Belohnungen, welche ans Lernen gekoppelt sind. Soziale Motive wie Anerkennung und Umgebungserwartungen sind im Verein mit inneren und äusseren Motiven wirksam.

Konzentration erreichen wir durch sinnvolle Abwechslung in Bezug auf Lernstoff, Lernweg und Lernutensilien. Pausen bieten ebenfalls Abwechslung. Lernplateaus sind notwendige Bestandteile des Lernprozesses und nicht mit einem Konzentrationsproblem zu verwechseln.

Lang-, mittel und kurzfristige Pläne erleichtern das Lernen. Sie erlauben es uns, das gesamte Studium, den Abschnitt bis zur nächsten Promotion und jede Woche zu überblicken, optimal zu strukturieren und so das Lernen in unser Leben zu integrieren.

6 Literaturverzeichnis

- Birkenbihl, Vera F.; Kommunikationstraining, München: mvg-verlag, 1997, 19. Auflage.
- Heckhausen, Jutta et al. (Hg.); Motivation und Handeln, Berlin: Springer 2006, 3., überarbeitete und aktualisierte Auflage.
- Frick, René und Mosimann, Werner; Lernen ist lernbar. Eine Anleitung zur Arbeits- und Lerntechnik, Aarau: Sauerländer, 1994.
- Kugemann, Walter F.; Lerntechniken für Erwachsene, Stuttgart: Rowohlt, 1990, überarb. Ausg.
- Metzger, Christoph; Lern- und Arbeitsstrategien. Ein Fachbuch für Studierende an Fachhochschulen und Universitäten, Aarau: Sauerländer, 1996.
- Steiner, Verena; Exploratives Lernen, Der persönliche Weg zum Erfolg. Ein Arbeitsbuch für Studium, Beruf und Weiterbildung, Zürich: Pendo, 2001, 5. Auflage.
- Vester, Frederic; Denken, Lernen, Vergessen, Stuttgart: dtv, 1991, 18. Auflage.

1.2 Kommunikations-theorie

Zusammenfassung

Wir befassen uns mit zentralen Begriffen und Modellen der Kommunikations-theorie im Allgemeinen und der zwischenmenschlichen Kommunikation im Speziellen. Der Begriff *Kommunikation* hängt eng mit den Begriffen *Metakommunikation, Information* und *Zeichen* zusammen. Den Prozess der Kommunikation beschreibt ein allgemeines Kommunikationsmodell, das statische und dynamische Elemente erfasst. Die Theorie der sozialen Kommunikation basiert auf den Grundannahmen: Jedes Verhalten ist Kommunikation; jede Kommunikation vermittelt Informationen über Inhalte und die Beziehung der Kommunikationspartner; jede Kommunikation lässt sich in verschiedene Aktions-Reaktions-Einheiten gliedern; Kommunizierende kooperieren.

Inhaltsverzeichnis

1 Einleitung

Kommunikation ist ein schillernder und für die Informationsgesellschaft zentraler Begriff. Was genau bedeutet er und wie verlaufen Kommunikationsprozesse?

Diesen Fragen gehen wir nach, um in den folgenden Kapiteln Begriffe und Modelle aus der Kommunikationstheorie für die Praxis der sozialen Kommunikation im privaten und beruflichen Alltag nutzen zu können.

Wichtige Ansätze der Kommunikationstheorie entstanden vor allem seit den 1960er-Jahren parallel zur Entwicklung der Informatik bzw. Informationstheorie. Begriffe prägte unter anderem Ecos «Zeichen»[1], theoriebildend wirkten «Menschliche Kommunikation» von Watzlawick, Beavin und Jackson[2], im folgenden als Watzlawick u. a.[3] bezeichnet sowie «Theorie des kommunikativen Handelns» von Habermas[4]. Darauf und auf die Erläuterungen und Ergänzungen dazu von Schulz von Thun stütze ich mich hauptsächlich ab.[5]

Ich gehe zunächst auf Grundbegriffe und Modelle der Kommunikationstheorie allgemein ein und komme dann zu wichtigen Aspekten der zwischenmenschlichen Kommunikation, die auch als *soziale Kommunikation* bezeichnet wird.

---

[1] Eco, Umberto; Zeichen. Einführung in einen Begriff und seine Geschichte, Frankfurt / M: Suhrkamp, 1977, übersetzt aus dem Italienischen von Günter Memmert.

[2] Watzlawick, Paul, Beavin, Janet H. und Jackson, Don D.; Menschliche Kommunikation. Formen, Störungen, Paradoxien, Bern: Hans Huber Verlag, 1990, 8. Aufl. (1. Aufl. 1969).

[3] *u. a.* ist eine gängige Abkürzung für *und andere* bei Literaturhinweisen. Manchmal treffen wir auch auf die lateinische Form *et. al.* für *et aliter.*

[4] Habermas, Jürgen; Theorie des kommunikativen Handelns. Band 1: Handlungsrationalität und gesellschaftliche Rationalisierung, Frankfurt: suhrkamp taschenbuch wissenschaft, 1995 (Taschenbuchausgabe der vierten, durchgesehenen Auflage von 1987).

[5] Schulz von Thun, Friedemann; Miteinander reden 1. Störungen und Klärungen. Allgemeine Psychologie der Kommunikation, Hamburg: Rowohlt TB, 1997 (Originalausgabe 1981).

2 Grundbegriffe und Modelle aus der Kommunikationstheorie

2.1 Komplexe Kommunikation

Das Wort *Kommunikation* lässt sich vom lateinischen Verb *communicare* herleiten, welches *gemeinsam machen, gemeinsam haben, gemeinsam geben* und auch *teilen* bedeuten kann. Diese letzte Bedeutung führt uns zur modernen Interpretation *mitteilen* oder *übermitteln (von Informationen)*.

Gemäss neueren Lexika und im Verständnis vieler Menschen bedeutet Kommunikation Austausch von Information. Das ist eine erstaunlich knappe Definition eines ausserordentlich schillernden Begriffes, der heute in aller Munde ist. Warum ist der Begriff *Kommunikation* so facettenreich?

In der modernen Informationsgesellschaft vollzieht sich die Kommunikation oft durch hoch technologische Vorgänge, welche für viele Menschen nicht mehr nachvollziehbar sind. Von der Kommunikation per Internet, Natel oder Fax machen zwar viele Gebrauch und wissen um die Komplexität der technischen Systeme, sind aber weit davon entfernt, diese Systeme zu verstehen.

Nicht nur die indirekte Kommunikation mittels technischer Infrastruktur, auch die direkte Kommunikation ist ein hoch komplexer Vorgang. Auf die zwischenmenschliche Kommunikation wirken, wie wir sehen werden, viele Faktoren ein, der Prozess der Kommunikation verläuft zirkulär und besteht aus mehreren synchron verlaufenden Teilprozessen. Die Ergebnisse des Kommunikationsprozesses sind vielschichtig und vieldeutig.

Schliesslich müssen wir uns auch bewusst machen, dass jede Auseinandersetzung mit Kommunikation selbst auch Kommunikation ist, deren Regeln gehorcht und von deren Voraussetzungen abhängt. Watzlawick u.a. drücken das sehr pointiert aus:

> *«Wir sind wie eingesponnen in Kommunikation und sind doch – oder gerade deshalb – fast unfähig, über Kommunikation zu kommunizieren.»* [6]

Diese Überlegung führt uns zu einem wichtigen Begriff der Kommunikationstheorie: dem Begriff *Metakommunikation*.

---

[6] Watzlawick u.a., Menschliche Kommunikation, S. 38.

2.2 Metakommunikation

Der Begriff Metakommunikation bezeichnet die Kommunikation, welche sich mit Kommunikation befasst. Das vorliegende Handbuch ist der Metakommunikation zuzuschlagen, denn es kommuniziert über Kommunikation. Bei der professionellen Metakommunikation beschäftigen sich z. B. Wissenschaftlerinnen, Kommunikationsberater oder Lehrerinnen mit Kommunikationstheorien, Kommunikationsmodellen, Kommunikationsuntersuchungen und kommunizieren die Theorien, Modelle und Untersuchungen.

Im Alltag begegnen wir oft metakommunikativen Aussagen wie *Das hast du schön gesagt!* oder *Ich finde, du verdrehst alles!*

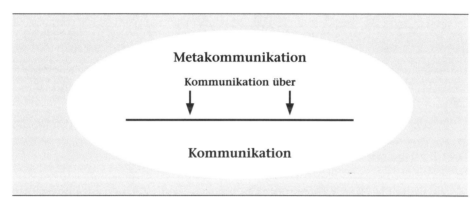

Abbildung 1
Verhältnis von
Metakommuni-
kation und
Kommunikation

Die beiden Begriffe *Kommunikation* und *Metakommunikation* führen uns zu einem ersten Modell von Kommunikation (vgl. Abb. 1), in welchem zwei Kommunikationsebenen sichtbar sind. Auf der Ebene der Kommunikation geht es um Informationsübermittlung. Auf der Ebene der Metakommunikation geht es um Informationsübermittlung in Bezug auf Informationsübermittlung auf der Kommunikationsebene.

Das Konfliktlösungsmodell des sogenannten *Feldherrenhügels* zeigt sehr anschaulich, wie Metakommunikation funktioniert (vgl. Abb. 2). Die Konfliktparteien steigen auf die Feldherrenhügel, die Ebene der Metakommunikation, und betrachten Kommunikationsvorgänge von aussen. Das ermöglicht ihnen, unterschiedliche Sichtweisen kennen zu lernen, neue Kommunikationsaspekte zu entdecken und die Vorgänge zu interpretieren.

In der sozialen Kommunikation sind die Feldherrenhügel allerdings oft zu wenig hoch, um einen Überblick zu gewährleisten. Die Kommunikationspartner schaffen es ohne Hilfe nicht, sich weit genug zu distanzieren und den Kommunikationsvorgang zum Zwecke der Metakommunikation zu unterbrechen, bzw. die Ebenen scharf zu trennen.

2.3 Information und Zeichen

Wir haben oben den Begriff *Kommunikation* als *Austausch von Information* definiert. Wie aber fassen wir den Begriff *Information*?

Abbildung 2
Metakommu-
nikation vom
Feldherrenhügel
aus[7]

Unter *Informationen* verstehen wir im Alltag: *Auskünfte, Wissen, Meinungen, Werte, Gefühle, Beschreibungen, Zahlen, Wörter, Sätze, Texte, Bilder ...* – den Begriff allgemein zu definieren fällt allerdings schwer.

In der Informationstheorie ist eine Information eine messbare Grösse. Die Grundeinheit ist das bit. Informationen setzen sich aus Zeichen zusammen und bilden Zeichenformationen. Dieser Ansatz führt uns auf die Spur eines weiteren zentralen Begriffes der Kommunikationstheorie, den Zeichenbegriff.

Zum Begriff *Zeichen* liefert uns die Zeichentheorie (die sogenannte *Semiotik*) Anhaltspunkte. Die Zeichentheorie befasst sich mit dem ganzen Spektrum von Zeichensystemen – oft wird auch von *Kommunikationssystemen* oder Codes gesprochen. Das Spektrum reicht von tierischem Verhalten über Geruchssignale, stimmliche Signale, Krankheitssymptome, Gestik, Mimik, Musik, visuelle Sprachen wie die Architektur oder die Malerei bis zu den formalisierten Sprachen wie die Algebra oder Chemie und umfasst auch die sogenannten *natürlichen Sprachen*: Laute, Wörter, Sätze, Texte. **Die Zeichentheorie untersucht alle diese Zeichensysteme in Bezug auf drei zentrale Aspekte: syntaktische, semantische und pragmatische Aspekte (Abb. 3).**

- Zeichen weisen eine spezifische Form auf und stehen zueinander in Beziehung (syntaktischer Aspekt). Grammatiken bringen Zeichen in eine Systematik, beschreiben Umformungsregeln und Kombinationsmöglichkeiten, so z. B. die deutsche Grammatik.
- Zeichen haben eine spezifische Bedeutung. Zwischen einem Zeichen und dem, was es bezeichnet, besteht eine Beziehung (semantischer Aspekt). Dabei existieren grundsätzlich zwei Beziehungsformen. Zeichen und Bezeichnetes können sich ähnlich sein, in diesem Fall sprechen wir von

---

[7] In Anlehnung an Schulz von Thun, Miteinander reden, Bd. 1, S. 92.

42

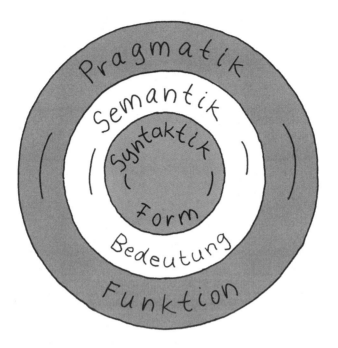

Abbildung 3
Zeichen haben
eine Form, eine
Bedeutung und
eine Funktion
für Zeichen-
benützende

analoger Kommunikation. Piktogramme, Landkarten und viele körpersprachlichen Zeichen sind ähnlich zu dem, was sie bezeichnen. Die Analoguhr steht in einem Ähnlichkeitsverhältnis zur Zeit: Die Zeiger kreisen wie die Sonne und am Mittag zeigen die Zeiger den Sonnenhöchststand an (Abb. 4). Analogrechner verarbeiten wirkliche physische Grössen wie Strecken oder Stromstärken.

Analoges Zeichen   **Digitales Zeichen**

Abbildung 4
Zeichen können
dem Bezeichne-
ten gleichen
(analog sein)
oder willkürlich
(digital) sein.

Sind Zeichen und Bezeichnetes ohne Ähnlichkeit, ist das Zeichen willkürlich. In diesem Fall sprechen wir von digitaler Kommunikation. Wörter, Zahlen und viele Gesten sind Beispiele für Zeichen, die keine Ähnlichkeit mit dem Bezeichneten aufweisen. Die digitale Uhr ordnet dem Sonnenstand willkürlich Zahlen zu. Digitalrechner verarbeiten willkürlich fixierte Zahlen oder Buchstaben.

- Form und Inhalt alleine bestimmen aber ein Zeichen noch nicht genügend. Wir, die Zeichenbenützenden, brauchen die Zeichen zu bestimmten Zwecken. Zeichen übernehmen so auch eine spezifische Funktion (pragmatischer Aspekt). Wir können auch sagen, dass Zeichen in einer speziellen Beziehung zu den Zeichenbenützenden stehen. Eine kaputte Uhr beispielsweise, sei sie nun digital oder analog, hat zwar Form und Inhalt, aber sie ist funktionslos.

Kehren wir zurück zum Begriff Information. Da Informationen aus Zeichen bestehen, könnten wir sie als Zeichenformationen mit spezifischer Form, spezifischem Inhalt und spezifischer Funktion definieren. Wollen wir demnach Informationen beschreiben oder bewerten, dann tun wir dies hinsichtlich ihrer Form, ihres Inhaltes und ihrer Funktion.

2.4 Kommunikationsprozess

2.4.1 Sender und Empfänger

Im Kommunikationsprozess vollzieht sich ein Informationstransfer zwischen einem Sender und einem Empfänger (vgl. Abb. 5).

Abbildung 5
Informations-
transfer

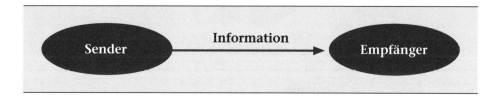

Der Informationstransfer kann innerhalb eines Menschen, im Rahmen der sogenannten intrapersonalen Kommunikation, stattfinden. Neuronen und Hormone übernehmen im menschlichen Organismus die Funktion der Informationsübermittlerinnen.

Informationsaustausch findet zwischen Menschen (interpersonale Kommunikation) statt. Wir sprechen auch von zwischenmenschlicher oder sozialer Kommunikation. Darauf kommen wir im 2. Teil dieses Kapitels ausführlich zu sprechen.

Tiere kommunizieren miteinander und beschränkt auch mit den Menschen. Biologinnen und Biologen untersuchen den Informationsaustausch und Zeichensysteme im Tierreich.

Mit der Kommunikation zwischen Mensch und Maschine setzen sich Ergonomen und viele Techniker auseinander. Sie fragen sich, wie ein Interface, die Schnittstelle zwischen Mensch und Maschine, beschaffen sein muss, damit sich Mensch und Maschine verständigen können.

Mit technischer Kommunikation, dem Informationsaustausch zwischen Maschinen, befassen sich Informatiker, Elektroniker und Physiker.

Als Sender und Empfänger treten also Teile von Organismen, Tiere, Menschen und Maschinen auf.

2.4.2 Prinzip Rückkoppelung

Können wir auch mit einer Wolke kommunizieren? Nein, eine schwarze Wolke sagt uns zwar, dass es bald regnen wird. Die schwarze Wolke regnet aber nicht deshalb, weil ich mit dem Schirm herumlaufe. Sie wird sich auch vom Regnen nicht abhalten lassen, wenn ich meinen Schirm vergessen habe. Ich kann der Wolke keine Botschaft übermitteln. Die Handlung der Wolke ist nicht auf den

Menschen bezogen. Die Wolke kann als Senderin, nicht aber als Empfängerin einer Botschaft auftreten. Beim Informationstransfer zwischen mir und der Wolke fehlt die Rückkoppelung. Unter Kommunikation verstehen wir ausschliesslich Prozesse mit Rückkoppelung.

Diese Gedanken führen uns zu einem zweiten einfachen Modell des Kommunikationsprozesses. In Abbildung 6 sind die Kommunizierenden dargestellt sowie die Informationen, die zwischen ihnen hin- und herlaufen.

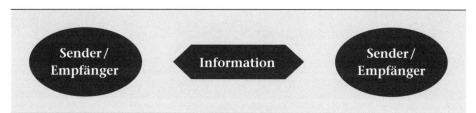

Abbildung 6
Rückkoppelung
im Kommuni-
kationsprozess

Sender und Empfänger wechseln beständig die Rolle. Sie agieren und reagieren in einer Wechselbeziehung und ihre Handlungen sind stets aufeinander bezogen. Solche Wechselbeziehungen bezeichnen wir auch als *Interaktion*. Kommunikation ist demnach ein Interaktionsprozess.

2.4.3 Allgemeines Kommunikationsmodell
Kommunikationsmodell mit Rückkoppelung

Zu einem komplexeren Verständnis des Kommunikationsprozesses führt uns ein altes, aber immer noch aktuelles Kommunikationsmodell aus der Nachrichtentechnik (vgl. Abb. 7). Neben Prozesselementen beschreibt es auch Transformationen.

Informationen durchlaufen kodiert (verschlüsselt) einen Informationskanal. Rauschen (eine Störung) kann die Übermittlung beeinträchtigen. Das, was der Sender codiert hat, muss der Empfänger decodieren (entschlüsseln).

Kombinieren wir das Prinzip der Rückkoppelung und das Modell aus der Nachrichtentechnik, erhalten wir ein sogenanntes *allgemeines Kommunikationsmodell* (vgl. Abb. 8). Es fasst die wichtigsten Prozessfaktoren zusammen.

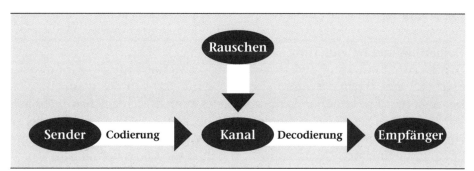

Abbildung 7
Kommunika-
tionsmodell aus
der Nachrichten-
technik

45

Abbildung 8
**Allgemeines
Kommunika-
tionsmodell**

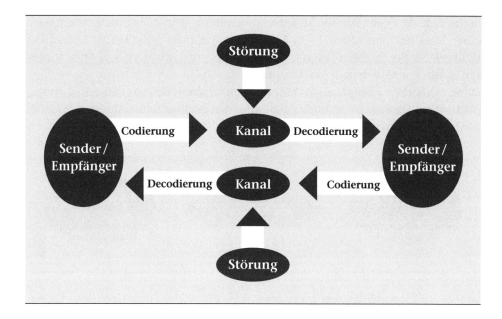

Kommunikationskanal und Kommunikationsmittel

Der **Kommunikationskanal** bezeichnet den Übertragungsweg des Signals. Kanäle sind beispielsweise Schall-, Licht- oder Duftwellen, elektrische Leitungen oder Radiowellen.

Unter Kommunikationsmittel (oder Kommunikationsmedium) verstehen wir in der Alltagssprache das, was die Nachrichtentechnik als *Terminal* bezeichnet, also die Ausgabestation der Information, beispielsweise das Telefon, das Buch oder den Computer.

Manchmal werden Kommunikationsmittel und Kommunikationskanal gleichgesetzt. Tatsächlich meint jemand, der vom Telefon als Kommunikationsmittel spricht, nicht nur das Telefongerät, sondern das ganze Telefonnetz.

In der sozialen Kommunikation unterscheiden wir in diesem Zusammenhang auch zwischen unmittelbarer und mittelbarer Kommunikation. Zur unmittelbaren zwischenmenschlichen Kommunikation zählen wir das direkte Gespräch. Zur mittelbaren Kommunikation zählen wir beispielsweise die briefliche Kommunikation und auch die sogenannte Massenkommunikation über Zeitung, Radio oder TV.

Codierung und Decodierung

Die Begriffe Codierung und Decodierung bezeichnen die Zuordnung von Zeichen einer Zeichenmenge zu Zeichen einer anderen Zeichenmenge.

Im Verlaufe eines Kommunikationsprozesses können sich Zeichen mehrfach transformieren. Sie laufen durch unterschiedliche Kanäle in unterschiedlicher Form. Eine Information kann sich auf dem Weg vom Sender zum Empfänger durch Codierung und Decodierung in verschiedene Codes verwandeln.

Zum Beispiel verwandeln sich die Worte eines Radiosprechers zuerst in akus-

46

tische Signale, beim Eintritt ins Mikrofon werden sie zu elektrischen Signalen, wenn sie die Radiowelle überträgt, verwandeln sie sich in elektromagnetische Signale, welche das Radio aufnimmt. Aus dem Lautsprecher treten wieder akustische Signale aus, gelangen ins Ohr eines Radiohörers, wo sie sich im Verlauf der Decodierung über elektrochemische Signale übertragen.

Als Codierungsvorgang in der sozialen Kommunikation können wir auch die Zuordnung von sprachlichen Symbolen zu Gedanken, Wünschen, Erwartungen und Erfahrung, die wir vermitteln wollen, bezeichnen. Bei der Decodierung von sprachlichen Symbolen versuchen wir auf die Gedanken, Wünsche, Erwartungen und Erfahrungen unseres Gegenübers zurückzuschliessen (vgl. Abb. 9).

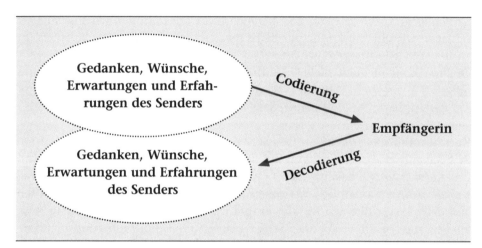

Abbildung 9
Codierung und
Decodierung
in der sozialen
Kommunikation

Missverständnisse treten auf, wenn die Empfängerin falsche Rückschlüsse zieht oder wenn der Sender seine Gedanken, Wünsche und Erfahrungen mangelhaft codiert.

Das Produkt der Codierung nennen wir *Code*. Verfügen Sender und Empfängerin nicht über dieselben Codes, treten ebenfalls Kommunikationsprobleme auf. Je kleiner die Schnittmenge der Codes, umso geringer das Verständnis.

Im Gespräch zwischen Ärztin und Patient z.B. versteht der Patient die Ärztin deshalb schlecht, weil er vielleicht ihren Code, z.B. *Sie leiden an primärer Varikose*[8], nicht kennt (Abb. 10).

---

[8] Mit «primärer Varikose» sind Krampfaderleiden, die nicht die Folge anderer Erkrankungen sind, gemeint.

Abbildung 10
Codes von Sen-
der und Empfän-
ger sind nicht
identisch

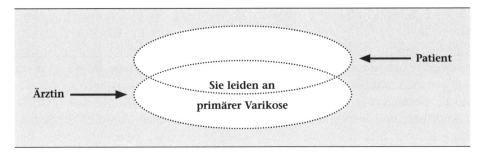

In der Kommunikation zwischen Mensch und Maschine verfügt der Computer meist über umfangreichere digitale Codes als eine durchschnittliche Bediene-rin. Hingegen verfügt er über keine analogen Codes. Brüllen wir ihn an oder schlagen wir ihn, wird er darauf nicht reagieren, weil solches Verhalten nicht zu seinem Code-Inventar gehört:
Zeichen können auch viele Bedeutungen haben, das gilt insbesondere für natürliche Sprachen. Dies kann ebenfalls zu Kommunikationsproblemen füh-ren (vgl. dazu das Kapitel «Wort, Satz, Text»).

Kommunikationsstörungen (Rauschen)
Mit Rauschen sind Störungen bei der Informationsübertragung gemeint. Der Kommunikationskanal ist störanfällig. Beim Durchlaufen verschiedener Kanäle und der mehrfachen Codierung und Decodierung von Botschaften auf dem Weg vom Sender zur Empfängerin kann Manches schiefgehen. Codierungs- und Decodierungsfehler können die Kommunikation belasten. Staub, Hitze, Spannungsschwankungen oder fehlerhafte Bauteile können Störungen bewirken. Andere Signale können die Übertragung beeinträchti-gen. Viel Lärm kann beispielsweise die Übermittlung einer gesprochenen Botschaft stören.
Wer sicher gehen will, dass seine Botschaften trotz Störpotential ankommen, sendet redundante Botschaften.

2.5 Redundanz
Redundant bedeutet, dass dieselbe Information mehrfach vorhanden ist. Z.B. sagt jemand *Nein* und schüttelt gleichzeitig den Kopf. Die Verneinung wird zweifach gesendet.
Die Nachrichtentechnik integriert redundante Anteile zur Fehlererkennung in Codes. Sogenannte *Fehlertoleranz* sichert die Technik auch durch den Einsatz mehrerer identischer Geräte, die ständig ihre Informationen vergleichen (aktive Redundanz) oder einander bei Störungen ablösen (passive Redundanz). Die Steuerungscomputer in Flugzeugen arbeiten beispielsweise nach dem Prin-zip der aktiven Redundanz.
Auch natürliche Sprachen haben die Redundanz im grammatikalischen System eingebaut. Z.B. ist *du kommst* eine redundante Aussage. Sowohl im Pronomen

48

(*du*) als auch im Verb (*kommst*) ist die Einzahl enthalten. Die Botschaft *du kommen* oder sogar *d kmst* hätte denselben Informationswert, wäre aber störungsanfälliger.

In der unmittelbaren zwischenmenschlichen Kommunikation haben wir die Möglichkeit gleichzeitig verbal (mit Worten), paraverbal (mit der Stimme) und nonverbal (mit der Gestik, der Mimik, der Haltung) zu senden. Eine Person sagt beispielsweise: *Ich freue mich* (Abb. 11). Ihre Augen sind weit offen, der Mund lacht, die Handflächen, der Hals werden gezeigt, die Stimme ist kräftig. Dieselbe Botschaft wird mehrfach gesendet. Das Verhalten ist stark redundant.

Die unmittelbare zwischenmenschliche Kommunikation gilt deshalb als sehr sicher. Wenn wir etwas besonders Wichtiges, besonders Vertrauliches, besonders Heikles kommunizieren wollen, wählen wir die unmittelbare Kommunikation, weil die Chance gross ist, dass, dank der vielfältigen Redundanz, der Informationsaustausch erfolgreich verläuft.

Abbildung 11
Verbale und nonverbale Aussage sagen dasselbe

3 Zwischenmenschliche Kommunikation

3.1 Jedes Verhalten ist Kommunikation

«Man kann nicht nicht kommunizieren.»[9] oder: Jedes Verhalten ist Kommunikation. Auch wenn wir überhaupt nichts sagen, ja nicht einmal etwas tun, übermitteln wir Information.

Nehmen wir an, ein Mann sage zu seiner Frau: *Komm!* Sie bleibt aber am Tisch sitzen, liest weiter die Zeitung und sagt kein Wort. Sie trägt aktiv nichts zum Informationsaustausch bei. Durch ihre Passivität übermittelt sie gleichwohl klare Informationen. Indem sie der Aufforderung nicht nachkommt, übermittelt sie die Botschaft: *Ich komme nicht.* Indem sie das nur durch ihr Handeln – in diesem Fall das Unterlassen einer Handlung – zum Ausdruck bringt und ohne Worte zu benützen, kommuniziert sie: *Ich rede nicht mit dir.*

Es ist erstaunlich, wie kommunikativ sogar ein völlig passiver Mensch ist. Die Botschaften sind auch bemerkenswert deutlich. Das ist wohl darauf zurückzuführen, dass sie sehr einfach sind. Komplexere Zusammenhänge lassen sich nicht durch solche simplen Handlungen bzw. Unterlassungen zum Ausdruck bringen.

Noch deutlicher sehen wir die Bedeutung dieses Grundsatzes, wenn wir daran denken, wie vielfältig Gespräche verlaufen können. Nehmen wir an, das Paar aus dem Beispiel spricht nun doch miteinander, der Konflikt eskaliert und die beiden beginnen sich anzuschreien und mit Geschirr zu werfen. Diese Verhaltensweisen prägen zweifellos die Kommunikation mindestens so stark wie die sie begleitenden Worte und Sätze.

Auch in der mittelbaren Kommunikation spielen nicht-sprachliche Verhaltensweisen eine Rolle. Telefonieren wir z.B., achten wir besonders auf die Lautstärke, die Pausen, das Tempo und die Modulation der Stimme unseres Kommunikationspartners. Die Stimme drückt Ärger, Freude, Wut, Trauer oder Desinteresse oft deutlicher aus als Worte.

Bei einem geschriebenen Text erhalten wir aus der Handschrift, der Gestaltung, den Fehlern, dem Umfang, den Übermittlungsumständen (gewähltes Medium, gewählter Zeitpunkt, gewählte Form) nicht-sprachliche Informationen.

Der nicht-sprachliche Anteil an der Kommunikation nimmt mit der grösseren örtlichen und zeitlichen Distanz zwischen den Kommunizierenden ab. Die

---

[9] Watzlawick u. a., Menschliche Kommunikation, S. 53.

grösste Bedeutung haben nichtsprachliche Verhaltensweisen in der direkten zwischenmenschlichen Kommunikation, im Gespräch und im Vortrag.

Wir können Verhaltensweisen, die unmittelbare zwischenmenschliche Kommunikation ausmachen, auf drei Ebenen ansiedeln: der verbalen, der paraverbalen und der nonverbalen Ebene (Abb. 12).

Verbales Verhalten	• Worte • Sätze • Texte
Nonverbales Verhalten	• Mimik • Gestik • Haltung
Paraverbales Verhalten	• Stimme • Schrift • Gestaltung

Abbildung 12
Drei Verhaltensebenen

Verbale und paraverbale Kommunikation

Auf der verbalen Ebene geht es um alles, was wir sagen: Wörter, Sätze und Texte. Auf der paraverbalen Ebene geht es darum, wie wir etwas sagen: Stimme, Schrift und Gestaltung.

Die Stimme prägen Lautstärke, Deutlichkeit, Modulation (Auf und Ab der Stimme), Sprechtempo und Sprechpausen.

Schrift und Gestaltung lassen sich durch Schriftgrösse, Schriftart, Druckstärke, Textgestaltung, Titelgestaltung und Visualisierungen bestimmen.

Mit der Deutung von Handschriften im Speziellen befasst sich die Grafologie. Auf Grund von Schriftmerkmalen wie der Schriftneigung, den Unter- und Oberlängen, der Schriftgrösse versucht sie auf Intelligenz und Charakter eines Menschen zu schliessen.

Verbale und paraverbale Ebene sind immer verknüpft. Es gibt keinen Ausdruck ohne Ausdrucksform.

Besondere Beachtung schenken wir einer Botschaft, wenn paraverbale und nonverbale Information nicht identisch sind. Senden bzw. empfangen wir widersprüchliche Informationen auf den beiden Ebenen, dann ist dieser Widerspruch selbst eine interessante Information. Viele Menschen vertrauen den analogen Botschaften (Zeichen und Bezeichnetes sind sich ähnlich) stärker als den digitalen Botschaften (der Zusammenhang zwischen Zeichen und Bezeichnetem ist willkürlich). Sagt beispielsweise jemand: *Ich bin gar nicht aufgeregt*, spricht aber dabei ganz aufgeregt, dann glauben wir eher der analogen Botschaft (der Sprechweise) als der digitalen (den Worten).

Nonverbale Kommunikation

Auf der nonverbalen Ebene geht es um jedes nicht-stimmliche und nicht-verbale Verhalten. In der direkten zwischenmenschlichen Kommunikation ist es sinnvoll, auf der nonverbalen Ebene zwischen Gestik, Mimik und Haltung beim Sprechen zu unterscheiden.

Haltung bezeichnet alle statischen und dynamischen Verhaltensweisen des ganzen Körpers. Dabei unterscheiden wir zwischen Sitzen, Stehen und Gehen.

Beim Beobachten der Mitmenschen fällt einem auf, wie alle verschieden sitzen, stehen und gehen. Die einen liegen mehr in den Stühlen, als dass sie sitzen, andere sitzen stocksteif oder balancieren auf der Stuhlkante. Beim Stehen beobachten wir die Anlehnungsbedürftigen, die sich stets eine Wand oder einen Tisch zum Anlehnen suchen oder solche, die behäbig und felsenfest mitten im Raum ankern. Manche gehen geknickt, andere aufrecht – zweifellos kommunizieren diese verschiedenen Haltungen etwas.

Wenn wir die Haltung eines Menschen betrachten, beachten wir insbesondere die Füsse und Beine, den Oberkörper, die Schultern und die Kopfstellung. Vielleicht tönt es übertrieben zu sagen: *Die Füsse kommunizieren.* Akzeptieren wir allerdings den Grundsatz, dass jedes Verhalten Kommunikation ist, dann müssen wir auch diese Konsequenz zulassen. Wie kommuniziert ein Mensch mit seinen Füssen?

Ein Referent beispielsweise, der dauernd zwischen Türe und Fenster hin und her wandert, strebt mit seinen Füssen immer einem Ausgang (aus dem Hörsaal) zu. Ich kann das als unterdrücktes Fluchtverhalten interpretieren. Dem Referenten ist die Situation unangenehm. Er möchte weglaufen.

Meine Interpretation kann, muss aber nicht den Tatsachen entsprechen. Wesentlich in diesem Zusammenhang ist, dass ich das Verhalten interpretiere und die Interpretation in meine Reaktion einbeziehe – somit läuft ein Kommunikationsprozess ab.

Mit Gestik meinen wir jedes Verhalten von Händen, Armen und Fingern. Immer wieder gibt es Studierende, die behaupten, sie würden nie mit den Händen sprechen. Tatsächlich ist das aber eine Selbsttäuschung, wie Beobachtungen belegen. Die Hände sprechen immer mit. Gesprächsteilnehmende registrieren es denn auch als unangenehm, wenn jemand seine Hände am Sprechen hindern will, sie fesselt oder sie klammert (an Papier, ein Rednerpult, Schreibzeug).

Alle von uns kennen zahlreiche Gesten von Bedeutung, z. B. *Winken mit gekrümmtem Zeigefinger, Zeigen mit gestrecktem Zeigefinger, Daumen nach oben, Daumen nach unten, Schütteln der Faust.*[10]

Auch im Mienenspiel und im Lesen des Mienenspiels sind die meisten von uns unbewusste Meister. Wer im direkten zwischenmenschlichen Gespräch kein Mienenspiel zeigt, weder Freude (lachen), noch Erstaunen (Heben der Brauen), noch Ärger (Zusammenkneifen von Mund und Augen), um nur einige wenige Bespiele zu nennen, gilt als wenig kommunikativ. Auch eine ausdruckslose Miene signalisiert etwas, nämlich: *Ich will meine Gefühle nicht preisgeben* – was keine vertrauensvolle Gesprächsatmosphäre erzeugt. Wir können uns dem Grundgesetz, dass jedes Verhalten Kommunikation ist, nicht entziehen.

---

[10] Eine wissenschaftliche Zusammenstellung von Gesten und deren Bedeutung in verschiedenen Kulturräumen bietet uns Morris, Desmond; Bodytalk. Körpersprache, Gesten und Gebärden. München: Heyne Verlag, 1997.

Denn jedes Verhalten ist interpretierbar und kann deshalb im Kommunikationsprozess Informationen vermitteln. Das geschieht unabhängig von den bewussten oder unbewussten Absichten der sendenden Person.

Die Mehrabiansche Formel

Abbildung 13 zeigt zwei sich widersprechende Botschaften. Die nonverbale Information ist «Ich freue mich». Die verbale Information ist das Gegenteil davon, «Ich bin traurig». Vermutlich werden Sie wie die meisten Menschen nicht den Worten, sondern der Mimik Glauben schenken und damit den nonverbalen Informationen vertrauen.

Abbildung 13
Widersprüchliche nonverbale und verbale Informationen

Studien, durchgeführt in den 1960er-Jahren, ergaben eine bis heute vielzitierte Gleichung zum Verhältnis verbaler, non- und paraverbaler Informationsanteile. Bei den Studien verglichen Forschende um Mehrabian, welchen Informationen über Gefühle Empfängerinnen und Empfänger trauen, wenn sie widersprüchliche Botschaften erhalten. Dabei zeigte sich: Verbales ist praktisch bedeutungslos. Im Zweifelsfall glauben die Versuchspersonen der Mimik und der Stimme. Daraus folgerte Mehrabian sinngemäss: *Im Allgemeinen können wir sagen, dass das nonverbale Verhalten stärker als Worte Gefühle und Haltungen kommuniziert.*[11] Die Forschenden leiteten aus ihren Erkenntnissen die folgende sehr populäre Formel ab (Abb. 14):

Gesamteindruck = 7% verbale Information über Gefühle + 38% paraverbale Information über Gefühle + 55% nonverbale Information über Gefühle.[12]

---

[11] Mehrabian, Albert; Silent Messages, Belmont-California: Wadsworth, 1971, S. 44: «*Generalizing, we can say that a person's nonverbal behaviour has more bearing than his words on communicating feelings or attitudes to others.*»

[12] Ebenda: «*Total feeling = 7% verbal feeling + 38% vocal feeling + 55% facial feeling*». Dabei testete die Studie das Gefühl Mögen und verweist auf eine Studie, die das Gefühl Dominanz mit ähnlichen Ergebnissen testete.

Obwohl meines Wissens die Tests nie wiederholt und damit auch nicht bestätigt wurden, geistert die Mehrabiansche Formel noch immer durch die Ratgeberliteratur. Und sie erschreckt all jene, die sich vermeintlich sinnlos mit Worten abmühen. Vergessen wir dabei nicht: Die Studien testeten nur widersprüchliche Informationen. Zulässig ist allein die Verallgemeinerung: Wenn nonverbales Verhalten dem verbalen widerspricht, dann vermittelt das nonverbale Verhalten mehr Informationen über Gefühle und Haltungen eines Sprechers als das verbale Verhalten.

Die weitere Verallgemeinerung, dass auch bei einer konsistenten (nicht-widersprüchlichen) Kommunikation das Verbale kaum Bedeutung hat, ist unzulässig. Obwohl die Ratgeberliteratur oft in diese Richtung zielt und paraverbales und nonverbales Verhalten als wichtiger als verbales bezeichnet, sollten wir das Verbale nicht vernachlässigen. Die Alltagserfahrung zeigt nämlich: Bei einer ehrlichen Kommunikation, bei der Mimik und Stimme echte Gefühle und Einstellungen ausdrücken und zu den Worten passen, ist das Vertrauen in die Worte sehr gross. Und demzufolge kommt es auf Konsistenz und damit indirekt auf Ehrlichkeit an. Was wir aber vermutlich aus der Formel ableiten können, ist: Lügen mit Worten lohnt sich nicht. Stets verraten die Stimme und die Körpersprache den Lügner und die Lügnerin.

Abbildung 14
Grosse Bedeutung von paraverbalem und nonverbalem Verhalten bei widersprüchlichem Verhalten

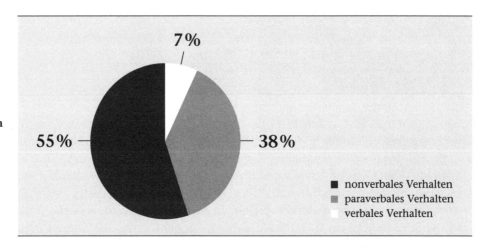

3.2 Jede Botschaft hat einen Sach- und einen Beziehungsaspekt
Der Beziehungsaspekt von Botschaften
Ein weiterer Grundsatz von Watzlawick u. a lautet:
        Jede Botschaft vermittelt Sach- und Beziehungsinformation.[13]
Dass Botschaften sachliche Information vermitteln, ist klar. Was aber sind Beziehungsinformationen?
Beziehungen existieren zwar auch ausserhalb von Kommunikation, lassen sich aber nicht von dieser trennen, weil sie durch Kommunikation entste-

---

[13] Watzlawick u. a., Menschliche Kommunikation, S. 56 (vereinfacht).

54

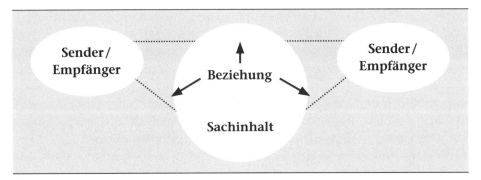

Abbildung 15
Beziehungen
zwischen
Kommunika-
tionspartnern
und zwischen
Sender und
Sachinhalt

hen und in der Kommunikation Ausdruck finden. Beziehungen zwischen
Menschen und Beziehungen zwischen Menschen und Dingen sind deshalb
eng mit Kommunikation verwoben (vgl. Abb. 15). Sie beeinflussen einerseits
die Kommunikation und resultieren anderseits aus der Kommunikation.
Wenn Sie Abbildung 16 betrachten, lesen Sie vermutlich Verschiedenes aus der
Botschaft in der Sprechblase: *«Averell, hör auf, dir mit dem Ballermann die Ohren
zu putzen! Das ist ungezogen! Hörst du!?*
In der Botschaft finden sich mehrere **Sachinformationen**:

- *Averell soll sich nicht länger mit dem Revolver die Ohren putzen.*
- *Mit dem Revolver die Ohren zu putzen ist ungezogen.*
- *Averell soll zuhören.*

Abbildung 16
Eine brüderliche
Beziehung offen-
bart sich in der
Sprechblase[14]

Abgesehen davon erfahren wir aber auch etwas über die Beziehung zwischen
Sender und Empfänger der Botschaft. Dieser Aspekt ist implizit vorhanden. Er
geht weniger aus den Worten selbst und mehr aus der Wortwahl, dem Satzbau,
aus Paraverbalem und Nonverbalem hervor.

---

[14] Goscinny, René und Morris; Lucky Luke, Bd. 36: Dalton City, Stuttgart: Egmont Ehapa Verlag,
Nachdruck 1999, übersetzt aus dem Französischen von Gudrun Penndorf, S. 22.

Im Beispiel (Abb. 16) hat die Verwendung einer direkten Anrede, eines kurzen Befehls, einer kurzen Aussage und einer kurzen Frage kaum etwas mit der Sache, aber sehr viel mit der Beziehung zwischen den Personen zu tun. William, der Sprecher, befiehlt seinem (grösseren) Bruder, was er tun und lassen soll. Er sagt ihm, was richtig und falsch ist. Und er fordert, dass der Grössere ihm zuhört. Damit stellt William eine Beziehung zwischen sich und Averell her, in der William dominant ist und über Averell steht. Neben den Sachinformationen interpretieren wir also auch **Beziehungsinformationen**:

- *William stellt sich über Averell, hält diesen für einen Idioten und bevormundet ihn.*

Neben dieser Interpretation finden sich zahlreiche weitere Beziehungsinformationen:

- *Die Kommunizierenden kennen sich* (Name bekannt).
- *Sie sind sich vertraut* (sprechen sich mit du an).
- *Sie stehen sich nahe* (unkomplizierte und saloppe Ausdrucksweise).
- *Sie sind keine Feinde, sondern* – wie wir deutlich sehen – *Brüder.*
- *Averell ist William wichtig* (er kümmert sich um dessen Erziehung).

Angesichts des Nicht-Zuhörens von Averell können wir dasselbe nicht für ihn sagen. Was William sagt, ist Averell egal. Er nimmt den Bruder nicht ernst.

Wer die Daltons kennt, weiss, dass es sich bei diesem Auszug nicht um eine Ausnahme, sondern die Regel handelt: Die Daltons reden mit dem jüngsten und dümmsten Bruder Averell stets wie mit einem ungezogenen Kind. Damit versuchen sie konstant eine nicht-ebenbürtige Beziehung zu ihm aufrecht zu erhalten. Averell seinerseits ignoriert seine Brüder und damit deren Versuche, ihn zu unterwerfen.

Grundsätzlich enthält jede Kommunikation stets Beziehungsinformationen. Im **Minimum** definieren Kommunizierende, die Beziehungsqualität bezüglich

- **Gleichstellung, Über- oder Unterordnung**
- **Distanz, Bekanntheit, Vertrautheit, Nähe**
- **Sympathie, Antipathie, neutrale Einstellung**

Dies gilt auch für Sachgespräche, Sitzungen am Arbeitsplatz oder ein Gespräch unter Fachleuten über ein Sachproblem. Auch in diesen Fällen definieren Kommunizierende immer auch die Beziehung untereinander. Dabei gibt es nicht nur extreme Werte wie Feindschaft und Freundschaft, sondern auch viele subtile Abstufungen. Ausserdem kombinieren sich meistens auch verschiedene Beziehungskomponenten. Zwei Personen können zum Beispiel in einer gleichgestellten Beziehung stehen, einander wenig vertraut, aber gleichwohl durch Sympathie verbunden sein.

In der Alltags-Kommunikation sollten wir folgendes berücksichtigen:

- **Jede Kommunikation etabliert oder erneuert eine Beziehung zwischen Kommunizierenden.**
- **Die Beziehungen zwischen Kommunizierenden beeinflussen die Interpretation von Botschaften.**

- Wir sind besser informiert, wenn wir sowohl Sach- als auch Beziehungsinformationen aus Botschaften entnehmen.
- Ob wir auf die Sach- oder die Beziehungsinformationen einer Botschaft reagieren, ist unsere freie Entscheidung.

Symmetrische und komplementäre Beziehung

Zwischen Menschen können vielfältige Beziehungen bestehen und sich in Kommunikation manifestieren. Grob können wir Beziehungen in symmetrische und in komplementäre Beziehungen unterteilen.

Symmetrische Beziehungen finden sich zwischen ebenbürtigen Menschen mit gleichem Status. Komplementäre Beziehungen finden sich zwischen nicht gleichberechtigten Menschen mit unterschiedlichem Status. Den Status können z.B. Macht, Besitz, Glück, Erfolg, Alter, Geschlecht, Beruf, Bildung oder der Gesundheitszustand definieren.

Die Beziehung zwischen der Abteilungschefin und einer Angestellten z.B. ist eine komplementäre Beziehung, die Beziehung zwischen zwei Angestellten hingegen ist symmetrisch. Komplementär bzw. symmetrisch sind diese Beziehungen allerdings nur in Bezug auf die Macht. Bezüglich anderer Merkmale können die Beziehungen anders geartet sein. So kann beispielsweise die Angestellte eine der Chefin ebenbürtige Tennisspielerin sein. Verschiedenartige Beziehungen bilden ein vielfältiges Beziehungssystem.

Sind die Systeme starr, können sich Problemen ergeben. So dürfte es die Kommunikation belasten, wenn die Chefin durch Worte und Handlungen die komplementäre Beziehung zu ihrer Angestellten auf dem Tennisplatz aufrechterhält, obwohl da beide ebenbürtige Partnerinnen sind.

Wenn sich Beziehungen nicht wandeln können, führt das ebenfalls zu einer belasteten Kommunikation. Kinder z.B. entwachsen der komplementären Beziehung zu ihren Eltern und werden zu ebenbürtigen Partnern. Manchmal halten Eltern aber am komplementären Muster fest und kommunizieren mit ihren erwachsenen Kindern wie mit Kleinkindern.

3.3 Kommunikation ist unterschiedlich interpunktierbar

Kommunizierende interpunktieren Kommunikationsprozesse unterschiedlich. Sie interpretieren die Aussagen in einem Kommunikationsprozess entweder als Aktion oder als Reaktion; was Aktion und was Reaktion ist, nehmen verschiedene Personen verschieden wahr. **Was für die einen Aktion ist, kann für die anderen Reaktion sein.**

Sehen wir dazu ein Beispiel an:

    a) *Die Studenten sind sehr zurückhaltend.*

    b) *Der Dozent ist verärgert.*

Nehmen wir an, die Umstände a) und b) lassen sich parallel und immer wieder beobachten. Wie hängen a) und b) zusammen?

    x) *Der Dozent ist verärgert, weil die Studenten so zurückhaltend sind.*

    y) *Die Studenten sind so zurückhaltend, weil der Dozent verärgert ist.*

Je nachdem, ob wir a) oder b) als Reaktion auffassen, fällt die Bewertung der Situation anders aus. Ist kein Anfang der Handlungsfolge auszumachen – und die Anfänge von Beziehungen verlieren sich meist im Dunkel der Vergangenheit –, dann sind beide Interpretationen möglich. Allerdings werden die Studenten wohl dazu neigen, den Zusammenhang y) als richtig zu betrachten, und der Dozent wird eher x) bevorzugen. So entsteht ein Konflikt.

Eine Möglichkeit diesen Konflikt zu lösen, bietet der Feldherrenhügel (vgl. Abb. 2). Er erlaubt uns sinnbildlich auf die Ebene der Metakommunikation zu steigen und den Kommunikationsprozess aus der Perspektive eines Aussenstehenden zu betrachten. So erkennen wir die verschiedenen Interpunktionsweisen. Da es keine richtige oder falsche Interpunktion gibt, ist ein Konflikt oft schon durch die Kenntnis verschiedener Sichtweisen behoben oder zumindest entschärft.

3.4 Kommunizierende kooperieren

Zuhören, Informationen decodieren und verarbeiten sowie Feedback geben – das sind offensichtliche kooperative Verhaltensweisen. Die Theorie von Habermas geht über diese Kooperation im Kommunikationsprozess hinaus. Seine Grundaussage lautet: **Kommunizierende streben grundsätzlich eine Verständigung im Sinne von Einverständnis an.** Dabei geht es um das Einverständnis bezüglich der Verhältnisse in der objektiven, in der sozialen und in der subjektiven Welt der Kommunizierenden.[15]

In der folgenden Theorie finden wir sowohl Abweichungen als auch Parallelen zu dem bisher Vorgestellten. Anders als Watzlawick u. a. betrachtet Habermas nicht jedes Verhalten als Kommunikation, sondern unterscheidet kommunikatives und strategisches Verhalten. Beide Verhaltensvarianten bedienen sich der Sprache, sie verfolgen aber unterschiedliche Ziele. Habermas verwendet demnach ein pragmatisches (funktionales) Kriterium, um Sprachhandlungen zu kategorisieren.

Der so genannte «verständigungsorientierte Sprachgebrauch»[16] dient dazu, mittels Kommunikation gemeinsame Überzeugungen über die Verhältnisse in der objektiven, sozialen und subjektiven Welt der Kommunizierenden zu gewinnen. Auf dieser Grundlage sind die Kommunizierenden fähig, ihre Absichten zu koordinieren und kooperativ zu handeln. Bei den strategischen Handlungen dagegen geht es darum, mittels Sprachhandlungen ausschliesslich ichbezogene Absichten zu realisieren. Beim strategischen Handeln täuschen Kommunizierende offen oder verdeckt, bewusst oder unbewusst kommunikatives Handeln vor, streben aber nicht nach Kooperation, sondern nach Manipulation.

Wir finden somit im 3-Welten-Modell von Habermas auch Parallelen zum bisher Besprochenen (Abb. 17). Wie Watzlawick u. a. bzw. Schulz von Thun

---

[15] Habermas, Theorie des sozialen Handelns, S. 149.
[16] Ebenda, S. 388.

Begriffe von Habermas	Begriffe von Watzlawick u. a.	Aussagenqualität	Bewertung der Aussagen
Objektive Welt	Sachaussage	Überprüfbare Aussagen über die Kommunizierenden und deren Umwelt	Aussagen können wahr oder falsch sein
Soziale Welt	Beziehungsaussage	Aussagen über die Art der Beziehung zwischen den Kommunizierenden	Empfangende können Aussagen akzeptieren oder zurückweisen
Subjektive Welt	Selbstoffenbarung[17]	Aussagen über die Gefühle, Gedanken, Absichten eines Kommunizierenden	Sendende können Aussagen ehrlich oder unehrlich meinen

Abbildung 17
Parallelen zwischen den Theorien von Habermas und Watzlawick u. a.

(vgl. Kapitel 3.5 unten) entnimmt Habermas verschiedenartige Informationen aus ein und derselben Botschaft.

In Bezug auf die objektive Welt können wir die Parallele zum Aspekt der Sachinformation bei Watzlawick u. a. ziehen. Es geht um Aussagenaspekte, die objektiv wahr oder falsch sein können. Zum Beispiel zu:

Wir gehen spazieren,

wäre folgende sachliche Entgegnung möglich:

Wir haben keine Zeit zum Spazieren.

Dabei würde die **Wahrheit** eines Aussagenaspektes, der sich auf die gemeinsame und damit objektiv überprüfbare Umwelt bezieht, angezweifelt. Kommunizierende kooperieren nun insofern, als sie die Wahrheit einer Botschaft über die objektive Welt prüfen und entweder die Wahrheit bestätigen *(ja, gehen wir spazieren, Zeit ist vorhanden)* oder eine andere Wahrheit *(nein, gehen wir nicht spazieren, es ist keine Zeit ist vorhanden)* anbieten. Das Ziel in diesem Beispiel wäre eine gemeinsame Überzeugung bezüglich der Zeitverhältnisse. Auf dieser Grundlage könnten die Kommunizierenden entscheiden und kooperativ handeln.

Im Zusammenhang mit dem Konzept soziale Welt können wir ebenfalls einen Bogen zu Watzlawick u. a. schlagen. Denn hier geht es um den Beziehungsaspekt in jeder Botschaft. Auch Habermas ist überzeugt: Kommunikative Handlungen dienen der *«Herstellung und der Erneuerung interpersonaler Beziehungen.»*[18] Die Beziehungen sind ebenfalls als richtig oder falsch bewertbar. In unserem Beispiel

Wir gehen spazieren,

könnte der Kommunikationspartner fordern:

Du musst Bitte sagen.

---

[17] Der Begriff *Selbstoffenbarung* wird im nächsten Kapitel eingeführt und stammt von Schulz von Thun.

[18] Habermas, Theorie des sozialen Handelns, S. 413. *Interpersonal* bedeutet *zwischenmenschlich*.

In diesem Fall würde er die Beziehung, in welcher der Sender versucht, über den Empfänger zu verfügen, zurückweisen. Die Kommunizierenden müssten sich zuerst über die Beziehungsqualität einigen, bevor sie losmarschieren könnten. Ein Einverständnis über die **Richtigkeit** einer Beziehungsdefinition ist nötig, um kooperatives Handeln zu ermöglichen.

Bei der subjektiven Welt geht es um das, was im unten folgenden 4-Ohren-Modell als *Selbstoffenbarung* bezeichnet ist. Kommunizierende beurteilen, ob das Gemeinte auch wirklich echt gemeint oder nur vorgetäuscht ist. Es geht also darum, die bei jeder Botschaft mitgelieferten Informationen über die Gefühle, Gedanken und Absichten eines Kommunizierenden zu bewerten. Im Beispiel

Wir gehen spazieren,

könnte der Kommunikationspartner zurückfragen:

Du willst doch sonst auch nicht spazieren, warum jetzt?

Damit würde er die **Wahrhaftigkeit** der Absicht in Frage stellen. Auch hier ist zunächst eine Verständigung nötig, bevor die Personen handlungsfähig sind.

Über das Kooperieren im Kommunikationsprozess hinaus müssen also Kommunizierende auch kooperieren, um ihr Verständnis der objektiven, sozialen und subjektiven Aspekte zu ermitteln und aufeinander abzustimmen. Wer gemeinsam mit anderen handeln will und nicht rein ichbezogene Ziele anstrebt, sollte sich dieser inhaltlichen Kooperationsdimension nicht verschliessen.

3.5 Das 4-Ohren-Modell

Vom Psychologen Friedemann Schulz von Thun stammt ein Kommunikationsmodell, das den Kommunikationsprozess komplexer darstellt, als wir ihn bisher auf Grund der Axiome Watzlawicks u. a. kennengelernt haben.

Schulz von Thun zerlegt eine Nachricht in vier Teile:

- den Sachinhalt und
- die Beziehung
  (diese beiden Teile kennen wir bereits aus Watzlawicks Theorie) sowie
- den Appell und
- die Selbstoffenbarung.

Immer wenn wir eine Information übermitteln, sagen wir abgesehen von der Sachbotschaft auch etwas über uns selber aus (Selbstoffenbarung), wir sagen etwas über die Beziehung zum Kommunikationspartner und wir verfolgen einen bestimmen Zweck (Appell) mit der Informationsübermittlung. In Abbildung 18 sehen wir die *vierohrige Empfängerin* mit dem *Selbstoffenbarungsohr,* dem *Beziehungsohr,* dem *Sachohr* und dem *Appellohr.*

Schauen wir uns als Beispiel Abbildung 19 an. Lulu Carabine, so heisst die Sprecherin, verrät einiges mit ihren Worten, ihren Gesten und ihrer Haltung, wenn sie sagt: «*Hast du nichts anderes zu tun, Junge? Du störst!*».

Sachohr

Was ist der sachliche
Inhalt der Botschaft?

Beziehungsohr

Was für eine Beziehung
hat der Sender zur
Empfängerin?

Abbildung 18
**Die «vierohrige
Empfängerin»**[19]

**Selbstoffen-
barungsohr**

Was sagt der Sender
über sich selbst mit der
Botschaft?

Appellohr

Was will der Sender
von der Empfängerin?

Hören wir Lulu mit vier Ohren zu, dann hören wir zum Beispiel:

Das **Sachohr** hört: *William,* so
heisst der angesprochene Dalton,
*soll etwas Vernünftiges tun. Er stört
Lulu.*

Das **Beziehungsohr** hört: *William
ist Lulu stark untergeordnet. Sie
spricht ihn als «Junge» an, stellt
eine Suggestivfrage*[21] *und erteilt ihm
einen Befehl. Sie ist sehr kurz ange-
bunden, und ihre Körpersprache
signalisiert Dominanz (von oben
herab, Zigarre im Mund, Hand in
der Hüfte).*

Abbildung 19:
**Würde William
mit 4 Ohren
hören, möchte
er möglicher-
weise Lulu Cara-
bine nicht heira-
ten**[20]

Das **Appellohr** hört: *Hau ab William.* Die Aufforderung, das Feld zu räumen ist
zwar implizit, aber doch sehr deutlich.

Das **Selbstoffenbahrungsohr** hört: *Lulu ist eine äusserst selbstbewusste Person,
sie mag keine Beobachter, sie hat keinen Respekt vor Männern und sie scheint ent-
schlossen, sich durchzusetzen.* Betrachten wir auch Lulus Auftritt, ihre Kleidung,
ihre Frisur und ihre Haltung, erfahren wir noch einiges mehr über sie: *Lulu ist
eine nicht mehr junge und nicht sehr fleissige, da etwas korpulente Tänzerin; leicht*

---

[19] In Anlehnung an Schulz von Thun, Miteinander reden, Bd. 1, S. 45.

[20] Goscinny und Morris, Lucky Luke, Bd. 36, S. 30.

[21] Bei einer Suggestivfrage gibt es kaum Antwortalternativen. Die Antwort steckt in der Frage
praktisch schon drin, und damit ist diese Frage nicht Teil eines echten, sondern eines manipulierenden Dialogs.

*bekleidet, ist sie in ihrem Element; eine patriotische Gesinnung verrät das Sternban-
nerkleid; die Zigarre weist sie als unkonventionelle Lady aus; einzig die Masche im
hochgesteckten Haar zeigt ihre mädchenhafte Seite.*

Das alles steckt in Abbildung 19. Dabei können verschiedene Betrachter und
Betrachterinnen Verschiedenes interpretieren und ebenfalls können sie verschieden gewichten. Steht der Appell im Vordergrund oder ist es mehr die
Beziehungsdefinition? Stellt Lulu sich selbst in den Mittelpunkt oder geht es
ihr am Ende tatsächlich um die Sache? Wie auch immer, wir interpretieren
und gewichten: **Wir hören definitiv mehr mit vier Ohren.**
Natürlich können wir nicht nur als Empfangende mit vier Ohren hören. Wir
sprechen auch als Sendende mit der Selbstoffenbarungs-Zunge, der Sach-
Zunge, der Beziehungs- und der Appell-Zunge. Hier lasse ich das *können* weg,
denn Sendende müssen immer damit rechnen, dass alle ihre Botschaften
(auch diejenigen, die sie nicht bewusst senden, wie z. B. para- und nonverbale
Botschaften) von einem Hörer oder einer Hörerin mit vier Ohren interpretiert
werden.

4 Ergebnisse

Kommunikation ist ein schillernder Begriff, weil er einen vielschichtigen und vieldeutigen Prozess bezeichnet. Kommunikation über Kommunikation nennen wir Metakommunikation. Metakommunikation hilft, Kommunikationskonflikte zu lösen.

Die Informationstheorie führt uns zum Zeichenbegriff. In einem Zeichensystem haben Zeichen eine spezifische Form (Syntax), Bedeutung (Semantik) und Funktion (Pragmatik). In der digitalen Kommunikation sind Zeichen und Bezeichnetes willkürlich verbunden. In der analogen Kommunikation sind Zeichen und Bezeichnetes ähnlich. Informationen beschreiben und qualifizieren wir auf Grund ihrer Form, ihrer Bedeutung und ihrer Funktion.

Kommunikationsprozesse sind Rückkoppelungsprozesse. Im Kommunikationsprozess codieren und decodieren Sendende und Empfangende Botschaften. Die Botschaften sind redundant, um die Sicherheit der Informationsvermittlung zu erhöhen.

Wichtigste Grundsätze der Theorie der sozialen Kommunikation lauten:

- *Jedes Verhalten ist Kommunikation.* Wir können Verhalten auf verbaler, paraverbaler und nonverbaler Ebene ansiedeln.
- *Jede Botschaft hat einen Inhalts- und einen Beziehungsaspekt.* Auf welchen Aspekt wir reagieren, ist unsere freie Entscheidung.
- *Kommunikationsabläufe sind unterschiedlich interpunktierbar.* Es ist eine Frage der Interpretation, was wir als Reaktion und was als Aktion bewerten.
- *Kommunizierende sind kooperativ.* Sich verstehen heisst auch einverstanden sein mit Aussagen über die Welt, über Beziehungen, und Selbstoffenbarungen akzeptieren.

Wir unterscheiden zwischen symmetrischer Kommunikation zwischen gleichen Partnern und komplementärer Kommunikation zwischen ungleichen Partnern. Starre Beziehungen belasten die Kommunikation.

Jede Botschaft enthält einen Appell-, einen Selbstoffenbarungs-, einen Sach- und Beziehungsanteil, besagt das sogenannte *4-Ohren-Modell.* Wer mit vier Ohren hört, hört demnach mehr.

Missverständnisse entstehen, wenn Sender ihre Absichten mangelhaft codieren bzw. Empfänger sie mangelhaft decodieren. Haben Sender und Empfänger keinen oder nur einen kleinen gemeinsamen Code, resultieren ebenfalls Verständnisschwierigkeiten. Vielfältige Interpretationen und unterschiedliche Interpunktion von Botschaften sowie widersprüchliche Botschaften sind weitere Quellen von Konflikten und Missverständnissen.

5 Literaturverzeichnis

- Eco, Umberto; Zeichen. Einführung in einen Begriff und seine Geschichte, Frankfurt/M: Suhrkamp, 1977, übersetzt aus dem Italienischen von Günter Memmert.
- Goscinny, René und Morris; Lucky Luke, Bd. 36: Dalton City, Stuttgart: Egmont Ehapa Verlag, Nachdruck 1999, übersetzt aus dem Französischen von Gudrun Penndorf.
- Habermas, Jürgen; Theorie des kommunikativen Handelns. Band 1: Handlungsrationalität und gesellschaftliche Rationalisierung, Frankfurt/M: suhrkamp taschenbuch wissenschaft, 1995 (Taschenbuchauflage der vierten, durchgesehenen Auflage von 1987).
- Maser, Siegfried; Grundlagen der allgemeinen Kommunikationstheorie, Stuttgart etc.: Kohlhammer GmbH, 1971.
- Mehrabian, Albert; Silent Messages, Belmont, California: Wadsworth, 1971.
- Morris, Desmond; Bodytalk. Körpersprache, Gesten und Gebärden, München: Heyne Verlag, 1997.
- Schulz von Thun, Friedemann; Miteinander reden 1. Störungen und Klärungen. Allgemeine Psychologie der Kommunikation, Hamburg: Rowolth TB, 1997.
- Watzlawick, Paul, Beavin, Janet H. und Jackson Don D.; Menschliche Kommunikation. Formen, Störungen, Paradoxien, Bern: Hans Huber Verlag, 1990, 8. Aufl. (1. Aufl. 1969).

1.3 Wort, Satz, Text

Zusammenfassung

Wir betrachten stilistische und grammatikalische Merkmale leicht verständlicher Texte sowie die Phasen der Textproduktion und die Textverdichtung zur Zusammenfassung. Sorgfältige Wortwahl, Worterklärungen, der aktiv dynamische Verbalstil, angemessene Satzlänge und eindeutige Bezüge erhöhen die Verständlichkeit und Prägnanz von Texten. Dazu trägt auch eine gut organisierte Textproduktion bei. Textzusammenhänge ergeben sich vor allem durch Bindewörter und Wiederholungen sowie realistische Zeit-, Personen- und Raumstrukturen. Texte haben eine einheitliche Grobstruktur und eine textartspezifische Feinstruktur. Verdichten wir Texte sehr stark, ergeben sich informative Zusammenfassungen.

Inhaltsverzeichnis

1 Einleitung

Beim Schreiben können wir nicht erklärend eingreifen, wenn unser Gegenüber uns nicht versteht. Auch können wir nicht *mit Händen und Füssen*, wie der Volksmund sagt, unterstützen, verstärken und Deutungshilfen liefern, sondern ausschliesslich Wörter, Sätze und Texte müssen das Verständnis sichern.

Kommunizierende sind sehr kooperativ, sie bemühen sich meist, Sinn und Zusammenhang in Äusserungen ihrer Kommunikationspartnerinnen und -partner zu finden. Unsere Leserinnen und Leser sollen uns aber nicht missverstehen können und sich beim Lesen auch nicht quälen müssen. Wir schreiben deshalb möglichst leicht verständlich. Auch als Schreibende wollen wir uns nicht über das notwendige Mass hinaus abmühen, wenn wir für den beruflichen Alltag Texte verfassen. Deshalb fragen wir uns in diesem Kapitel: Wie schreiben wir leicht und was zeichnet eine leicht verständliche Sprache aus?

Die beiden Merkmale Verständlichkeit und Prägnanz in Bezug auf Wörter und Sätze sind besonders bedeutsam, deshalb beleuchte ich hier einige Aspekte der Wortwahl und des Satzbaues. Den Schwerpunkt in diesem Kapitel bildet die Auseinandersetzung mit effizienter Textproduktion, mit Textzusammenhängen und -strukturen sowie der Textverdichtung zur Zusammenfassung.

Im Bereich Sprachtheorie auf Wort- und Satzebene orientiere ich mich unter anderem an Schneider[1] und Schlegel[2], im Bereich Texttheorie unter anderem an Heinemann und Viehweger[3]. Auch fliessen eigene Erkenntnisse aus der Unterrichtstätigkeit ein.

---

[1] Schneider, Wolf; Deutsch für Profis; Wege zum guten Stil, München: Goldmann, 1986.

[2] Schlegel, Hans; Stolpersteine der Grammatik; Sicher zu gutem Deutsch 2. Ein Lehr-, Lern- und Arbeitsheft für die Aus- und Weiterbildung, Aarau: Sauerländer, 1995, und vom selben Autor: Das rechte Wort am rechten Ort, Sicher zu gutem Deutsch 3. Ein Lehr-, Lern- und Arbeitsheft für die Aus- und Weiterbildung, Aarau: Sauerländer, 1995. Diese Arbeitshefte mit den Lösungsheften empfehle ich Ihnen, wenn Sie Ihre allgemeinen grammatikalischen Kenntnisse auffrischen und erweitern möchten. Den Duden Band 1, das Standardwerk zur deutschen Rechtschreibung, sollten Sie sich unbedingt anschaffen. Es empfehlen sich für Schreibende ausserdem der Fremdwörter-Duden (Band 5) und das Bedeutungswörterbuch (Band 10).

[3] Heinemann, Wolfgang und Viehweger, Dieter; Textlinguistik. Eine Einführung, Tübingen: Niemeyer, 1991.

2 Verständliche und prägnante Wörter und Sätze

2.1 Wortbedeutungen: Denotation und Konnotation

Wie vielfältig wir Wörter deuten können und wie wir das Verständnis mit der Wortwahl sichern, darum geht es im Folgenden.

Wörter lassen sich oft nur schwer einem realen Gegenstand, Zustand oder Vorgang, einem Gedanken, einer Meinung oder Idee zuordnen. Meistens beziehen sich Wörter auf Bedeutungsfelder. Denken Sie nur an Wörter wie *Freude, Krieg* oder *Fantasie*! Diese Wörter beziehen sich auf riesige Bedeutungslandschaften. Auch Wörter, die Gegenständliches bezeichnen, haben Bedeutungsfelder. Das Wort *Baum* beispielsweise kann sich auf *eine gewaltige Linde, einen winzigen Bonsai, einen Weihnachtsbaum, einen Apfelbaum* ... oder auf etwas Abstraktes aus *Holz* und *Blättern* beziehen. Jeder Mensch verbindet mit dem Wort *Baum* eine andere Vorstellung (Abb. 1).

Die einzelnen Bedeutungen in der riesigen Menge von möglichen Bedeutungen nennen wir *Konnotationen* eines Wortes. Dazu gehören auch Wort-Assoziationen. Zum Wortfeld *Baum* können wir beispielsweise: *Wald, Schatten, Vogelnest, Früchte, Herbst* ... assoziieren und erhalten so weitere Konnotationen. Ein winziger repräsentativer Teil aus der Menge von Konnotationen definiert die Denotation. Meist handelt es sich dabei um eine abstrakte Hilfskonstruktion, das dürre Bedeutungsskelett eines Wortes. Lexika halten Denotationen fest, weshalb wir Denotationen auch als lexikalische Bedeutungen bezeichnen.

Im Duden-Lexikon finden wir zum Stichwort *Baum* folgenden Eintrag:

> *«1) meist mehr als 5 m Höhe erreichendes Holzgewächs mit Wurzelwerk, Stamm und Krone.»*[4]

Manchmal haben Wörter auch gar keine Bedeutung für einen Empfänger oder eine Empfängerin. Fremdwörter z.B. oder Fachbegriffe kennen oft nur wenige Sprachbenützende. *Primäre Varikose*[5] ist dafür ein Beispiel. Es vereint ein Fremdwort (*primär*) mit einem Fachbegriff (*Varikose*) und hat für jeden Arzt

---

[4] Das neue Duden-Lexikon in 10 Bänden; hg. von Meyers Lexikonredation, Bd. 1, Mannheim, Wien, Zürich: Dudenverlag, 1989, 2. aktualisierte Aufl., S. 346.

[5] Vgl. dazu auch die Ausführungen zu «Codierung und Decodierung» im Kapitel «Kommunikationstheorie». Mit *primäre Varikose* sind Krampfaderleiden, die nicht die Folge anderer Erkrankungen sind, gemeint.

68

Wort	Denotation	Konnotationen		
	Lexikalische Bedeutung	Individuelle Bedeutungen	Assoziationen	Bewertung
B A U M	Krone / Stamm / Wurzeln	Person A	Vogelnest Apfel Herbst Bunt Blätter Wurzelwerk Lebensraum Hängematte	Bäume spenden Schatten, Früchte und Sauerstoff, sie stoppen die Bodenerosion und Wüsten- bildung, Bäume sind nützlich
		Person B	Leiter Knüppel Wald Verbrechen Vergraben Dickicht Unterholz Überwuchert	Von Bäumen fällt man runter, Äste erschlagen Men- schen, viele Bäume bilden dunkle Wälder, Bäume sind unheimlich

Abbildung 1
Die Buchstaben B, A, U, M haben eine Denotation[6] und zahllose Konnotationen

eine Denotation, nicht aber für jede Patientin, was die Verständigung zwischen Arzt und Patientin beeinträchtigen kann. Weil die Patientin möglicherweise weder Denotation noch Konnotationen zuordnen kann, wird sie Assoziationen bilden – vielleicht: *schmerzhaft, invalid, tödlich*.

Als Fachleute sollten wir uns immer bewusst sein, dass unser Wortschatz zu einem kleineren oder grösseren Teil aus nicht allgemein verständlichen Wörtern besteht. Fachausdrücke erklären sich Laien nicht mittels Geistesblitzen. Es ist in unserer Verantwortung als Fachleute, Lesende einzuschätzen und Worte so zu verwenden, dass die Leserinnen und Leser sie verstehen. Wörter können also vielfältige Bedeutungen oder auch gar keine Bedeutung für gewisse Sprachbenützende haben.

Wörter unterliegen ausserdem auch Wertungen. Für mich z.B. ist der Begriff *Small Talk* ein wertfreier Begriff. Small Talk ist weder gut noch schlecht, sondern hat die Funktion, Kontakte zu knüpfen und aufrechtzuerhalten. Ich definiere den Begriff über seine Funktion. Für viele Menschen bezeichnet der Ausdruck *Small Talk* aber minderwertige Gespräche, welche Klatsch und Tratsch und damit keine relevanten und glaubwürdigen Informationen beinhalten. Weil der Begriff sowohl eine wertende alltagssprachliche wie auch eine neutrale wissenschaftliche Bedeutung hat, ist er äusserst unscharf.

---

[6] Das Wort *Baum* ist ein Beispiel für ein Wort, das nicht nur zahllose Konnotationen, sondern auch mehrere Denotationen hat. Die Denotation von Baum variiert je nach Kontext. In der Biologie, Informatik oder Nautik (Schifffahrtskunde) existieren unterschiedliche Denotationen.

69

Wenn wir uns vor Augen führen, wie vielfältig sich Wörter deuten lassen, ist es nicht mehr selbstverständlich, dass die Informationsvermittlung über die Sprache überhaupt funktioniert. Verständigung setzt voraus , dass wir uns über die Bedeutung und Verwendung von Wörtern Gedanken machen. Die Verantwortung für diese Gedankenarbeit liegt beim Schreiben bei den Verfasserinnen und Verfassern von Texten. Die Lesenden sind zwar kreativ und kooperativ, wo Sinn und Zusammenhang fehlen, suchen sie danach. Stellen sie Sinn und Zusammenhang allerdings nicht richtig her, dann ist das meist nicht ihr Fehler, sondern derjenige des Autors, der Autorin.

Wir können aus diesen Gedanken über die Bedeutungsvielfalt von Wörtern zwei Handlungsgrundsätze für Schreibende von informativen Sachtexten ableiten:

- Wir verwenden Wörter, deren Denotationen für uns und die Lesenden identisch sind.
- Wir klären die Denotation von Wörtern, falls die Lesenden über keine oder eine andere Denotation verfügen.
- Wir schliessen unerwünschte Konnotationen explizit aus.

Diese Maximen setzen eine Auseinandersetzung mit den Lesenden voraus: *Wer liest meinen Text? Welche Wörter kennen die Lesenden? Welche könnten sie anders als ich oder gar nicht verstehen?* Diese Fragen müssen wir uns beim Schreiben stellen.

2.2 Präzise Wortwahl

Nur Wörter mit einer für Autor und Leserin identischen Bedeutung sichern die Verständlichkeit. Wörter sollen aber nicht nur verständlich sein, sondern auch möglichst genau das bezeichnen, was der oder die Schreibende meint. So sind z. B. Oberbegriffe wie etwa *Maschine* oder *Pflanze* wenig genau, wir schreiben deshalb besser *Handbohrer* oder *Palme*.

Wir vermeiden wenig informative Ausdrücke. Statt z. B. zu schreiben
> *wir betrachten verschiedene sprachliche Ebenen,*

schreibe ich lieber gleich,
> *wir betrachten die Wort-, Satz- und Textebene.*

Ich drücke mich damit wesentlich genauer, aber keineswegs umfangreicher aus. Genauigkeit soll nicht dazu führen, dass wir zu weit ausholen, zu viele Details berücksichtigen und sich Lesende in den Einzelheiten verlieren.

Wörter ohne Informationen lassen wir am besten ganz weg. Wörter wie beispielsweise: *geradezu, gewissermassen, zweifellos, derartig, irgend…,* können wir meist streichen, ohne dass ~~irgend~~etwas verloren geht. **Auch Floskeln blähen Texte unnötig auf:** *in der Tat, unter Umständen, keineswegs, immer und überall…* – sie lassen sich ~~immer und überall~~ streichen .

2.3 Dynamischer Verbalstil
> *«Erfindungen, die der Arbeitnehmer bei Ausübung seiner dienstlichen Tätigkeit und in Erfüllung seiner vertraglichen Pflichten macht oder an deren Hervorbringung er mitwirkt, gehören unabhängig von ihrer Schutzfähigkeit dem Arbeitgeber.» (Obligationenrecht Art. 322.1)*

Dieser typische Gesetzestext ist nicht leicht verständlich, sondern wirkt schwerfällig, aufgeblasen und unzugänglich. Er ist im sogenannten *Nominalstil* verfasst.

Den Nominalstil finden wir an fast jeder beliebigen Stelle in den Gesetzbüchern, oft auch in amtlichen Texten, weshalb er auch *Kanzleistil* heisst – und leider finden wir ihn auch zu oft in Alltagstexten.

Der Nominalstil drückt Tätigkeiten mit Nomen (Hauptwörtern) aus, hier: *Erfindung, Ausübung, Erfüllung, Hervorbringung*. Wörter die auf *-ung, -heit* oder *-keit* enden, kennzeichnen diesen Stil: *Verständigung, Einfachheit, Verständlichkeit*.

Formulieren wir den Artikel 322.1 aus dem Obligationenrecht so um, dass die Wörter auf *-ung* verschwinden und ausdrucksstarke Verben an ihre Stelle treten, verwenden wir den sogenannten *Verbalstil*:

> *Alles, was der Arbeitnehmer erfindet, während er seine vertraglichen Pflichten erfüllt, gehört dem Arbeitgeber.*

Der Verbalstil erlaubt uns, kürzer und einfacher zu formulieren. Der Text liest sich leichter und ist verständlicher. Wir ziehen deshalb den Verbalstil vor und vermeiden den Nominalstil.

Wir setzen mit Vorteil nicht beliebige Verben, sondern sogenannte dynamische Verben ein. Damit sind Verben gemeint, die Bewegungen ausdrücken, im Gegensatz zu den *statischen Verben*, die Zustände bezeichnen. Häufig gebrauchte statische Verben sind *sein, haben, stehen, liegen, bleiben, sich befinden*. Treten statische Verben gehäuft auf und fehlen dynamische Verben, wirken Beschreibungen schwerfällig und wenig anschaulich.

- *Drei Zeiger kreisen auf dem Zifferblatt* oder
- *drei Zeiger rotieren auf dem Zifferblatt* oder
- *drei Zeiger drehen auf dem Zifferblatt,*

beschreiben beispielsweise einen Vorgang viel anschaulicher und genauer und damit verständlicher als:

- *Die Uhr hat drei Zeiger* oder
- *drei Zeiger sind auf dem Zifferblatt* oder gar
- *die Zeiger befinden sich auf dem Zifferblatt.*

2.4 Wort- und Satzlänge

Kürze fordern wir auf allen sprachlichen Ebenen: Worte, Sätze, Absätze, Kapitel sollten nicht zu lang sein. Je besser Lesende sprachliche Einheiten überblicken, um so leichter fällt ihnen das Lesen.

So schreiben wir z. B. statt *Wortbedeutungswissen* lieber *Wissen über Wortbedeutungen*, zerlegen also lange Wörter oder ersetzen sie durch kürzere z. B. *Gegenrichtungsfahrbahnbenützer* durch *Geisterfahrer*.

Sehr leicht verständliche Sätze enthalten weniger als dreizehn Wörter, schwer verständliche Sätze mehr als 25 Wörter.[7] Wir bestücken unsere Sätze deshalb mit maximal 25 Wörtern. Ausnahmsweise mögen auch längere Sätze angemes-

---

[7] Vgl. das Ludwig-Reiners-Schema, zit. in Schneider, Deutsch für Profis, S. 86.

sen sein, z. B. wenn Aufzählungen nötig sind. Sicher sollten wir lange und komplexe Sätze vermeiden, wie z. B.

> *«Derjenige, der den Täter, der den Pfahl, der an der Brücke, die über den Bach, der an dem Weg, der nach Worms geht, liegt, führt, steht, umgeworfen hat, anzeigt, erhält eine Belohnung.»* [8]

Über einen solchen sogenannten *Schachtelsatz*, bei dem sich auch gleich alle Verben treffen, stolpern Lesende unweigerlich.

Vielleicht denken Sie, Schwieriges könne nur in schwierigen, also langen und komplizierten Sätzen, Ausdruck finden. Tatsache aber ist, dass sich alles klar darstellen lässt. Auch Gesetzestexte, Verordnungen, Verträge, Gebrauchsanleitungen lassen sich so bearbeiten, dass sie leicht verständlich ausfallen.

Die Schwierigkeit ergibt sich nicht aus dem Thema, sondern aus dem Schreibaufwand. Es ist aufwendig, etwas einfach zu beschreiben, weil es viel Zeit und Gedankenarbeit braucht. **Wer schwer verständlich schreibt, hat seinen Text noch nicht fertig überarbeitet.** Aufgabe der Schreibenden ist es, komplexe Sachverhalte so einfach darzustellen, dass die Lesenden die Informationen möglichst mühelos aufnehmen können.

Versammeln wir viele kurze Sätze mit weniger als dreizehn Wörtern, erleichtert das den Lesenden die Arbeit nicht unbedingt. Sind die Sätze unverbunden, nur lose zusammenhängend, vielleicht sogar unvollständig, müssen Lesende Zusammenhänge herstellen und Fehlendes ergänzen, um verstehen zu können. Das kann aufwendig sein und ausserdem zu Missverständnissen führen. Wir vermeiden deshalb nicht nur Langsätze, sondern auch Ansammlungen von Kurzsätzen (Abb. 2).

Abbildung 2
Orientierungs-
grössen zu Wort-
und Satzlängen

Wörter	Sätze	Regel
Bis 15 Buchstaben	Um 15 Wörter	Gut überblickbar
Mehr als 20 Buchstaben	Mehr als 25 Wörter	Zu lang
Je kürzer umso besser	Viele Kurzsätze vermeiden	

In Texten hängen meist mehrere Sätze eng zusammen, sie legen z. B. einen Gedanken oder einen Argumentationsschritt dar. Wir kennzeichnen solche Sinneinheiten, indem wir Texte in Absätze gliedern. Viele Miniabsätze, die kaum mehr als einen Satz umfassen, sind dabei ebenso zu vermeiden wie Endlosabsätze, die sich über mehrere Seiten erstrecken. Als Erfahrungswert gilt:

---

[8] Das Beispiel stammt aus der Wirklichkeit und findet sich zit. in de Beaugrande, Robert-Alain; und Dressler, Wolfgang Ulrich; Einführung in die Textlinguistik, Tübingen: Max Niemeyer Verlag, 1981, S. 137.

[9] Poenicke, Klaus; Wie verfasst man wissenschaftliche Arbeiten? Ein Leitfaden vom ersten Studiensemester bis zur Promotion, Mannheim, Wien, Zürich: Dudenverlag, 1988, 2. neu bearb. Aufl., S. 116.

«[...] ein bis drei Absätze pro Schreibmaschinenseite [erleichtern] dem Leser die optische und gedankliche Orientierung [...]»[9]

Schliesslich gliedern sich umfangreichere Texte in Kapitel. Wenn wir weiter unten über das Konzept sprechen, kommen wir auf die Kapitelgliederung zurück.

2.5 Erwartete Satzstrukturen

Beim Satzbau gilt es Leseerwartungen zu berücksichtigen. Lesende erwarten, zuerst etwas über Handelnde (Subjekte), dann etwas über die Art der Handlungen und am Schluss etwas über die Behandelten (Objekte) zu erfahren. Grundsätzlich bauen wir deshalb Sätze nach dem Muster auf: wer – tut – was? In grammatikalischen Begriffen ausgedrückt:

Subjekt – Prädikat – Objekt.

Diese Normsatzstruktur ermöglicht es Lesenden, Sätze ohne verzögernde Analyse aufzunehmen. Heisst es zum Beispiel:

Die Glasplatte saugt der Roboterarm an,

ist die Verwirrung der Lesenden wahrscheinlich. Sie müssen beim Lesen innehalten, sich die Sache überlegen und dann entscheiden, was das Subjekt ist. Saugt der Roboterarm an, was vernünftig wäre und durch den grammatikalischen Fall auch signalisiert ist? Oder saugt die Glasplatte an, weil sie an der Position des handelnden Subjektes steht? Problemlos dagegen lässt sich der Satz in der Normsatzstruktur verarbeiten:

Der Roboterarm saugt die Glasplatte an.

Ebenfalls einer Erwartung von Lesenden entspricht die Gliederung in

1. Hauptinformation im Hauptsatz und 2. Zusatzinformation im Nebensatz.

Eine lesefreundliche Erweiterung des Beispiels oben wäre a):

a) *Der Roboterarm saugt die Glasplatte an, die auf einem Stapel neben dem Roboter lagert.*

Eine Gliederung dagegen in erstens Nebensatz und zweitens Hauptsatz wie in b) macht die Aussage holperig.

b) *Während eine Glasplatte auf einem Stapel neben einem Roboter lagert, saugt der Roboterarm die Glasplatte an.*

Weichen wir von Normsatzstrukturen ab, dann sollten wir das bewusst tun. Sinnvoll ist die Abweichung, wenn wir etwas hervorheben oder eine bestimmte Logik wie in c) mitvermitteln wollen. Z. B.

c) *Nachdem der Gabelstapler den Glasplattenstapel neben dem Roboter abgelegt hat, setzt sich der Roboterarm in Bewegung und saugt eine Glasplatte nach der anderen an.*

Bei dieser Darstellung ist die Chronologie wichtig und der Satzbau folgt einer logischen Zeitabfolge. In vielen Fällen aber sind Lesende mit Normsatzstrukturen am besten bedient.

2.6 Aktiv und Passiv

Fehlende Informationen führen zu Ungenauigkeiten. Die Frage: *Wer tut etwas?*, ist selten unbedeutend. Sätze brauchen deshalb handelnde Subjekte. Sehen wir uns das folgende Beispiel an:

> *a) Das Kind wird gebissen.*

Wer beisst das Kind? Nicht der Nachbar ist der Täter, nicht die Schlange ist die Sünderin, nein:

> *b) Der Hund beisst das Kind.*

Die Sätze a) und b) sind unterschiedlich konstruiert. Der Satz a) formt sich im Passiv. Das Passiv ist eine Hilfskonstruktion mittels des Hilfsverbs *werden* und dem *Partizip II* des Verbs, welches den Vorgang beschreibt.

Das Passiv hat nicht nur den Nachteil, dass es unterschlägt, wer der Täter ist, sondern es ist auch häufig umfangreicher und komplizierter als das Aktiv. Sehen wir uns dazu folgendes Beispiel an:

> *Der Zeiger auf dem Bildschirm wird von der Maus gesteuert, welche ihrerseits mit der rechten Hand bedient wird.*

Täterinnen, *Maus* und *Hand*, nennt der Autor hier zwar, verharrt aber gleichwohl im Passiv. Viel kürzer und einfacher und damit prägnanter lassen sich die Informationen im Aktiv formulieren:

> *Die Hand bedient die Maus und die Maus steuert den Zeiger auf dem Bildschirm.*

Aktivformulierungen sind meist kürzer, da sie das Hilfsverb *werden* nicht brauchen, und sie sind immer genauer, da sie den Täter nennen und kräftige Verben enthalten. **Eine prägnante Sprache zeichnet sich deshalb durch viele Formulierungen im Aktiv aus.**

2.7 Klare Bezüge

Fürwörter (Pronomen) verwenden wir sehr häufig. Sie stellen Zusammenhänge durch Wiederholungen her (vgl. dazu unten), ohne dass sich immer wieder dieselben Wörter, Sätze oder Gedanken im vollen Wortlaut wiederholen. Sie tragen so zum ökonomischen Verfassen und zur Prägnanz bei.

Setzen wir Fürwörter ungenau ein, sind sie allerdings kontraproduktiv. Statt die Prägnanz zu steigern, vergrössern sie die Ungenauigkeit. Nur Kürze und Genauigkeit zusammen erzielen Prägnanz.

Fürwörter müssen sich zweifelsfrei auf Vorhergehendes oder Nachfolgendes beziehen lassen. Wenn die Bezüge zwischen den Fürwörtern und den Bezugswörtern nicht möglich sind oder mehrere Bezüge möglich sind, resultieren Missverständnisse.

Sehen wir uns ein Beispiel an:

> *Ein Boxer flieht nach einem gegen die Mafia entschiedenen Kampf nach Marokko in die Fremdenlegion. Er wird dort aufgespürt, überlebt aber als einziger.*

Als kooperativ Lesende interpretieren wir die Aussage.

- Die einen werden vermuten, dass der Boxer als *einziger der Fremdenlegion* überlebte. Sie stellen einen Bezug zum Wort *Fremdenlegion* her.

- Andere denken, der Boxer sei selbst ein Mafioso und überlebte als *einziger der Mafiosi*. Sie stellen einen Bezug zum Wort *Mafia* her.
- Lesende könnten auch zum Wort *Boxer* einen Bezug suchen und sich zusammenreimen, dass dieser eine Boxer als *einziger Boxer von allen Boxern in der Fremdenlegion und der Mafia* überlebt.
- Gewisse radikal Interpretierende könnten denken, dass der Autor zu allen drei Gruppen: *Fremdenlegion, Mafia und Boxer* einen Bezug herstellt. Dann überlebt dieser Boxer vielleicht als *einziger Mensch*?

Prägnanz erfordert eindeutige Botschaften. **Auf Kosten der Kürze wiederholen wir in Zweifelsfällen Bezugswörter** und formulieren dadurch zwar etwas umfangreicher, dafür aber eindeutig:

> *Ein Boxer flieht vor der Mafia nach Marokko in die Fremdenlegion. Die Mafia spürt ihn auf. Trotzdem überlebt der Boxer als <u>einziger seiner Fremdenlegionärstruppe</u>.*

Wie bei der Wortbedeutung gilt auch bei Fürwörtern, dass es nicht Aufgabe der Lesenden ist, die richtige Interpretation auf Grund einer Eingebung zu erraten. Es ist Aufgabe der Schreibenden, sich klar auszudrücken.[10]

2.8 Anschauliche Vergleiche

Eine anschauliche Sprache erhöht nicht nur die Attraktivität einer Aussage, sondern trägt auch zum leichten Verständnis bei. Durch einen Vergleich können wir oft viel schneller Klarheit schaffen, als durch langatmige Ausführungen, z. B.:

- *Blitzartig fuhr er in die Kleider.*
- *Der Bohrer sieht aus wie ein kleiner Tannenbaum.*

Die bildlichen Ausdrücke *blitzartig* bzw. *wie ein kleiner Tannenbaum* beschreiben durch Vergleiche klarer als viele Worte, wie etwas passiert bzw. aussieht.

Auf abgedroschene Redewendungen sollten wir allerdings verzichten. *Die Katze im Sack kaufen; etwas auf die lange Bank schieben; Morgenluft wittern …* solche Redewendungen mögen im Gespräch belebend wirken. In sachlichen Alltagstexten blähen sie unnötig auf, ohne zum Verständnis viel beizutragen.

Auch können Sprachbilder kontraproduktiv sein, wenn sie unstimmig sind.

> *Wie vom Blitz getroffen stand ich auf,*

tönt im ersten Moment nicht übel, trotzdem ist es Unsinn. Wer vom Blitz getroffen wird, steht nicht auf, sondern fällt um. Hier liegt ein unstimmiges Bild vor. Achten Sie darauf, dass Ihre Sprachbilder stimmig sind. Hier noch zwei unstimmige Bilder mit Unterhaltungswert:

- *Wie ein getrennter Wurm winselte er um Gnade.*
- *An dieser Tatsache lässt sich nicht rütteln, mag auch das Auge des Laien noch so bedenklich den Kopf schütteln.*[11]

---

[10] Vgl. zu unklaren Bezügen auch die Ausführungen zur sogenannten *eingeschränkten Ausdrucksweise* im Kapitel «Gespräch».

[11] Diese zwei Beispiele stammen aus Schlegel, Bd. 3, S. 23 ff.

3 Texte produzieren, strukturieren, zusammenfassen

3.1 Die drei Phasen der Textproduktion

In der Planung und Ausführung von Texten lassen sich drei Phasen ausmachen:

- Materialsammlung und Materialordnung im Konzept,
- Entwurf,
- Überarbeiten des Textes.

Zur Planung gehört auch ein Zeitplan (Abb. 3). Sehr wichtig ist es, für den Entwurf und die Überarbeitung etwa gleich viel Zeit einzuplanen. Beim Entwerfen produzieren wir Quantität. Auf Quantität allein kommt es aber selten an. Texte müssen immer auch Qualität aufweisen. Deshalb planen wir genügend Zeit für die aufwendige Überarbeitung ein.

**Abbildung 3
Drei Phasen im
Schreibprozess**

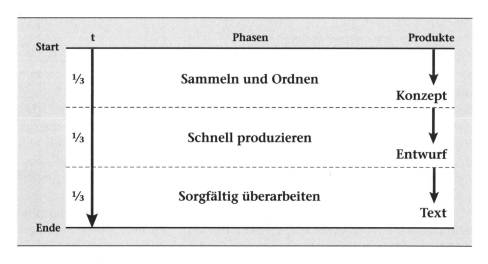

3.1.1 Sammeln und Ordnen
Kreativitätstechniken

Schöpfen wir beim Sammeln aus vorhandenem Wissen, versuchen wir mittels sogenannter *Kreativitätstechniken* möglichst rasch vollständige und strukturierte Sammlungen zu erhalten (Abb. 4). Es bieten sich dazu folgende Techniken an:

- Brainstorming,
- Cluster,
- Mind-Map,
- Freies Schreiben,
- Skizzieren.

Kreativitätstechnik	Ziele	Anwendende	Zeitbedarf
Brainstorming	Unzensierte Sammlung	Gruppen mit unbelasteten Beziehungen und Einzelpersonen	20 Minuten
Cluster	Ideenfluss und vorstrukturierte Sammlung	Einzelpersonen	10 Minuten
Mind-Map	Geordnete Sammlung von Vertrautem	Einzelpersonen und eingespielte kleine Teams	10 Minuten
Freies Schreiben	Ideenfluss	Einzelpersonen	7 – 20 Minuten
Skizzieren	Sammlung von Einzelheiten und Zusammenhängen	Einzelpersonen und eingespielte kleine Teams	10 Minuten

Abbildung 4
Sammeltechniken im Vergleich

Alle Kreativitätstechniken zeichnen sich durch grosse Effizienz aus. Innerhalb weniger Minuten entstehen brauchbare Sammlungen.

Beim **Brainstorming** sammeln wir circa 20 Minuten lang Stichwörter zu einem bestimmten Thema, einer Frage, einem Schlüsselwort. Gruppen sammeln mit Vorteil auf Folie am Hellraumprojektor oder am Flip-Chart, damit alle die Sammlung einsehen können und sie auch konservierbar ist.

Beim **Brainwriting** sammelt eine Einzelperson auf Papier. Auch mehrere Personen können auf ein- und demselben Papier sammeln. Das Papier geht der Reihe nach von Person zu Person, so kann es jede und jeder für sich und in Ruhe bearbeiten und ergänzen. Das Ergebnis der Sammlung ist eine ungeordnete und unzensierte Stichwortliste, Assoziationen, Seltsames, Unpassendes sind ebenso erlaubt wie Kritisches und Persönliches. Brainstorming eignet sich für kollektive wie auch individuelle Sammlungen.

Beim kollektiven Sammeln wirken oft Hemmungen, wenn die Beziehungen im Kollektiv belastet sind, so dass nicht alle ihre Gedanken einbringen können. Das Brainstorming eignet sich deshalb nur für Gruppen, bei denen Vertrauen und Respekt die Beziehungen zwischen den Gruppenmitgliedern prägen; in Gruppen mit belasteten Beziehungen oder in zu grossen Gruppen wird diese Sammelmethode kaum etwas bringen.

Cluster bedeutet *Haufen*. Die Cluster-Methode stammt von Gabriele R. Rico und basiert auf der Hemisphärentheorie (vgl. dazu die Ausführungen im Kapitel «Lernen und Lesen»). Auch beim Cluster sammeln wir wie beim Brainstorming alles, ohne zu zensurieren. Anders als beim Brainstorming entsteht aber keine Liste, sondern ein Netz. Es entsteht damit eine erste Ordnung, welche die Konzeptphase erleichtert.

Clustern können wir nur individuell. Auf ein A3-Papier schreiben wir unseren Schlüsselbegriff und kreisen ihn ein. Wörter, die uns zum Schlüsselbegriff einfallen ergänzen wir und kreisen sie ebenfalls ein. Dabei überlegen wir uns, wo wir das neue Wort sinnvoll zuordnen können: Gehört es zum Schlüsselbegriff oder zu einem anderen bereits vorhanden Wort oder bildet es ein neues Zentrum? Die Zuordnung markieren wir mit einem Pfeil. Ein Beispiel für ein Cluster findet sich in Abbildung 5.

Abbildung 5
Beispiel für ein
Cluster

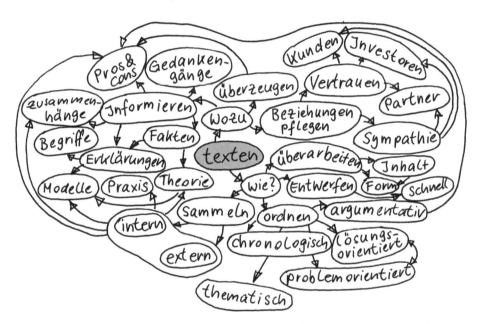

Mind-Maps sind mittlerweile sehr verbreitet und beliebt. Sie dienen dazu, strukturiert zu sammeln. Das Zentrum bildet wie beim Cluster ein Schlüsselbegriff. Wir fügen darum herum beschriftete Äste an, welche wir mit beschrifteten Zweigen versehen. Die so entstandene Baumstruktur erleichtert uns die Konzeptphase. Aus den Ästen ergeben sich die Kapitel, aus den Zweigen die Unterkapitel. Mind-Maps eigenen sich allerdings nur für Vertrautes. Der Zwang zum geordneten Sammeln kann den Ideenfluss stören.

Ein kleines, gut funktionierendes Kollektiv kann gemeinsam ein Mind-Map entwerfen. Es eignet sich aber vor allem für individuelles Sammeln. Ein Beispiel für ein Mind-Map ist die Abbildung 6.

Freies Schreiben (auch *free writing* oder *écriture automatique* genannt) meint, mindestens 7 und höchstens 20 Minuten pausenlos zu schreiben. Wir starten wieder mit einem Schlüsselbegriff oder einem Schlüsselsatz. Während des Schreibens halten wir nie inne. Wenn sich keine Worte auf das Papier ergiessen, dann schreiben wir z.B. lauter *llllll*, bis es wieder weitergeht. Wir schrei-

78

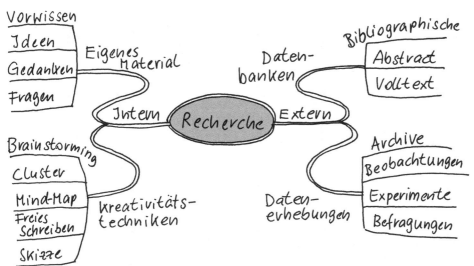

Abbildung 6
Elemente der
internen und
externen Recher-
che, dargestellt
als Mind-Map

ben, ohne die Schreibregeln zu beachten, alles ist beim freien Schreiben erlaubt: Auf Rechtschreibung, Zeichensetzung, treffende Wörter, vollständige und zusammenhängende Sätze achten wir nicht.

Durch das freie Schreiben aktivieren wir den Ideenfluss, es löst Assoziationen aus und legt verschüttete Erinnerungen frei. Das freie Schreiben eignet sich vor allem in der individuellen Suche nach einem vollkommen neuen Ansatzpunkt und bei grossen Startschwierigkeiten. Auch eignet es sich dazu, Begriffe einzukreisen.

Da das Produkt des freien Schreibens oft ein kaum leserliches und unordentliches Bruchstück ist, können wir meist wenig damit anfangen. Nicht auf das Produkt, sondern auf den Prozess kommt es beim freien Schreiben an. Der Prozess hilft uns, uns zu konzentrieren und dann mit einer anderen Sammelmethode, z. B. einem Mind-Map unsere Gedanken, unser Wissen, Erinnerungen, Aspekte eines Problems geordnet aufs Papier bringen.

Skizzen helfen uns ebenfalls, Wissen und Ideen festzuhalten und in einen Zusammenhang zu bringen. Insbesondere für begabte Zeichnerinnen und Zeichner ist die Methode, Bilder zu einem Stichwort zu assoziieren, eine attraktive Möglichkeit, locker zu einer Stoffsammlung zu kommen.

Recherche

Nach dem Sammeln von eigenem Vorwissen, eigenen Ideen, Gedanken und Fragen mittels Kreativitätstechniken erfolgt beim wissenschaftlichen Arbeiten eine externe Recherche. Es gilt, den Wissensstand der Fachgemeinschaft zu ermitteln und sich zusätzliches Wissen anzueignen. Insbesondere Fachpublikationen halten das Fachwissen fest, wobei Fachzeitschriften besonders bedeutend sind, weil sie jeweils den neuesten Stand der Forschung darstellen.

Die Fachliteratur lässt sich über verschiedene Datenbanken erschliessen. Dabei existieren folgende Typen von Datenbanken:

- **Bibliografische Datenbanken** wie der Bibliotheksverbund Nebis *(www. nebis.ch)* sammeln Angaben zu Autoren, Titeln, Schlüsselbegriffen sowie Publikationsorten und -daten. Über diese Datenbank besorgen wir uns vor allem Bücher.
- **Abstract-Datenbanken** enthalten zusätzlich zu bibliografischen Angaben auch Zusammenfassungen. Sie erleichtern es, die in einem Buch oder Fachartikel dargestellte Problemstellung, das Problemlösungsverfahren und die erzielten Ergebnisse abzuschätzen. Auf Grund dieser Schätzung kann besser entschieden werden, ob sich die Beschaffung eines Textes lohnt. Ein Beispiel einer Abstract-Datenbank ist die Compendex Plus. Sie publiziert bibliografische Angaben sowie «Abstracts» zu Fachbeiträgen aus sämtlichen für das Ingenieurwesen wichtigen Fachzeitschriften und Konferenzen. Studierende an Fachhochschulen haben darauf Zugriff über die Rektorenkonferenz der Fachhochschulen *(www.kfh.ch).*
- **Volltextdatenbanken** machen Zeitungen, Zeitschriften und ganze Bücher elektronisch zugänglich. Da wir meist über Suchbegriffe zu wichtiger Literatur gelangen, sind Volltextdatenbanken der Idealfall. Sie erlauben es uns, Gesamttexte nach Begriffen zu durchsuchen. Eine frei verfügbare Zeitschriftendatenbank ist zum Beispiel das Directory of Open Access Journals *(www. doaj.org).*

Zögern Sie ausserdem nicht, Expertinnen und Experten nach Fachliteratur zu fragen. Diese kennen meist die wichtigsten Bücher und Journale in einem Fachgebiet und können Ihnen das Durchwühlen von Datenbanken erleichtern.

An dem Punkt, an dem sich Fragen nicht mehr durch die Fachliteratur oder durch mündliche Auskünfte von Expertinnen und Experten beantworten lassen, beginnen die eigenen Nachforschungen. Dabei besteht die Möglichkeit, Quellen zum Beispiel in Archiven zu sichten und auszuwerten. Auch hier lohnt es sich, zunächst den Rat von Fachleuten einzuholen, um die Materialien zu finden. Für Studierende ist es meist nicht einfach abzuschätzen, ob Quellen in einem städtischen, staatlichen oder privaten Archiv liegen. Schliesslich lassen sich auch durch eigene Beobachtungen, Experimente und Befragungen Daten erheben und auswerten. Am besten beginnen Sie mit kleinen Erhebungen, um mit solchen Forschungsmethoden Erfahrungen zu sammeln.

Ideen- und Materialkartei

Meist sammeln wir also neben eigenem auch fremdes Material aus Büchern, Fachzeitschriften und dem Internet. Das Sammeln solcher Materialien lässt sich verschieden organisieren. Ich beschreibe eine häufige Variante: die Kartei. Im Gegensatz zu den Kreativitätstechniken, bei denen Sammlungen innerhalb von Minuten entstehen, kann sich die Materialsammlung in einer Kartei über Tage, Wochen, Monate oder Jahre hinziehen. Solche Sammlungen sind deshalb gut zu überdenken und zu organisieren. Viel Erfahrung mit der Materialkartei begünstigt effizientes Sammeln. Ich empfehle Ihnen, mit einer kleinen Sammlung zu beginnen, um erste Erfahrungen zu sammeln.

Alle Informationen, die wir aus Büchern, Fachzeitschriften, aus dem Internet entnehmen oder die uns Expertinnen und Experten vermitteln, können wir auf einer Karteikarte festhalten. Auf die Karteikarten gehören neben den gesammelten Informationen immer auch die einwandfrei identifizierbaren Quellen, aus denen die Informationen stammen.

Wir legen mit Vorteil parallel zur Kartei ein Literaturverzeichnis an und verwenden ein System, um auf die Quellen zu verweisen. Wir arbeiten z. B. mit Nummern oder den Autorennamen.

Denken Sie auch daran, auf der Karteikarte die Seite, von der eine Information aus einem Buch stammt, festzuhalten. Ebenfalls kann es wertvoll sein, im Literaturverzeichnis die Buchsignatur, falls es sich um einen Bibliotheksband handelt, zu notieren. So ersparen Sie sich Arbeit.

Bei grossen Materialsammlungen müssen wir mit System sammeln. Wir brauchen dazu ein Konzept, das wir mit einer der besprochenen Kreativitätstechniken gewinnen. Wir erschliessen also zuerst das Problem in Gedanken und beginnen erst dann zu sammeln und die gesammelten Informationen systematisch in der Kartei zu ordnen. Nur wenn die Karten logisch geordnet sind, finden wir einzelne Karten wieder. Ordnungs- und Sammelphase greifen so ineinander.

Eine gute Materialkartei ist sehr wertvoll, entsprechend aufwendig ist die Arbeit mit ihr. Ein Kollektiv muss eine Materialkartei besonders gut organisieren, damit sich die Kartei für alle erschliesst.

Natürlich können wir in der Art der Materialkartei auch eine Ideenkartei anlegen. Oft ergänzen sich fremdes Material und eigene Gedanken, Erfahrungen und eigenes Wissen, dann legen wir eine Ideen- und Materialkartei an.

Konzept

Konzept oder Disposition – so nennen wir ein Inhaltsverzeichnis mit Arbeitstiteln (Abb. 7). Wir planen, welche Teile unser Text enthält und wie die Teile zusammenhängen. Je detaillierter das Konzept ist, um so einfacher fällt das Entwerfen. Im Idealfall ist jeder Gedanke in Form einer Überschrift für jeden Textabsatz bereits im Konzept enthalten und in einen Zusammenhang integriert.

Jedes Thema lässt sich verschieden gliedern, und als Schreibende müssen wir unsere persönliche Struktur suchen. Dazu probieren wir verschiedene Strukturen aus und wägen deren Vor- und Nachteile gegeneinander ab.

Grundsätzlich sollte eine Struktur angemessen und vernünftig sein.

- Bei einer angemessenen Gliederung sind die einzelnen

| 1. ... |
| 1.1 ... |
| 1.2 ... |
| 1.3 ... |
| 2. ... |
| 2.1 ... |
| 2.2 ... |
| 2.3 ... |
| 3. ... |
| 3.1 ... |
| 3.2 ... |
| 3.3 ... |

Abbildung 7
Beispiel für ein ausgewogenes Gerüst einer Disposition

Kapitel und Abschnitte nicht zu kurz und nicht zu lang, sondern portionieren den Text ausgewogen.
- Eine vernünftige Gliederung ist nachvollziehbar, einfach und nach erkennbaren Prinzipien gegliedert.

Häufig verwendete Ordnungsmuster sind die chronologische, die thematische, die problemorientierte und die argumentative Ordnung (vgl. Abb. 8). Oft sind Kombinationen verschiedener Gliederungsmuster sinnvoll. So können wir z. B. die Hauptkapitel thematisch ordnen, ein Unterkapitel chronologisch, ein anderes argumentativ.

Gliederungsvarianten

Bei der chronologischen Gliederung erfassen wir ein Geschehen zeitlich geordnet. Solche Konzepte sind oft naheliegend und einfach.

Die Gefahr chronologisch strukturierter Texte liegt in der unzusammenhängenden Fülle. Stellt ein Text sehr viele nicht verbundene gleichrangige Informationen dar wie z. B. eine Chronik (eine Geschichtsaufzeichnung), eignet er sich als Nachschlagewerk, nicht aber als Lektüre.

Wenn wir etwas chronologisch darstellen, bilden wir sinnvolle Zeitabschnitte, so dass wir über Zusammenhänge, Entwicklungen, Veränderungen statt isolierte einzelne Ereignisse schreiben können.

Mögliche Zeitabschnitte sind z. B.:
- *früher – heute – morgen,*
- *Konstruktion – Produktion – Marketing,*
- *Rohling – Verarbeitungsstufen – Endprodukt.*

Bei der thematischen Gliederung bilden wir das Konzept mit W-Fragen[12]. Die W-Fragen lauten*: Wer, Was, Wie, Wo, Wann, Warum, Wieviel* usw. Eine thematische Gliederung wäre zum Beispiel:

> *Wie sieht die Bohrmaschine aus? Was kann sie? Wo wird sie hergestellt? Warum sind die Baupläne geheim? Wieviel kostet sie?*

Thematische Gliederungen bieten sich oft an und ergeben gute Arbeitskonzepte. Meist wandeln sich Kapiteltitel in Frageform im Verlauf der Arbeit in Titel, die die Antwort auf die Frage prägnant zusammenfassen. So lautete der Arbeitstitel für das vorliegende Kapitel: *Wie lassen sich Texte gliedern?* Jetzt heisst das Kapitel *Gliederungsvarianten* und die Abschnitte liessen sich betiteln mit: *Chronologische Gliederung, thematische Gliederung, argumentative Gliederung* und *problemorientierte Gliederung.*

Eine Ordnung, die von Problemen ausgeht und deren Analyse und Lösung beinhaltet, wollen wir als problemorientierte Gliederung bezeichnen. Auf diese Variante treffen wir oft bei der Darstellung technischer Probleme, für die handfeste Ergebnisse gesucht werden. Insbesondere laufende Dokumen-

---

[12] Vgl. dazu auch die Ausführungen zu den offenen Fragen im Kapitel «Gespräch».
[13] Vgl. dazu die Darstellung von Zehnder, Carl August; Informatik-Projektentwicklung, Zürich: vdf, 2001, 3. vollständig überarb. Aufl., S. 218 ff.

tationen in der Projekt-Entwicklung in der Informatik gliedern sich problemorientiert. Sie sind gemäss einer Standardstruktur aufgebaut:[13]

1. *Aspekte des Problems (Ist-Zustand),*
2. *Pflichtenheft (Soll-Zustand),*
3. *Lösungsvarianten,*
   Wir beschreiben alle Varianten einzeln.
4. *Variantenvergleich und Lösung,*
   Wir vergleichen alle Varianten in Bezug auf einzelne relevante Kriterien, z.B.
   Kosten, Ressourcen oder Risiken, bewerten sie und kommen so zu einer bevor-
   zugten Variante, die wir als Lösung beantragen.
5. *Realisieren, Testen und Einführen der Lösung.*

Diese Struktur lässt sich auch in anderen Bereichen nutzbringend einsetzen.
Auch einzelne Elemente lassen sich übernehmen, z.B.:

- *Ist-Zustand – Soll-Zustand,*
- *Problem – Lösung,*
- *Problem – Ursachen – Lösung.*

Schliesslich haben wir die Möglichkeit, uns der Strukturen von Argumenten und Argumentationen zu bedienen. Mit solchen Strukturen befasst
sich das Kapitel «Argumentation». Ich greife hier nur kurz darauf vor. Typische
argumentative Strukturen sind:

- *Pro – Contra – Bewertung und Stellungnahme,*
- *Behauptung – Begründung(en) – Beweis(e),*
- *Allgemeines Prinzip– spezieller Fall,*
- *Spezieller Fall – allgemeines Prinzip.*

Gliederungsmuster	Abstrakte Gliederungsbeispiele	Gliederungsprinzip
Früher Heute Morgen → t	1. Anfänge 2. Aktuelle Gentechnikprojekte 3. Zukunftstrends	**Chronologisch**
Was Wie Wozu	1. Gentechnisch Verändertes 2. Funktionsweise der Gentechnik 3. Aufgaben der Gentechnik	**Thematisch**
Problem Lösung 1 Lösung 2 Empfehlung	1. Risiken der Gentechnologie 2. Langzeitversuche und Verbote 3. Langzeitversuche bei Erlaubtem	**Problemorientiert**
These → Antithese → Synthese	1. Chancen der Gentechnologie 2. Risiken der Gentechnologie 3. Kontrollierte Nutzung einzelner Anwendungen	**Argumentativ**

Abbildung 8
**Gliederungs-
varianten im
Vergleich**

3.1.2 Entwerfen

Wenn wir über eine Materialsammlung und ein Inhaltsverzeichnis mit Arbeitstiteln verfügen, beginnen wir zu schreiben. Wir beginnen keinesfalls, bevor
ein zufriedenstellendes Konzept vorliegt, das wäre voreilig und ineffizient.

Unbedingt sollte das Konzept nach spätestens einem Drittel der zur Verfügung stehenden Zeit fertig sein. Sonst besteht die Gefahr, dass für die letzte Phase, das Überarbeiten, zu wenig Zeit bleibt.

Beim Entwerfen arbeiten wir zügig, wir produzieren Quantität. Wir lassen deshalb auch mal einen Gedanken oder einen Satz unvollendet, suchen nicht lange nach dem treffenden Wort, verfolgen keine offenen Fragen der Rechtschreibung und lassen Lücken offen.

Den Entwurf drucken wir aus, sofern wir ihn am PC erstellt haben. Für die Phase der Überarbeitung brauchen wir eine Papierversion.

3.1.3 Überarbeiten

Je mehr Distanz wir zu unserem eigenen Text haben, um so leichter fällt das Überarbeiten. Wir sollten deshalb auch Zeit zwischen Entwurf und Überarbeitung einplanen, in der wir nicht an unserem Text arbeiten (vgl. Abb. 9). Dabei verwenden wir etwa gleich viel Zeit fürs Schreiben wie für das Überarbeiten, mindestens aber einen Drittel der zur Verfügung stehenden Zeit.

Inhaltsprüfung

Auf einer Papierversion sichten wir den gesamten Entwurf und überprüfen ihn zuerst auf inhaltliche Mängel.

- Wir stellen jetzt sicher, dass unser Text nur Teile enthält, die wir verantworten können. Wir eliminieren z. B. unbegründbare Behauptungen, vage Vermutungen, unsachliche Exkurse, unwahre Informationen.
- Wir ergänzen fehlende Informationen und schliessen alle Lücken.
- Wir überprüfen die Zusammenhänge zwischen den Abschnitten und die Folgerichtigkeit der Kapitel. Wenn nötig gruppieren wir die Kapitel um, gliedern zu grosse Kapitel und fassen zu kleine Kapitel zu sinnvollen Einheiten zusammen.
- Wir eliminieren unnötige Redundanz bzw. erzeugen die nötige Redundanz, indem wir Textwiederholungen streichen und mit Verweisen arbeiten.

Wir korrigieren in der digitalen Version inhaltliche Mängel und stellen für die nächste Phase der Überarbeitung wieder eine Papierversion her.

Formprüfung

Bei der zweiten Überarbeitung ändern wir nichts mehr am Inhalt, d.h. wir ergänzen nichts mehr, wir streichen nichts mehr, wir verändern die Reihenfolge der Abschnitte und Kapitel nicht mehr. Das alles haben wir im ersten Überarbeitungsschritt erledigt.

Die zweite Überarbeitung starten wir mit einem raschen Durchlesen des Entwurfs, dabei markieren wir alle Passagen, die uns nicht auf Anhieb überzeugen. Anschliessend wenden wir uns allen markierten Passagen zu und arbeiten an ihnen. Wir überprüfen:

- Wortwahl,
- Satzbau,

84

- Stil,
- Orthografie,
- Interpunktion.

Erst wenn die Korrekturen in der digitalen Version angebracht sind,

- lassen wir Korrekturprogramme laufen,
- formatieren wir den Text,
- fügen Bilder und Bildnummern,
- eventuell auch Indexverweise ein
- und generieren Verzeichnisse: Index, Abbildungsverzeichnis und zuletzt das Inhaltsverzeichnis.

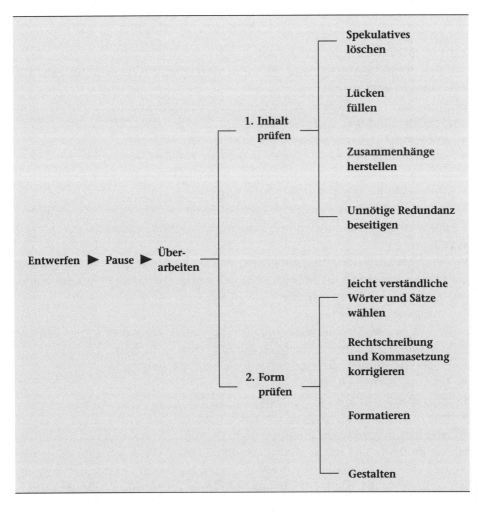

Abbildung 9
Überarbeitungs-
schritte bei einer
systematischen
Textprüfung

3.2 Textzusammenhänge und Textstrukturen

Ob ein Text leicht verständlich ist, hängt auch von Textzusammenhängen ab. Sind keine, zu wenige oder falsche Zusammenhänge vorhanden, treten Unklarheiten auf. Kooperative Leserinnen und Leser stellen zwar selbst Zusammenhänge her, indem sie mit grossem Leseaufwand interpretieren. Überdruss und Fehldeutungen sind dabei aber vorprogrammiert.

Wir befassen uns deshalb mit der Frage, wie aus einzelnen Sätzen ein zusammenhängender Text entsteht. Und sehen: Zusammenhänge existieren auf der Textoberfläche, in der Sprache, und in der Textwelt, dem Sinn (Abb. 10).

Abbildung 10
Elemente, die
in Texten
Zusammen-
hänge stiften

Textzusammenhänge	
Auf der Textoberfläche	**In der Textwelt**
Durch Bindewörter	Realistische Zeitstrukturen
Durch Wortwiederholungen	Realistische Raumstrukturen
Durch Stellvertreter (Pronomen)	Realistische Personen- und Sachstrukturen

3.2.1 Bindewörter und Wiederholungen

Auf der Textoberfläche sind es Bindewörter und Wiederholungen, die Zusammenhänge stiften.

Bindewörter (Junktionen) verbinden Sätze und Satzteile zu Texten. Beliebte Bindewörter sind *und*, *oder*, *aber*, *denn*.

- *und* erzeugt einen additiven (anreihenden) Zusammenhang,
- *oder* einen disjunktiven (ausschliessenden) Zusammenhang,
- *aber* einen restriktiven (einschränkenden) Zusammenhang und
- *denn* einen kausalen (ursächlichen) Zusammenhang.

Ausser diesen Bindewörtern gibt es zahllose weitere, die ähnliche oder andere Zusammenhänge ausdrücken wie *sondern*, *wie*, *sowohl*, *als auch*, *jedoch*, *weil*, *dass* usw.

Wir verwenden Bindewörter möglichst differenziert. Die enorme Auswahl ist kein Luxus, sondern eine Möglichkeit, sich mittels der Sprache präzise auszudrücken. Sage ich beispielsweise:

> *Ich gehe. Er kommt.*,

stelle ich keinen Zusammenhang zwischen zwei Ereignissen her. Lesende interpretieren nun, indem sie einen Zusammenhang suchen:

- Ist der Zusammenhang additiv: *Ich gehe und er kommt*,
- oder disjunktiv: *Ich gehe oder er kommt*,
- ist er kausal: *ich gehe, weil er kommt*,
- vielleicht temporal: *Ich gehe, bevor er kommt*,
- oder gibt es gar keinen Zusammenhang?

Mittels Bindewörtern tragen wir zur Verständlichkeit bei. Je genauer die Bindewörter einen Zusammenhang stiften, um so klarer können Lesende ihn erfassen. Überprüfen Sie deshalb beim Überarbeiten Ihrer Texte auch die Bindewörter:

- Sind Bindewörter vorhanden?
- Sind die richtigen Zusammenhänge mit den richtigen Bindewörtern ausgedrückt?

Neben den Bindewörtern sind es **Wiederholungen**, die auf der Oberfläche eines Textes Zusammenhänge herstellen.

Einerseits ergeben sich Zusammenhänge, wenn wir dieselben Wörter wiederholen. Andrerseits können wir Wörter auch durch Stellvertreter (Pronomen / Fürwörter) ersetzen und sie in dieser Form wiederholen.

Im folgenden Text a) fehlen Wiederholungen:

> a) Ich gehe, als Herr Keller kommt. Das Haus ist bezugsbereit, weil das Wetter schön ist. Die Möbel werden geliefert und der Hund bellt.

Die Sätze in a) sind vollkommen unzusammenhängend und entsprechend unverständlich, obwohl Bindewörter (*als, weil, und*) vorhanden sind. Ein zusammenhängender Text entsteht erst, wenn Wiederholungen die Sätze verbinden und Beziehungen zwischen Personen, örtlichen, zeitlichen und situativen Umständen herstellen.

> b) Ich gehe gerade aus dem Haus, als Herr Keller, <u>mein</u> neuer Nachbar, kommt. Weil <u>sein</u> Haus bezugsbereit und das Wetter schön sei, werde <u>er</u> heute einziehen, erzählt er <u>mir</u>. <u>Seine</u> Möbel werden eben geliefert und deshalb bellt <u>sein</u> Hund laut.

b) ist ein zusammenhängender Text und die Zusammenhänge sind klar. Neben den Bindewörtern sind es Wortwiederholungen, die Zusammenhänge schaffen. Die Autorin wiederholt hier die Personen (*mein, sein, er, mir, seine, sein*) sowie zeitliche (*gerade / heute / eben*) und situative (*deshalb*) Umstände.

Wortwiederholungen wirken nicht schwerfällig, wenn wir mit Stellvertretern arbeiten. Sehen wir uns die beiden folgenden Beispiele an. c) ist zwar zusammenhängend, aber auf Grund der vielen Wortwiederholungen sehr schwerfällig, d) ist ebenfalls zusammenhängend und dank der Stellvertreter auch flüssig.

> c) Herr Keller hat ein neues Haus. Vor dem neuen Haus von Herrn Keller steht eine Hundehütte. In der Hundehütte wird Herr Kellers Hund wohnen. Der Hund bellt viel.

> d) Herr Keller hat ein neues Haus. Davor steht eine Hundehütte. Darin wohnt sein Hund, welcher viel bellt.

Achten Sie darauf, dass die Bezüge eindeutig und korrekt sind (vgl. dazu oben den Abschnitt «Klare Bezüge»).

3.2.2 Raum-, Zeit- und Personenstrukturen

Wenn wir schreiben, konstruieren wir eine Textwelt. In der Textwelt gibt es Strukturen wie in der realen Welt: Es gibt Raum-, Zeit- und Personenstrukturen.

Eine Person kann in der Textwelt wie in der realen Welt zu einem bestimmten Zeitpunkt nur an einem Ort sein. Personen, Orte und Zeiten verwandeln sich nicht plötzlich in andere Personen, Orte und Zeiten. Zeitsprünge, Raumveränderungen und die Einführung neuer Personen verlangen nach Erklärungen.

Im folgenden Beispiel durchschauen wir weder Personen-, Zeit-, noch Ortsstruktur, deshalb bleiben Zusammenhänge trotz Bindewörtern und Wiederholungen unklar:

> Ich war zu Hause. Hans schaut sich ein Fussballspiel an, dann feierten wir zusammen mit den Spielern den Sieg.

Befindet sich Hans beim Ich zu Hause oder an einem anderen Ort? War Ich zu Hause, bevor sich Hans ein Fussballspiel anschaute? Kommen die Spieler zum Ich oder begeben sich Hans und Ich zu den Spielern? Feiern Hans und Ich zur gleichen Zeit wie die Spieler, aber an einem anderen Ort? Diese und weitere Fragen stellen sich der Leserin, die Zusammenhänge kann sie nur erraten. Deshalb gilt: **Bindewörter und Wortwiederholungen ergeben nur zusammen mit realistischen und geklärten Personen-, Zeit- und Raumstrukturen zusammenhängende Texte.**

3.2.3 Grobstruktur: Einleitung, Hauptteil, Schlusswort

Grob sind die meisten Texte in Einleitung, Hauptteil und Schluss gegliedert. Diese Struktur haben nicht nur Texte, sondern z.B. auch Filme. Auch sie brauchen eine Einleitung, wir sprechen im Filmjargon (auch in der Literatur übrigens) von der *Exposition.*

Die Exposition macht das Publikum mit wichtigen Umständen und Voraussetzungen bekannt. Insbesondere führt sie Personen, Orte und Zeiten ein und bringt sie in einen Zusammenhang.

Im **Hauptteil** entwickelt sich ein Thema, das sich zum einfacheren Verständnis wieder gliedert, so dass eine Feinstruktur entsteht.

Der **Schluss** rundet den Text ab, indem er Ergebnisse zusammenfasst (im Bericht) oder eine problematische Konstellation auflöst (im Film) oder den Inhalt zusammenfasst, um die Informationen zu gewichten (im Vortrag).

Auch ein Geschäftsbrief weist die Grobstruktur *Einleitung, Hauptteil* und *Schluss* auf. Allerdings sind im Geschäftsbrief Einleitung und Schluss stark formelhaft. Meist beziehen wir uns in der Einleitung auf einen Kontakt mit dem Empfänger, der Empfängerin, und bringen Dank oder Lob ein. Am Schluss geben wir einer optimistischen Hoffnung Ausdruck und übermitteln freundliche Grüsse.

Wir etablieren mit diesen einleitenden und schliessenden Elementen eine Beziehung zwischen uns als Schreibenden und den Lesenden analog zu den Ritualen im Gespräch (vgl. dazu die Ausführungen im Kapitel «Gespräch»). Das gilt nicht nur im Geschäftsbrief, sondern ganz allgemein bei Texten. Das Axiom, dass jede Botschaft eine Inhalts- und eine Beziehungsebene hat, gilt auch beim Schreiben. **Einleitung und Schluss sind Textelemente, die den Beziehungsaspekt berücksichtigen.**

3.2.4 Textartspezifische Feinstruktur

Je nach Textart variiert die Feinstruktur. Dazu drei Beispiele.

Der **Bericht** enthält in der Einleitung die Strukturelemente: *Schlüsselwörter, Fragestellung, Ziel, Positionierung, Konzepterläuterung.* Der Hauptteil des Berichtes ist oft themenspezifisch gegliedert. Manchmal treffen wir auf eine gröbere thematische Struktur (Kapitel) und eine feinere chronologische oder argumentative Struktur (in den Unterkapiteln). Der Schluss eines Berichtes enthält immer die Strukturelemente: *Ergebnisse und Ausblick.*

In Gebrauchsanleitungen finden wir oft die Elemente: *Produktebeschreibung, Sicherheitshinweise, Bedienung*. Wobei jedes dieser Elemente je nach Komplexität der Betriebsanleitung wiederum eine Feinstruktur aufweist. Z.B. wird die *Bedienung* sinnvollerweise in *Grund- und Zusatzfunktionen* strukturiert.

Kommen wir noch zu einem letzten Beispiel: dem Lebenslauf. Auch der Lebenslauf hat eine fixe Feinstruktur. In ihm finden sich die Elemente: *Angaben zur Person, Ausbildung und Berufstätigkeit*. Diese Elemente weisen ihrerseits wieder eine Feinstruktur auf. Die *Ausbildung* lässt sich in *Grund- und Weiterbildung* gliedern und die Berufstätigkeit chronologisch strukturieren.

Jede Textart muss gewissen Ansprüchen an die Feinstruktur genügen. Leserinnen und Leser haben Erwartungen an Texte, und es gibt Standards für Texte. Aus diesem Grund müssen wir uns mit Textarten eingehend befassen. Nur so gelingt es, Standards zu erfüllen und Erwartungen zu genügen.

3.3 Textverdichtung zur Zusammenfassung

Die Zusammenfassung eignet sich sehr gut als Lernkontrolle und um Gelerntes zu memorieren (vgl. dazu die Ausführungen im Kapitel «Lernen und Lesen»).

Stellen wir Zusammenfassungen für andere her, nicht wie beim Lernen für uns selbst, dann dienen sie vor allem dem Zweck, die Leserinnen und Leser über den Inhalt z.B. eines Berichtes oder eines Artikels zu informieren. **Zusammenfassungen helfen den Lesenden, zu beurteilen, ob der Volltext für sie von Interesse oder von Relevanz ist.** Dazu ein paar Beispiele.

Ohne die fettgedruckten Zusammenfassungen am Anfang jeder Nachsicht, könnten wir beim Lesen der Zeitung nur schwer eine Auswahl treffen. Ohne Zusammenfassung würden wir uns sinnlos durch Dokumentationen quälen, ehe wir merken, dass sie gar nichts mit unserem Problem zu tun haben. Ohne Zusammenfassungen in Zeitschriften könnten wir uns kaum im grossen Angebot von Fachartikeln orientieren.

Zusammenfassungen erfüllen die Aufgabe, verbindlich über ein Original zu informieren nur dann, wenn sie ohne das Original verständlich sind. Das heisst: Zusammenfassungen sind vollständig redundant mit dem Text, den sie zusammenfassen.

Wir suchen in Datenbanken nach wissenschaftlichen Darstellungen, entscheiden mit Hilfe von Zusammenfassungen oder «Abstracts» (englischen Zusammenfassungen), ob wir Bücher und Journale bestellen, Kopien anfordern oder sogar Übersetzungen anfertigen lassen. Zusammenfassungen ragen aus dem Datensmog heraus und erleichtern uns die Orientierung.

Zusammenfassungen umfassen oft etwa eine halbe A4-Seite zusammenhängenden Text. Kurze Texte fassen wir in wenigen Sätzen zusammen, aber auch längere Texte sollten wir auf höchstens ein bis zwei A4-Seiten zusammenfassen können.

Zusammenfassungen bestehen aus einfachen, leicht verständlichen Sätzen, wobei leicht verständliche Sätze aus maximal 25 verständlichen Wörtern zusammengesetzt sind. Am einfachsten fassen wir im Präsens (in der Gegenwart) zusammen. Die Zusammenfassung ist sachlich und neutral und enthält deshalb keine Wertungen, keine Kommentare und keine persönlichen Stellungnahmen.

Die Zusammenfassung ist eine thematisch strukturierte kurze Inhaltsangabe. Der Inhalt einer Zusammenfassung ist abhängig von der Textsorte, die zusammengefasst wird (Abb. 11). Zusammenfassungen von wissenschaftlichen Berichten und Fachartikeln erläutern kurz die Ausgangslage, das Vorgehen und Ergebnisse. Dabei liegt der Akzent auf den Ergebnissen. Solche Zusammenfassungen können auch Schlussfolgerungen oder Empfehlungen prägnant formulieren, falls diese zu den Ergebnissen gehören. Da die meisten grösseren Studienarbeiten wie der Projektbericht, die Semesterarbeit, die Individualarbeit oder die Bachelorthesis zur Textsorte wissenschaftlicher Bericht gehören, gilt für sie dasselbe. Die Zusammenfassung einer Studienarbeit findet sich vor dem Inhaltsverzeichnis, ist völlig redundant mit dem Hauptteil und erfasst vor allem die Ergebnisse sowie Vorgehen und Ausgangslage. Mehr dazu im Kapitel «Bericht».

Bei journalistischen Berichten gehören Angaben zu *wo, wann, wer* und *was* ins sogenannte Lead, den fettgedruckten Vorspann einer Nachricht. Mehr dazu lesen Sie im Kapitel «Pressemitteilung». Ähnlich fassen wir literarische Werke zusammen. Wir verorten einen Roman oder eine Erzählung geografisch und zeitlich (wo und wann), erwähnen das wichtigste Personal und den roten Handlungsfaden (wer und was). Ausserdem können auch Motive (wieso), Merkmale, Eigenschaften und Ausprägungen (wie) relevant sein und die Zusammenfassung sinnvoll ergänzen. Sachbücher fassen wir oft kapitelweise zusammen. Häufig folgen wir dabei der Struktur der Kapitel. Diese beginnen meist bei Grundlagen wie Begriffsdefinitionen und Grundsätzen und nehmen dann an Komplexität zu.

Textsorte	Bericht, Fachartikel, Studienarbeit	Journalistischer Bericht	Literarisches Werk	Sachbuch
Inhalt der Zusammenfassung	Ergebnisse ($^2/_3$), Vorgehen und Ausgangslage ($^1/_3$)	Wo, wann, wer, was	Wo, wann, wer, was, warum, wie	Kapitel 1 bis Kapitel X

Abbildung 11 Inhalte von Zusammenfassungen sind textsortenspezifisch

Nicht alles lässt sich zusammenfassen. Bei kurzen und nicht-redundanten Texten sollten Zusammenfassungen gar nicht möglich sein. Ein Relevanzprotokoll, eine E-Mail oder ein Lebenslauf zum Beispiel sollten bereits auf das Unerlässliche reduziert sein. Solange sich solche Texte noch zusammenfassen lassen, sind sie noch nicht fertig überarbeitet.

Bei der Zusammenfassung zählt, wie allgemein beim Texten, Prägnanz im

Sinne von *kurz und genau*. Wenn ich zum Beispiel das vorliegende Unterkapitel zusammenfasse als a):

> *a) Es geht um Zusammenfassungen,*

so ist das zwar kurz, aber wenig aussagekräftig. Besser wäre b):

> *b) Es geht um die Funktion, die Form und den Inhalt von Zusammenfassungen.*

Diese Variante ist aussagekräftiger, aber noch immer ungenau. Präziser wäre c):

> *c) Es geht um die Hauptfunktion, sprachliche Formen und textsortenabhängige Inhalte von Zusammenfassungen.*

Mit zwölf Wörtern ist c) immer noch im Bereich eines kurzen und leicht verständlichen Satzes. Gegenüber b) und vor allem a) ist c) aber viel aussagekräftiger. c) ist deshalb die prägnanteste Variante.

4 Ergebnisse

Als Schreibende wählen wir für Lesende verständliche Wörter und klären Wörter, die unsere Leserinnen und Leser vielleicht nicht oder anders verstehen. Wir bevorzugen genaue Ausdrücke und eine anschauliche Sprache. Drücken wir Handlungen durch dynamische Verben aus, schreiben wir kürzer und informativer. Genaue Bezüge und stimmige Sprachbilder unterstützen das Verständnis ebenfalls.

Kurze Sätze von 13 bis 25 Wörtern und Aktiv-Formulierungen tragen viel zur Klarheit bei, weil kürzere Sätze leichter verständlich und Aktiv-Formulierungen informativer sind. Um Leseerwartungen zu bedienen ordnen wir Satzglieder in der Reihenfolge: Subjekt (wer) – Prädikat (tut) – Objekt (was) und Teilsätze in der Folge: Hauptsatz – Nebensatz. Der Hauptsatz enthält die Hauptaussage.

Beim Verfassen von Texten durchlaufen wir drei Phasen:

- Wir sammeln mit einer geeigneten Methode und ordnen das gesammelte Material im Konzept. Wir können chronologisch, thematisch, problemorientiert oder argumentativ ordnen.
- Wir stellen eine Rohfassung her und unterziehen diese
- einer inhaltlichen Überprüfung und einer formalen Überarbeitung.

Durch Bindewörter wie *und, aber, oder* und indem wir Wörter wiederholen und Pronomen verwenden, erzeugen wir Zusammenhänge auf der Textoberfläche. Durch klare räumliche, zeitliche und personelle Verhältnisse sowie Realitätsbezug stellen wir in der Textwelt Zusammenhänge sicher.

Texte haben eine Grobstruktur. Sie bestehen meist aus einer Einleitung, einem Hauptteil und einem Schlussteil. Einleitung und Schluss nutzt der Autor, die Autorin, um der Beziehungsfunktion jeder Botschaft zu genügen. Die Feinstruktur eines Textes ist je nach Textart verschieden. Nur wenn wir eine Textart kennen, können wir den Standards bezüglich deren Feinstruktur genügen.

Zusammenfassungen sind für den Lernprozess und die Informationsbereitstellung und -beschaffung ausserordentlich nützlich. Sie sind prägnant, sachlich, neutral und in hierarchisch strukturierter Form verfasst. Zusammenfassungen bilden leicht verständliche und zusammenhängende Texte, die relevante Informationen über ein Original enthalten.

5 Literaturverzeichnis

- de Beaugrande, Robert-Alain und Dressler, Wofgang Ulrich; Einführung in die Textlinguistik, Tübingen: Max Niemeyer Verlag, 1981.
- DIN Deutsches Institut für Normung (Hg.); DIN 1426, Inhaltsangaben von Dokumenten, Kurzreferate, Literaturberichte, in: DIN-Taschenbuch, Publikation und Dokumentation 2, Erschliessung von Dokumenten, DV-Anwendungen in Information und Dokumentation, Repographie, Bibliotheksverwaltung; hg. von DIN Deutsches Institut für Normung, Berlin, Köln: Beuth, 1989, 3. Aufl.
- Heinemann, Wolfgang und Viehweger, Dieter; Textlinguistik. Eine Einführung, Tübingen: Niemeyer, 1991.
- Langer, Inghard, Schulz von Thun, Friedemann und Tausch, Reinhard; Sich verständlich ausdrücken, München: Reinhardt, 1993, 5. verb. Aufl.
- Meyers Lexikonredaktion (Hg.); Das neue Duden-Lexikon in 10 Bänden; Bd. 1, Mannheim, Wien, Zürich: Dudenverlag, 1989, 2. aktualisierte Aufl.
- Poenicke, Klaus; Wie verfasst man wissenschaftliche Arbeiten? Ein Leitfaden vom ersten Studiensemester bis zur Promotion, Mannheim: Dudenverlag, 1988, 2. neu bearb. Aufl.
- Rico, Gabriele L.; Garantiert Schreiben lernen, Sprachliche Kreativität methodisch entwickeln – ein Intensivkurs auf der Grundlage der modernen Gehirnforschung, übers. von Cornelia Holfelder-von der Tann u. a, Hamburg: Rowohlt Verlag, 1996.
- Schlegel, Hans; Stolpersteine der Grammatik; Sicher zu gutem Deutsch 2. Ein Lehr-, Lern- und Arbeitsheft für die Aus- und Weiterbildung, Aarau: Sauerländer, 1995.
- Schlegel, Hans; Das rechte Wort am rechten Ort, Sicher zu gutem Deutsch 3. Ein Lehr-, Lern- und Arbeitsheft für die Aus- und Weiterbildung, Aarau: Sauerländer,1995.
- Schneider, Wolf; Deutsch für Profis; Wege zum guten Stil, München: Goldmann, 1986.
- Zehnder, Carl August; Informatik-Projektentwicklung, Zürich: vdf, 2001, 3. vollständig überarb. Aufl..
- Zopfi, Christa und Emil; Wörter mit Flügeln. Kreatives Schreiben, Bern: Zytglogge, 1995.

1.4 Gespräch

Zusammenfassung

Wir betrachten die drei Gesprächselemente: Sprechen, Zuhören und Pausen. Offene Fragen und aktives Zuhören fördern Gespräche. Geschlossene Fragen und umschreibendes Zuhören eignen sich besonders gut, um einen Sachverhalt effizient abzuklären. Die Augen helfen uns, Gesprächspausen zu interpretieren. Mit vier Ohren hören wir nicht nur eine Sachbotschaft, sondern immer auch eine Beziehungsbotschaft, einen Appell und eine Selbstoffenbarung.

Inhaltsverzeichnis

1 Einleitung

Direkte menschliche Kommunikation zwischen zwei oder mehreren Kommunizierenden bezeichnen wir als Gespräch. Dabei fallen das Senden und Empfangen von Botschaften zeitlich und räumlich zusammen. Wir setzen keine anderen Mittel zur Kommunikation ein als diejenigen, die der Körper zur Verfügung stellt – mit Ausnahme des Telefongesprächs.

Wie verhalten wir uns in Gesprächen? Auf diese Frage gibt unter anderem die Gesprächspsychologie Antworten. Ich orientiere mich insbesondere an Weisbach[1], Flammer[2] und Delhees[3].

Meine Darstellung soll die mündliche Kommunikation genauer erfassen und Grundlagen für diverse Anwendungen im Kapitel 2.4 «Gesprächsarten und Protokoll» liefern.

Ich gliedere Gespräche in die drei Elemente: Sprechen, Zuhören und Pausen. Das Element *Sprechen* betrachten wir auf der verbalen, der para- und der nonverbalen Ebene. Beim Element *Zuhören* kommen wir auf das 4-Ohren-Modell zurück und differenzieren und bewerten vier verschiedene Zuhörmethoden. Pausen unterscheiden wir auf Grund unterschiedlicher Blickrichtungen.

---

[1] Weisbach, Christian-Rainer; Professionelle Gesprächsführung. Ein praxisnahes Lese- und Übungsbuch, München: dtv, 1999, 4. Aufl.

[2] Flammer, August; Einführung in die Gesprächspsychologie, Bern: Hans Huber, 1997.

[3] Delhees, Karl H.; Soziale Kommunkation. Psychologische Grundlagen für das Miteinander in der modernen Gesellschaft, Opladen: Westdeutscher Verlag, 1994.

2 Sprechen

In Gesprächen kommt dem Grundsatz *Jedes Verhalten ist Kommunikation* eine besonders grosse Bedeutung zu. In der direkten zwischenmenschlichen Kommunikation drücken wir uns mit dem ganzen Körper, mit Stimme und Worten aus.

Beim Telefongespräch fällt der Körper als Ausdrucksmittel weg, Worte und Stimme haben dafür um so grössere Bedeutung.

2.1 Verbale Ebene im Gespräch

2.1.1 Ehrlichkeit, Verständlichkeit und Redundanz

Die Botschaften auf allen drei Kommunikationsebenen müssen identisch sein, damit wir glaubhaft wirken. Das erreichen wir, wenn wir auf der verbalen Ebene immer ehrlich sind. Sind wir unehrlich, verraten dies Körper und Stimme. Dazu mehr weiter vorne in den Ausführungen zur Mehrabianischen Formel im Kapitel «Kommunikationstheorie».

Wir benützen wie in Texten Wörter, die unser Gegenüber versteht.[4] Das Übermitteln von Informationen ist meist ein Ziel von Kommunikation. Informationsübermittlung funktioniert aber nur, wenn die Kommunikationspartner eine gemeinsame Sprache sprechen und Denotationen klar bzw. geklärt sind. Insbesondere ist dies beim Einsatz von Fachjargon zu berücksichtigen. Der Empfänger, der etwas nicht versteht, ist oft nicht dumm, sondern der Sender spricht nicht seine Sprache. Damit die Verständigung klappt, befassen wir uns mit dem Gegenüber:

- Was weiss mein Gesprächspartner?
- Was will er wissen?
- Welche Voraussetzungen hat er?

Echte Kommunikationsbereitschaft bedingt Auseinandersetzung mit dem Gesprächspartner, der Gesprächspartnerin.

Gespräche sind meist redundant. *Ja, ja, so ist es!, Nein, nein, überhaupt nicht!* – so etwas schreibt niemand, aber wir sagen und hören oft solche stark redundaten Botschaften. Sie sind deshalb nötig, weil das Gespräch durch Störungen

---

[4] Vgl. dazu auch die Ausführungen zu Wortwahl und Satzbau im Kapitel «Wort, Satz, Text».

stärker belastet ist als schriftliche Kommunikation. Nebengeräusche wie Verkehrslärm und Nebenaktionen wie Gesprächsnotizen oder andere Handlungen lenken uns während Gesprächen ab. Auch verarbeiten wir viele Informationen gleichzeitig, da wir verbale, para- und nonverbale Signale aufnehmen und in Zusammenhang bringen müssen. Deshalb sind Gesprächsbeiträge sinnvollerweise stärker redundant als schriftliche Informationen.

Besonders redundant sind Telefongespräche. Oft werden wichtige Botschaften vielfach wiederholt: *Ja, ich komme, ganz bestimmt komme ich, sicher, auf jeden Fall!* – fünfmal bestätige ich, um mein Gegenüber davon zu überzeugen, dass die Information wahr ist. Die fehlenden nonverbalen Signale im Telefongespräch kompensieren wir durch ein Verstärken der Signale auf verbaler und paraverbaler Ebene. Im direkten Gespräch dient der Körper als Verstärker. Er gibt dem Hörer Zusatzinformationen über die Qualität der Informationen, z. B. darüber, ob die Informationen wahr oder falsch sind. Beim Telefongespräch, bei dem nur Stimme und Worte beteiligt sind, verstärkt sehr grosse Redundanz auf verbaler Ebene die Botschaft.

Die Redundanz durch die parallele Kommunikation auf der verbalen, para- und nonverbalen Ebene und durch die vielfache Redundanz auf verbaler Ebene, zeichnen das Gespräch als intensivste und sicherste Kommunikationsform aus.

2.1.2 Eingeschränkte und reichhaltige Ausdrucksweise

Die Sprachwissenschaftlerinnen und Sprachwissenschaftler unterscheiden auf verbaler Ebene im Gespräch die *eingeschränkte Ausdrucksweise* (in der Fachsprache als *restringierter Code* bezeichnet) und die *reichhaltige Ausdrucksweise* (als *elaborierter Code* bezeichnet).

Viele Zitate direkter Rede, undifferenzierte Adjektive und vage Bezüge kennzeichnen die eingeschränkte Ausdrucksweise (Abb. 1).

Ausgearbeiteter (elaborierter) Code	Eingeschränkter (restringierter) Code
Differenzierte Adjektive	Wenige, immer gleiche Adjektive
Indirekte Rede, Zusammenfassend	Direkte Rede, langatmig
Exakte Bezüge, wenige Stellvertreter	Ungenaue Bezüge, viele Stellvertreter

Abbildung 1
Elaborierter und restringierter Code im Vergleich

Die direkte Rede gibt einen Dialog ohne sprachliche Umformung und ohne Verkürzung wieder. Jemand, der häufig direkte Rede repetiert, kann vermutlich direkte Rede nicht in indirekte Rede umformen. Ebenfalls könnte es an der Fähigkeit mangeln, die wesentlichen Aussagen von den Unwesentlichen zu trennen und erstere zusammenzufassen.

Ungenaue und wenig anschauliche Beschreibungen resultieren aus einem kleinen Wortschatz. Ein Essen ist beispielsweise einfach *gut* oder *schlecht*. Manche Sprechende verfügen über keine differenzierenden Adjektive wie z. B.*: ein* *bescheidenes, ein karges, fades, ungeniessbares, missratenes, festliches, reichliches, kräftiges, schmackhaftes, raffiniertes, stimmungsvolles Essen.*

Ungenauigkeit ergibt sich auch aus der Verwendung von Fürwörtern, die keinen eindeutigen Bezug haben. Beispielsweise hören wir Aussagen wie: *Man macht das; das sind doch alles Gauner. Man, das, alles* sind Pronomen ohne eindeutigen Bezug und deshalb ungenau und allgemein und dadurch wenig aussagekräftig.[5]

Wollen Sie sich als Sprecherin oder Sprecher prägnanter und interessanter Sprache ausweisen, dann berücksichtigen Sie auf verbaler Ebene folgende Regeln:

- Benützen Sie die indirekte Rede und fassen Sie Dialoge in eigenen Worten zusammen.
- Verwenden Sie genaue Adjektive und Fürwörter mit klarem Bezug.

2.1.3 Fragen
«Wer fragt, führt»

Die Behauptung «*Wer fragt, führt*», stammt von der Kommunikationstrainerin Vera Birkenbihl.[6] Wieso hat Birkenbihl Recht?

- Fragen aktivieren den Gesprächspartner und fixieren das Thema des Gesprächs.
- Fragen lenken den Gesprächspartner in eine gewisse Richtung und erreichen ein bestimmtes Gesprächsziel.

Das (konstruierte) Beispiel 1 soll das veranschaulichen.

> Der Verkäufer fixiert das Thema und aktiviert den Kunden: *Wie gefällt Ihnen der neue X?*
> Der Verkäufer lenkt zu seinen Argumenten*: Was halten Sie vom neuen Innenleben des X?*
> Der Verkäufer peilt sein Gesprächsziel an: *Warum fahren Sie den X nicht einmal zur Probe?*

Der Frage als Führungsinstrument in Gesprächen werden wir im Kapitel «Gesprächsarten und Protokoll» noch mehrfach begegnen.

Geschlossene Fragen

Sogenannte *geschlossene Fragen*, auch als *Entscheidungsfragen* bezeichnet, können wir mit *Ja* oder *Nein* beantworten. Sie sind charakteristisch für Verhöre. Im Verhör ist die Beziehung zwischen Interviewer und Befragtem stark komplementär, durch gegensätzliche Interessen und Misstrauen geprägt.

Das Gefühl, verhört zu werden, kann sich einstellen, wenn Menschen mit vielen geschlossenen Fragen konfrontiert werden. Dieses Gefühl sollten wir

---

[5] Vgl. zu den ungenauen Bezügen auch die Ausführungen im Kapitel «Wort, Satz, Text».

[6] Birkenbihl, Vera F.; Fragetechnik … schnell trainiert. Das Trainingsprogramm für Ihre erfolgreiche Gesprächsführung, Landsberg am Lech: mvg-verlag, 1998, 11. Auflage.

bei unseren Gesprächspartnern vermeiden, es ist einer vertrauensvollen Gesprächsatmosphäre abträglich.

Im Beispiel 1 könnte der Verkäufer auch geschlossene Fragen stellen:

> *Gefällt Ihnen der neue X?*
>
> *Kennen Sie das moderne und komfortable Innenleben des X?*
>
> *Möchten Sie den X Probe fahren?*

Vergleichen Sie selbst die Wirkung dieser Fragen mit den sogenannten *offenen Fragen* im Beispiel 1.

Es gibt spezielle Gesprächssituationen, bei denen geschlossene Fragen nicht nur angebracht, sondern notwendig sind. Das Gespräch zwischen einem Experten und einem Laien ist oft stark durch Verständnisprobleme belastet. Der Experte führt deshalb das Gespräch mit vielen geschlossenen Fragen.

Abbildung 2
Schnelle Handlungsanleitung durch Entscheidungsfragen[7]

---

[7] Personalamt des Kantons Solothurn in Zusammenarbeit mit dem Kantonsarzt H. Binz, Vorgehen bei Verletzten, in: Kanton Solothurn, Sowieso, 2001, N1/2.

Ein Gespräch zwischen einer Fachfrau und einem Laienhelfer bei einem Unfall könnte sich zum Beispiel wie in Abbildung 2 dargestellt abwickeln. Nachdem das *Wer ist wo verletzt und was ist passiert?* geklärt sind, könnte die Fachfrau den Laien beim Leisten Erster Hilfe mit Entscheidungsfragen anleiten. Die offene Frage *Was fehlt dem Verletzten?* würde den Laien überfordern und statt zu einer Hilfeleistung zu einem vermutlich verzweifelten Redeschwall oder ratlosem Schweigen führen. Hilfreicher ist es, wenn die Fachfrau das Gespräch strukturiert, in diesem Fall nach den wichtigsten Überlebensfunktionen. Wenn sie dann in den Gesprächskategorien einfach zu beantwortende Entscheidungsfragen wie *Atmet der Verletzte sichtbar oder hörbar?* stellt, macht sie dem Laien das Antworten leicht. Gemäss einem Entscheidungsbaum kann die Fachfrau die Handlungen des Laien anleiten: Wenn die Antwort auf die Frage: *Atmet der Verletzte sichtbar oder hörbar?*, *Nein* lautet, kann sie Notfallmassnahmen beschreiben. Danach fragt sie wieder: *Hat die Eigenatmung eingesetzt?* Bei einem erneuten *Nein* kann sie weitere Beobachtungen und Handlungen auftragen. Die Entscheidungsfragen ermöglichen dem Laien, rasch zu handeln und lassen wenig Spielraum für Missverständnisse.

Wir kommen auf die geschlossene Frage im Zusammenhang mit dem Kundengespräch im Kapitel «Gesprächsarten und Protokoll» zurück. Auch beim umschreibenden Zuhören können wir die geschlossene Frage vorteilhaft einsetzen (vgl. unten).

Alternativfragen, Suggestivfragen und rhetorische Fragen

Alternativfragen sind Fragen, die den Befragten die Auswahl zwischen zwei Alternativen anbieten. Sie sind, sofern es mehr als zwei Alternativen gibt, zu vermeiden. Weshalb?

Erwachsene fühlen sich durch Alternativfragen oft bevormundet. Für ein Kleinkind reicht die Auswahl zwischen zwei Alternativen meist aus. Mehr Auswahl überfordert es. Fragen wir ein fünfjähriges Kind: *Was wünschst du dir zum Geburtstag?*, dann bekommen wir vermutlich keine Antwort. Das Kind kann sich das Angebot nicht selbst vor Augen führen und es kann deshalb auch keine systematische Auswahl treffen. Stellen wir ihm hingegen eine Alternativfrage: *Möchtest du eine Puppe oder ein Stofftier?*, dann wird es problemlos und mit Freude auswählen. Bereits ein Kind von sieben oder acht Jahren hingegen schätzt die Alternativfrage nicht mehr. Von diesem Alter an kennen wir unsere Bedürfnisse und wollen sie auch ausdrücken. Diese Bedürfnisse lassen sich nicht mehr mit Alternativfragen, sondern mit offenen Fragen ermitteln. Erwachsenen und älteren Kindern sollten wir deshalb nur ausnahmsweise Alternativfragen stellen.

Suggestivfragen sind Fragen, die eine vorgegebene Antwort suggerieren (unterstellen). *Sie sind doch sicher auch der Meinung, dass …* ist eine typische Einleitung einer Suggestivfrage. Die Formulierung drängt den Befragten zu einer bestimmten Antwort. Suggestivfragen bevormunden den Gesprächspartner deshalb noch stärker als Alternativfragen.

Wenn ein Gesprächspartner die suggerierte Ansicht nicht teilt, dann begibt er sich auf Konfrontationskurs mit dem Fragenden. Da viele Menschen die Konfrontation scheuen, was insbesondere in stark komplementären Beziehungen gilt, werden sie durch die Suggestivfrage manipuliert. Die Art der Frage manipuliert sie dazu, etwas zu bestätigen, nicht weil sie es für richtig halten, sondern weil sie so einer Konfrontation ausweichen können.

Suggestivfragen erwecken den Eindruck, dass sich der Fragende gar nicht für andere Meinungen interessiert, sondern lediglich Bestätigung sucht.

Wir sollten uns durch Suggestivfragen nicht manipulieren lassen und sie selbst nicht verwenden.

Rhetorische Fragen sind keine echten Fragen, weil sie keine Antwort des Befragten fordern. Es sind vielmehr Fragen, die der Fragende selbst beantworten will. So nützlich rhetorische Fragen im Referat sind, so sinnlos sind sie im Gespräch. Im Monolog – im Referat spricht ja meist nur der Referent – sind echte Fragen oft störend. Echte Fragen verwandeln das Referat in einen Dialog zwischen einzelnen Hörenden und dem Referenten. So wie sich das Referat durch echte Fragen zum Gespräch wandeln kann, kann das Gespräch durch rhetorische Fragen zum Monolog werden. Die rhetorische Frage ist deshalb wenig gesprächsfördernd und wir verzichten im Gespräch besser darauf.

Offene Fragen

Abgesehen von der geschlossenen Frage, die in bestimmten Zusammenhängen sinnvoll ist, haben wir die bisher beschriebenen Fragetypen als wenig gesprächsfördernd beurteilt.

Es bleiben noch die sogenannten *offenen Fragen*. Offene Fragen sind Fragen, die mit *Wie, Was, Warum* eingeleitet sind.

Als *halboffene Fragen* könnten wir Fragen, die mit *Wer, Wo, Wann, Wie lange, Wie viel* eingeleitet sind, bezeichnen. Halboffene Fragen zielen auf ein eingeschränktes Antwortspektrum und gleichen so den geschlossenen Fragen.

Wie-, *Was-* und *Warum-* Fragen hingegen sind vollkommen offene Fragen. Sie signalisieren aufrichtiges Interesse am Gegenüber und überlassen ihm allein die Antwort, meist fördern sie dadurch das Gespräch. Da offene Fragen immer mit einem *W-Wort* beginnen, werden sie auch als *W-Fragen* bezeichnet.

2.2 Paraverbale Ebene im Gespräch

Auf paraverbaler Ebene sind deutliches, angenehm lautes, angenehm schnelles und lebhaftes Sprechen vorteilhaft. Wenn wir auf der verbalen Ebene das Gebot der Ehrlichkeit beachten, können wir allerdings darauf vertrauen, dass unsere Stimme verbale Information automatisch verstärkt.[8]

Unsere Telefonstimme können wir durch nonverbale Verhaltensweisen unterstützten. Machen wir z.B. ein freundliches Gesicht, klingt unsere Stimme heller, froher, freundlicher. Obwohl uns also unser Gegenüber beim Telefonie-

---

[8] Zu Stimmtraining vergleiche die Ausführungen im Kapitel «Präsentation».

ren nicht sehen kann, macht es Sinn, so zu tun, als ob er uns sähe. Körpersprache und Stimme sind genauso gekoppelt wie Worte und Stimme.

2.3 Nonverbale Ebene im Gespräch

Wie im Referat ist auch im direkten Gespräch die wichtigste nonverbale Komponente der Blickkontakt. Wie es das Wort sagt, etabliert der Blick den Kontakt und erhält ihn aufrecht.

Gemäss dem Grundsatz: Jede Botschaft hat einen Inhalts- und einen Beziehungsaspekt, ist der Kontakt unlösbar mit der Informationsvermittlung verbunden. Zwischen Gesprächspartnern besteht immer eine Beziehung, sie drückt sich durch die Gesprächsbeiträge aus und begleitet, definiert und ermöglicht letztlich die Sachinformation.

Blicken wir unser Gegenüber während des Gesprächs an, signalisieren wir, dass wir vollkommen aufmerksam sind, Informationen auf allen Ebenen aufnehmen und selbst auf allen Ebenen senden. Das Gespräch erhält so Intensität.

Abbildung 3
Offene und verschlossene Haltung

Neben dem Blickkontakt, der wichtigsten mimischen Komponente, spielen auch Haltung und Gestik auf nonverbaler Ebene eine Rolle. Verhalten, das Offenheit signalisiert, ist wichtig. Eine verschlossene Haltung, z. B. verschränkte Arme und Beine und geballte Fäuste, lassen nichts Gutes ahnen für ein Gespräch. Wer im Gespräch wirklich Austausch sucht, Informationen geben und aufnehmen will, ist offen. Das manifestiert sich in der Haltung. Wenn wir unser Gegenüber dabei ertappen, wie es sich in der Haltung und Gestik verschliesst und gleichzeitig sagt: *Ich bin durchaus offen für Ihre Vorschläge*, dann können wir auf einen Widerspruch schliessen.

Indem wir selbst eine offene Haltung einnehmen, uns dem Gesprächspartner frontal zuwenden, ihm die Handflächen zukehren und Arm- und Beinklammern öffnen (vgl. dazu Abb. 3), beeinflussen wir die Haltung des Gegenübers.

Es ist faszinierend zu beobachten, wie sich die Körpersprachen von Gesprächspartnern einander angleichen. Stellen Sie sich vor, jemand trete Ihnen in Kampfhaltung gegenüber. Sie werden selbst die Fäuste ballen und die Muskeln anspannen. Zum Glück funktioniert auch das andere Extrem. Wenn Ihnen jemand völlig entspannt und offen begegnet, dann werden Sie sich ebenfalls entspannen. Wenn Sie jemandem offen begegnen, dann wird Ihr Gegenüber sich ebenfalls offen verhalten. Probieren Sie es aus!

3 Zuhören

3.1 Das 4-Ohren-Modell

Das sogenannte *4-Ohren-Modell* kennen Sie bereits aus dem Kapitel «Kommunikationstheorie». Gemäss dem 4-Ohren-Modell enthält jede Botschaft vier Anteile:

- eine Aussage über eine Sache,
- eine Selbstoffenbarung,
- einen Appell,
- eine Beziehungsdefinition.

Eine Hörerin, die jede Botschaft ständig auf diese vier Anteile prüft, hört mehr als eine, die auf drei Ohren taub ist und nur mit einem Ohr hört.

In der Rolle der Hörenden entscheiden wir selbst, mit welchem Ohr oder mit wie vielen Ohren wir hören und auf welche Botschaft wir reagieren wollen. Je nach dem Gesprächskontext sind unsere Freiheiten in der Ohr-Wahl allerdings eingeschränkt.

Im beruflichen Alltag ist es üblich, mit dem Sachohr zu hören. Sagt der Chef beispielsweise: *Bitte nehmen Sie an der nächsten Sitzung unbedingt teil*, reagieren wir wohl sachlich und fragen: *Wo und wann findet die Sitzung statt?* Eine Reaktion auf den Appell – *ich renne gleich ins Sitzungszimmer* – wäre für den Chef ebenso irritierend wie eine Reaktion auf die Beziehungsdefinition: *Trauen Sie mir nicht zu, dass ich selbst beurteilen kann, an welcher Sitzung ich unbedingt teilnehmen muss!?*

In privaten Beziehungen lauscht oft das Beziehungsohr. Nehmen wir an, er sagt: *Ich liebe dich!*, und sie reagiert mit dem «falschen» Ohr, dem Sachohr, und sagt: *Wie, wann, wo und warum?* – das wäre wohl ziemlich enttäuschend für den Verliebten. Im Militär dominiert beim Soldaten die Aufnahme übers Appellohr, unter Hobbypsychologen diejenige mit dem Selbstoffenbarungsohr.

Rollenerwartungen fixieren uns oft auf ein Ohr. Es gibt faktisch das «richtige» und das «falsche» Ohr. Theoretisch aber sind wir frei bei der Wahl desjenigen Anteils einer Botschaft, auf den wir reagieren wollen, und sicher sind wir frei, mit allen vier Ohren zu hören.

3.2 Vier Methoden, um zuzuhören

Gemäss Weisbach[9] lassen sich vier Arten des Zuhörens unterscheiden. Die Psychologinnen und Psychologen bevorzugen das sogenannte *aktive Zuhören*. Mir scheinen alle Zuhörmethoden gerechtfertigt, denn die Zuhörart kann von der Gesprächsfunktion abhängen (Abb. 4).

Beobachten Sie Ihr Zuhör-Verhalten und versuchen Sie, zu bestimmen, welcher Zuhör-Typ Sie sind. Probieren Sie auch neue Arten von Zuhören aus.

3.2.1 Pseudo-Zuhören

Beim *Pseudo-Zuhören* geht die Gesprächspartnerin nicht auf den Redebeitrag des Gesprächspartners ein, sondern beginnt ihrerseits über etwas völlig anderes zu sprechen. Man kann sich fragen, ob die Pseudo-Zuhörerin überhaupt zuhört.

Hier ein (konstruiertes) Beispiel 1:

> A: *Gestern war ich im Kino.*
> B: *Wir hatten gestern eine wirklich schlechte Stimmung im Büro.*
> A: *Der Film war gut.*
> B: *Dieser X ist ein arroganter Kerl.*

Nehmen A bzw. B die Botschaften ihres Gegenübers auf? Möglicherweise nehmen sie die Informationen auf, nicht auf oder zum Teil auf. Durch die fehlende Rückkoppelung lässt sich das nicht bestimmen. Trotzdem können solche Gespräche einen Sinn haben. Wenn es sehr schnell gehen muss, verzichten Sprechende unter Umständen auf die Rückkoppelung, um Zeit zu sparen. Das Risiko allerdings, sich nicht oder falsch zu verstehen, ist ohne Rückkoppelung gross. Sinn macht das Sprechen über völlig Unterschiedliches auch dann, wenn die Sprechenden Themen ausprobieren wollen. Durch das Pseudo-Zuhören lassen sich Themen finden, welche das aktive Zuhören lohnen.

Zuhörart	Gesprächsfunktion
Pseudo-Zuhören	• Rascher (aber risikoreicher) Informationsaustausch • Suche nach einem Gesprächsthema
Aufnehmendes Zuhören	• Gespräch nicht steuern oder beeinflussen • Aufmerksamkeit signalisieren
Umschreibendes Zuhören	• Verständnis sichern • Einverständnis signalisieren
Aktives Zuhören	• Zusatzinformationen sammeln • Gespräche steuern • Vertrauensvolle Gesprächsathmosphäre schaffen

Abbildung 4
Zuhörart in Abhängigkeit von der Gesprächsfunktion

---

[9] Weisbach, Professionelle Gesprächsführung, S. 37ff, hier verkürzt dargestellt.

3.2.2 Aufnehmendes Zuhören

Beim *aufnehmenden Zuhören* senden wir Gesprächsverstärker der Art: *Ja, So, Aha, mh.* Körpersignale, wie Blickkontakt, zugewandte Haltung, Untätigkeit begleiten sie. Beim aufnehmenden Zuhören steuert aber die Zuhörerin im Gegensatz zum Pseudo-Zuhören keine weiteren Beiträge zum Gespräch bei.

Aufnehmendes Zuhören ist oft angebracht, wenn unser Gegenüber etwas erzählen will oder seine Gedanken beim Sprechen ordnet. Dass beim Sprecher keine Zwischenfragen erwünscht sind, signalisiert unser Gegenüber in den Gesprächspausen übrigens durch die Blickrichtung (dazu mehr unten). Wie könnte unser Gespräch im Beispiel 1 mit einer aufnehmenden Zuhörerin verlaufen?

> A: Ich war gestern im Kino.
> B: So!?
> A: Der Film war gut!?
> B: Ja?
> A: Besonders gefallen hat mir die Hauptdarstellerin.

Aufnehmendes Zuhören wird manchmal simuliert. Wenn uns jemand zwar ab und zu Rückmeldungen gibt, uns dabei aber nicht anschaut und ausserdem etwas anderes tut, dann können wir uns fragen, ob wirklich zugehört wird.

3.2.3 Umschreibendes Zuhören

Umschreibendes Zuhören, auch als *Paraphrasieren* bezeichnet, zielt auf das Verstehen des Gesprächspartners. Dabei formulieren wir den Redebeitrag des Gesprächspartners in eigenen Worten und verkürzen ihn auf das für uns Wesentliche. Der Gesprächspartner bestätigt uns dann, dass wir ihn richtig verstanden haben, oder er korrigiert uns, wenn wir etwas falsch verstanden haben. Sie denken vielleicht, diese Form von Echo wird Ihren Gesprächspartner irritieren. Bedenken Sie dabei, dass wir nicht immer mit dieser Zuhörtechnik arbeiten. Vor allem in Situationen, in denen Unklarheiten und Risiken bestehen, schaffen wir durch umschreibendes Zuhören Sicherheit.

Beim umschreibenden Zuhören operieren wir mit geschlossen Fragen, die beispielsweise Ankündigungen wie *Du meinst also, dass ...* oder *Verstehe ich dich richtig, du willst ...* einleiten.

Beim umschreibenden Zuhören geht es ums Zuhören mit dem Sachohr (vgl. das 4-Ohren-Modell oben). Wir überprüfen, ob wir unser Gegenüber sachlich richtig verstanden haben, z. B.:

> A: Ich war gestern im Kino.
> B: Du warst also gestern im Kino?
> A: Ja, und der Film war gut.
> B: Hat er dir richtig gut gefallen?
> A: Besonders gefallen hat mir die Hauptdarstellerin.
> B: Du meinst also nicht unbedingt, der Film war gut, sondern die Hauptdarstellerin hat dir gefallen?

Im Gegensatz zum Pseudo-Zuhören und zum aufnehmenden Zuhören hört beim umschreibenden Zuhören B eindeutig zu. Das umschreibende Zuhören signalisiert sehr stark, dass wir aufmerksam zuhören.

Entsprechend häufig ist es bei störungsanfälliger und sicherheitsrelevanter Kommunikation. Im Funkverkehr der Polizei, Feuerwehr oder beim Lotsen von Flugzeugen ist das Sichern des Verständnisses wichtig. Zuhörende repetieren deshalb die Botschaft oder quittieren sie über ein *Verstanden, Roger* oder *Positiv*. Quittung und Wiederholung können sich auch ergänzen, z. B.: *Sie können jetzt landen – Verstanden, ich komme jetzt runter.*

3.2.4 Aktives Zuhören

Mit dem sogenannten *aktiven Zuhören* sind wir bei der von vielen Psychologinnen und Psychologen bevorzugten Zuhör-Methode angelangt. Beim aktiven Zuhören geht es darum, mit dem Selbstoffenbarungsohr (vgl. das 4-Ohren-Modell oben) zu hören und auf die Selbstoffenbarung zu reagieren.

Sagt also jemand: *Ausgerechnet vor der neuen Sekretärin hat mir der Chef Vorwürfe gemacht*, dann wäre es ziemlich unpassend zu umschreiben (*Vor der neuen Sekretärin hat er dich angegriffen?!*) oder zu fragen, um was für Vorwürfe es sich handelte oder gar, wie viele es gewesen seien. Förderlicher kann hier im Sinne des aktiven Zuhörens eine Bemerkung sein: *Das war demütigend für dich,* oder: *Du hast das als Blossstellung empfunden.* «Aktives Zuhören erfasst die Empfindung des Zuhörers.»[10]

Das Verständnis, das wir durch aktives Zuhören signalisieren, kann den Sprecher veranlassen, offen und gerne mit uns zu sprechen. Aktives Zuhören ist deshalb auch ein Mittel, um eine respekt- und vertrauensvolle Gesprächsatmosphäre zu schaffen. Wie könnte sich unser Beispiel mit einer Gesprächspartnerin, die aktiv zuhört, gestalten?

A: *Ich war gestern im Kino.*

B: *Wolltest du dich aufheitern?*

A: *Ja, und der Film war gut.*

B: *Du bist zufrieden mit dem Abend.*

A: *Ja, besonders gefallen hat mir die Hauptdarstellerin.*

B: *Du hast sozusagen einen Abend mit deiner Traumfrau verbracht.*

Dieses Gespräch beginnt auf Grund der Beiträge der aktiven Zuhörerin (B) viel persönlicher als die Gesprächsanfänge in den vorangegangenen Beispielen und es entwickelt sich interessanter. Grundsätzlich können wir aktives Zuhören immer dann einsetzen, wenn wir das Gespräch auch lenken wollen. Durch die Art der Rückmeldung lenken wir nicht nur auf die Selbstoffenbarung, sondern auch die Beziehungsdefinition, den Appell oder die Sachinformation. Mit aktivem Zuhören picken Zuhörende einzelne Aspekte aus einem Gesprächsbeitrag heraus und vertiefen sie. Dabei lassen sich Zusatzinformationen gewinnen oder ein echter Gedanken- und Erfahrungsaustausch lässt sich anregen.

---

[10]Weisbach, Professionelle Gesprächsführung, S. 53.

4 Gesprächspausen

Wir können grob vier verschiedene Arten von Gesprächspausen[11] unterscheiden (vgl. Abb. 5):

- die Wortübergabe,
- die Denkpause,
- die Gefühlspause und die
- Schweigepause.

Die Gesprächspausen lassen sich durch die Art des Blickkontaktes, der die Pause begleitet, interpretieren.

- Ist die Gesprächspause mit direktem Augenkontakt verbunden, signalisiert sie einen Sprecherwechsel. Die Augen übergeben sozusagen das Wort in der Gesprächsstafette dem nächsten Sprecher. Schaut ein Sprecher in der Gesprächspause mehrere Personen an, übergibt er das Rederecht an eine Gruppe.
- Geht der Blick in der Gesprächspause nicht direkt ins Auge des Gesprächspartners, sondern schräg nach unten oder schräg nach oben, dann handelt es sich um eine Denkpause. Der Sprecher wünscht keinen Sprecherwechsel, sondern Zeit, um nachzudenken, bevor er weiterspricht.

Abbildung 5
Die Blickrichtung definiert die Pause.

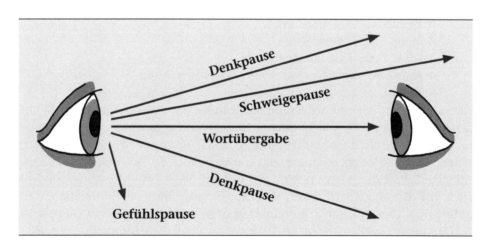

___

[11] Weisbach, Professionelle Gesprächsführung, S. 59 ff, hier verkürzt dargestellt.

- Geht der Blick steil nach unten, meist mit gesenktem Kopf, dann verhindern starke Gefühle das Sprechen. Bei Trauergesprächen ist der gesenkte Kopf und Blick fast ein Muss. Auch wenn jemandem etwas peinlich ist, bohrt sich der Blick in den Boden.
- Der Blick schliesslich in die unbestimmte Ferne, verbunden mit der Pause, signalisiert eine Schweigepause. Schweigepausen sind für dynamische Menschen oft schwer zu ertragen, zusammen schweigen ist für sie eine besondere Herausforderung.

Achten Sie also bei Gesprächen auf die Blickrichtung Ihrer Gesprächspartnerinnen und -partner, um diese Gesprächspausen-Theorie zu überprüfen. Insbesondere wenn der Blick Ihres Gegenübers in einer Gesprächspause schräg nach oben oder unten geht, warten Sie lange genug, um die Denkpause zu gewähren.

5 Ergebnisse

In Gesprächen kommunizieren wir nicht nur auf verbaler, sondern auch sehr stark auf para- und nonverbaler Ebene. Da die drei Ebenen gekoppelt sind, sollten wir auf allen drei Ebenen dieselben Botschaften senden, um glaubwürdig zu wirken. Eine ehrliche Haltung unterstützt dieses Bestreben. Verständliche und redundante Botschaften machen Gespräche informativ und sicher.

Indirekte Rede, präzise Aussagen und eine differenzierte Wortwahl weisen Sprechende mit reichhaltiger Ausdrucksweise aus.

Fragen steuern ein Gespräch. Insbesondere offene Fragen (*wie, was, warum*) sind gesprächsfördernd. Geschlossene Fragen können das Gespräch zwischen Expertin und Laie vereinfachen. Rhetorische Fragen, Suggestivfragen und Alternativfragen eignen sich weniger für Gespräche.

Aufnehmendes, umschreibendes oder aktives Zuhören gelten als echtes Zuhören. Beim aufnehmenden Zuhören signalisieren wir durch spärliche Rückmeldungen Aufmerksamkeit. Beim umschreibenden Zuhören fassen wir die Aussage des Gegenübers zur Verständniskontrolle zusammen. Das aktive Zuhören erfasst die Empfindungen des Gegenübers.

Jede Botschaft verfügt über vier Anteile: Eine Sachinformation, einen Appell, eine Beziehungsdefinition und eine Selbstoffenbarung. Theoretisch ist es uns überlassen, welche Anteile wir hören und auf welchen Anteil wir reagieren wollen. Praktisch schränken uns viele Rollenerwartungen ein.

Je nach Blickrichtung in der Gesprächspause unterscheiden wir vier verschiedene Pausen. Die Pause für den Wortwechsel ist mit direktem Blickkontakt verbunden, die Denkpause mit einem schräg nach oben bzw. unten gerichteten Blick. Die Gefühlspause zeigt der Blick auf den Boden an, die Schweigepause der Blick in die unbestimmte Ferne.

6 Literaturverzeichnis

- Birkenbihl, Vera F.; Fragetechnik ... schnell trainiert. Das Trainingsprogramm für Ihre erfolgreiche Gesprächsführung, Landsberg am Lech: mvg-verlag, 1998, 11. Aufl.
- Delhees, Karl H.; Soziale Kommunikation. Psychologische Grundlagen für das Miteinander in der modernen Gesellschaft, Opladen: Westdeutscher Verlag, 1994.
- Flammer, August; Einführung in die Gesprächspsychologie, Bern: Hans Huber, 1997.
- Personalamt des Kantons Solothurn in Zusammenarbeit mit H. Binz; Vorgehen bei Verletzten, in: Kanton Solothurn, Sowieso, 2001, N1/2.
- Weisbach, Christian-Rainer; Professionelle Gesprächsführung. Ein praxisnahes Lese- und Übungsbuch, München: dtv, 1999, 4. Aufl.
- Zittlau, Dieter J.; Kommunikation und Rhetorik. Theorie und Praxis einer erfolgreichen Gesprächs- und Menschenführung, Düsseldorf: Zenon-Verlag, 1996, 5. erw. Auflage.

2 Anwendungen

2.1 Präsentation

Zusammenfassung

Ausgehend von den Grundsätzen der Kommunikationstheorie bietet dieses Kapitel Orientierungshilfen für Referentinnen und Referenten an.

Besonders bedeutsam im Referat sind auf verbaler Ebene frei formulierte, anschauliche Sprache und auf para- und nonverbaler Ebene intensiver Blickkontakt, verständliche Aussprache und sicheres Auftreten. Wie ein Text gliedert sich das Referat in Einleitung, Haupt- und Schlussteil, spezifisch für das Referat sind eine sehr einfache Struktur im Hauptteil und ein sorgfältig geplanter Start und Schluss. Eine präsentationstechnisch geschickte Visualisierung erfolgt gezielt und hält sich an das Prinzip *Weniger ist mehr.*

Inhaltsverzeichnis

1 Einleitung

Nicht zufällig steckt im Wort *Präsentation* der Ausdruck *Präsent – Geschenk*. Eine Präsentation ist eine Darbietung von Informationen an ein Publikum.

Schenken ist grundsätzlich etwas Erfreuliches, kann aber mit Spannung, Ängsten und manchmal mit Enttäuschung verbunden sein. Um Ängste abzubauen und Enttäuschungen zu vermeiden, wollen wir uns im folgenden mit dem Präsentieren befassen. Wir gehen von den folgenden Fragen aus:

Wie verhalten wir uns als Referent, Referentin? Wie organisieren wir unsere Vorbereitungen und wie strukturieren wir das Referat? Wie setzen wir Hilfsmittel im Referat präsentationstechnisch sinnvoll ein?

Die Ratgeberliteratur zum Thema Präsentation ist umfangreich und recht einheitlich. Dieser Überblick beschreibt die wichtigsten Ausdrucksmittel – Sprache, Körper, Bilder – und die effiziente Organisation von Referaten. Kaum Berücksichtigung finden wirkungsorientierte rhetorische Finessen.

Wir leiten zunächst Orientierungswissen aus den Grundsätzen der Kommunikationstheorie ab und befassen uns anschliessend mit den Verlaufsphasen bei der Organisation eines Referates und der Architektur von Referaten. Schliesslich kommen wir auf den Einsatz von Bildmaterial im Referat zu sprechen.

Im Folgenden verwende ich die Ausdrücke Präsentation, Referat und Vortrag in gleicher Bedeutung.

2 Orientierungshilfen für Referentinnen und Referenten

2.1 Sach- und Beziehungsaspekt im Referat

2.1.1 Sachkompetenz und Begeisterung

Der Grundsatz: *Jede Botschaft hat einen Sach- und einen Beziehungsaspekt,* erlaubt uns die Präsentation zu modellieren. Die drei Pole Referentin / Referent, Publikum und Sache sind miteinander in Verbindung zu bringen.

- Ein Inhalt soll vermittelt werden.
- Ein Referent / eine Referentin übernimmt den Vermittlungsauftrag.
- An ein Publikum richtet sich die Vermittlung.

Den Referenten, die Referentin braucht es deshalb, weil ein Inhalt oder eine Sache nicht selbst zum Publikum spricht. Keine Firma stellt sich selbst vor, kein Verfahren erklärt sich selbst, keine Idee offenbart sich selbst.[1] Das hängt damit zusammen, dass eine Sache nur sich selbst in den Kommunikationsprozess einbringen kann, was zu wenig ist. Gemäss dem Grundsatz, dass jede Botschaft einen Sach- und einen Beziehungsaspekt hat, muss ein Mensch zwischen Publikum und Sache vermitteln, indem er die erforderliche Beziehung herstellt. Um dies zu ermöglichen, muss er selbst eine Beziehung zur Sache und eine Beziehung zum Publikum haben. Die Abbildung 1 stellt dieses Dreiecksverhältnis dar.

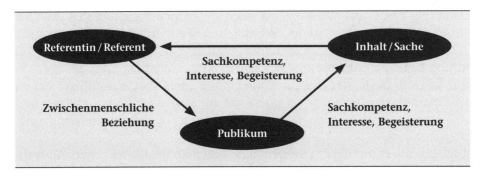

Abbildung 1
Modell
der Referat-
situation

---

[1] Auch in der Werbung übernehmen beziehungsfähige Figuren die Vermittlung. Eine sympathische Hausfrau beispielsweise stellt die Beziehung zu einem Waschmittel her, ein rauer Cowboy oder ein tolpatschiges Kamel zu Zigaretten.

121

Haben wir in der Rolle des Referenten oder der Referentin weder Sachkompetenz noch Begeisterung für ein Thema, dann können wir keine Beziehung zur Sache herstellen und zwischen Inhalt und Publikum nicht erfolgreich vermitteln. Ziel eines Referates ist ja, eine Beziehung zwischen Sache und Publikum zu vermitteln, die ihrerseits von Interesse, Begeisterung und Sachkompetenz geprägt ist. Wir referieren deshalb nur über Inhalte, die wir verstehen, die uns interessieren und von denen wir überzeugt sind.

Im Hinblick auf einen Vortrag bauen wir fehlende Sachkompetenz und Begeisterung auf. Ist uns das aus irgendeinem Grund nicht möglich, dann fehlen die wichtigsten Voraussetzungen zum Vermitteln eines Sachverhaltes und wir sollten auf die Präsentation verzichten.

Wie wir als Referierende durch verbale und nonverbale Mittel eine Beziehung zum Publikum aufbauen und aufrechterhalten, damit wollen wir uns im Folgenden beschäftigen.

2.1.2 Blickkontakt und freies Sprechen

Durch den Blickkontakt bahnen wir eine Beziehung an und erhalten sie aufrecht. Wer seinem Gegenüber in die Augen schaut, hat sofort einen Kontakt zu ihm. Natürlich gilt das nicht nur für Paargespräche, sondern für jede direkte zwischenmenschliche Kommunikation, also auch für die Präsentation.

Die Forderung nach Blickkontakt beinhaltet, dass wir als Referierende mit jeder einzelnen Person im Publikum den Augenkontakt aufnehmen müssen. Das ist natürlich bei einem grossen Publikum schwierig und bei einem sehr grossen Publikum unmöglich. Bei letzterem müssen wir die Illusion des Kontaktes erzeugen. Das einzelne Mitglied eines sehr grossen Publikums fühlt sich auch dann kontaktiert, wenn wir als Referierende ab und zu in seine Richtung schauen.

Aus der Forderung nach intensivem Blickkontakt zum Publikum resultieren weitere Orientierungsregeln. Schauen wir ins Publikum, können wir nicht vom Manuskript ablesen, sondern müssen frei sprechen. Das freie Sprechen ist das Ideal (das Sie stets anstreben sollten, aber natürlich nicht schon in der Übungsphase beherrschen müssen).

Damit wir nicht vom Manuskript ablesen, verzichten wir am besten ganz auf ein ausformuliertes Manuskript. Wir nehmen allenfalls einige Stichwörter auf Zetteln, das sogenannte *Zettelmanuskript* mit in die Präsentation. Oft werden für das Zettelmanuskript handliche Karteikarten verwendet (Abb. 2).

Wir arbeiten auch während der Vorbereitung eines Vortrages nie mit einem ausformulierten Manuskript. Es würde uns auf Sätze und Wörter festlegen und so das sogenannte *freie Sprechdenken,* das gleichzeitige Formulieren und Sprechen, behindern.

Auch könnte es uns dazu verführen, einen Text auswendig zu lernen. Auswendiglernen braucht aber weit mehr Zeit und Kraft, als das freie Sprechdenken zu üben und ist deshalb ineffizient.

Auch verleitet das ausformulierte Manuskript dazu, in schriftlicher statt in gesprochener Sprache zu referieren. Gesprochene Sprache ist einfacher aufgebaut, die Wörter und Sätze sind kürzer und die Aussagen redundanter als in der schriftlichen Sprache. Gerade Einfachheit und Redundanz sind aber in Präsentationen viel sinnvoller als eine geschliffene, komplexe und verdichtete Sprache, da ein hörendes Publikum mehr parallele Handlungen (verbale, para- und nonverbale Handlungen) verarbeiten muss und auch stärker abgelenkt wird (Störungen) als ein lesendes Publikum.

Besonders deutlich zeigt sich die beschränkte Aufnahmekapazität eines hörenden Publikums, wenn Referierende ablesen. Hörende sind dann fast immer überfordert und entziehen dem Referenten, der Referentin früher oder später die Aufmerksamkeit. Ablesen können wir viel schneller als zuhören, da das Ablesen kaum Verstand, das zuhörende Aufnehmen jedoch sehr viel Verarbeitungsleistung erfordert. Ablesen im Referat ist deshalb tabu.

Ich fasse zusammen, was gegen ausformulierte Manuskripte spricht: Das ausformulierte Manuskript verhindert nicht nur den Publikumskontakt, sondern bedient das Publikum auch mit der falschen Sprache, dem falschen Tempo und kann ausserdem zu einem unnötigen Vorbereitungsaufwand führen (Abb. 3).

Mit dem Zettelmanuskript bzw. ohne Manuskript können wir nur dann erfolgreich unsere Sache vermitteln, wenn wir das Formulieren trainiert haben. Zu diesem Zweck üben wir in der Vorbereitungsphase den Vortrag mehrmals laut, z.B. vor dem Spiegel, vor Kollegen, Kolleginnen, Verwandten – auch Haustiere können ein genügsames Publikum abgeben.

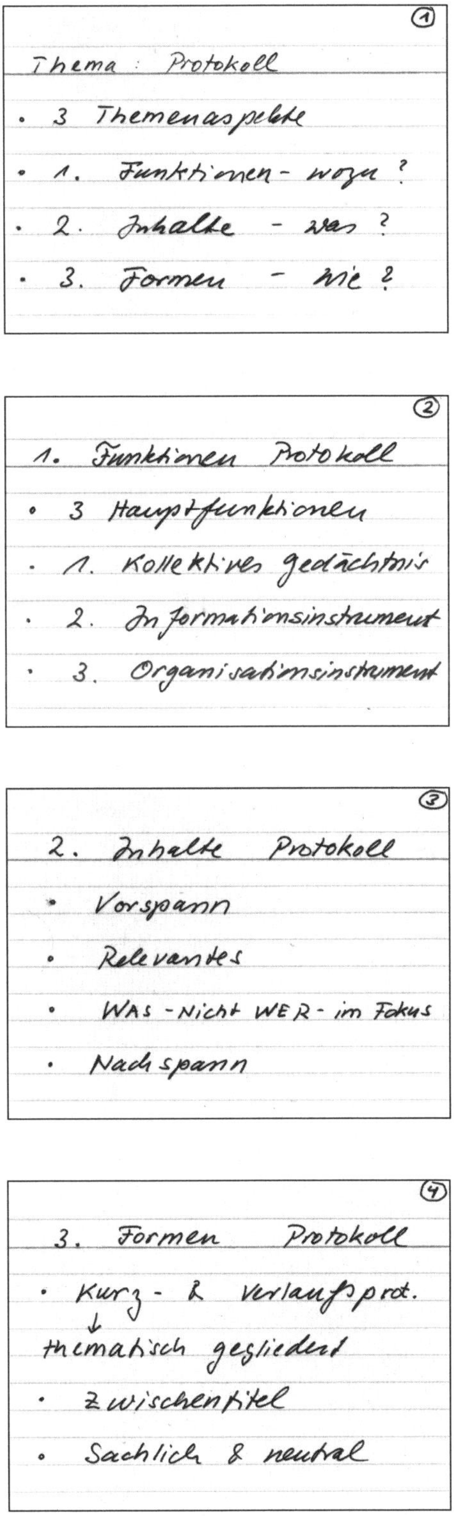

Abbildung 2
Zettelmanuskript für ein Referat von ca. 15 Minuten zum Thema Protokoll

Abbildung 3
Vorteile des
freien Sprech-
denkens

5 gute Gründe für das freie Sprechdenken	
Kontakt	Blickkontakt zum Publikum ist möglich
Dialog	Interaktion mit dem Publikum wird gefördert
Sprachangemessenheit	Einfache gesprochene Sprache ist vom Publikum leicht aufnehmbar
Zuhörtempo	Angenehmes Sprechtempo für das Publikum resultiert
Aufwandreduktion	Für die Referentin, den Referenten entsteht kein Schreibaufwand

Diese Prozedur erlaubt uns ein grosses Inventar an Wörtern und Sätzen anzulegen. Auf diesen Vorrat an Formulierungen greifen wir im Vortrag zurück. Wir werden durch diese Vorbereitung auch erfahren, dass nicht nur ein Wort oder eine Formulierung genau das sagt, was wir meinen, sondern dass es immer viele Möglichkeiten gibt, etwas auszudrücken. Wir lernen so darauf zu vertrauen, dass das freie Sprechdenken gelingt. Nur eine intensive Vorbereitung schafft das nötige Selbstvertrauen für einen Vortrag und ermöglicht damit ein selbstsicheres Auftreten.

2.1.3 Verbale Beziehungspflege

Diverse sprachliche Mittel eignen sich ebenfalls dazu, eine Beziehung zwischen Referierenden und deren Publikum herzustellen und aufrechtzuerhalten. Solche sprachlichen Mittel sind Aussagen, die das Publikum direkt ansprechen sowie eine verständliche Wortwahl und anschauliche Beispiele (Abb. 4).

Fragen, Wir-Aussagen, Sie-Aussagen, Ich-Aussagen

Mit einer Frage sprechen wir ein Publikum direkt an. Dabei ist es nicht notwendig, dass das Publikum auch wirklich Antworten liefert. Wirksam sind auch Fragen, die wir als Vortragende selbst beantworten. Es handelt sich dann um sogenannte rhetorische Fragen.

Eine weitere verbale Variante, ein Publikum anzusprechen, besteht darin Formulierungen zu verwenden, die aus dem Publikum und dem Referenten eine Gemeinschaft machen. Wir sprechen von Wir-Aussagen. Gerade habe ich beim Formulieren selbst eine solche *Wir-Aussage* verwendet. Meine Absicht ist,

Abbildung 4
Mittel der
verbalen Bezie-
hungspflege

Verbale Beziehungspflege durch	
Spezielle Satzkonstruktionen	**Spezielle Wortwahl**
• Echte oder rhetorische Fragen	• Wörter verwenden, die das Publikum kennt
• Wir-Aussagen	• Anschauliche Wörter verwenden
• Ich-Aussagen	• Neue Wörter erklären
• Sie/Ihr-Aussagen	• Anschauliche Beispiele bringen

die Lesenden und mich zu verbinden. Die Forderung, *Wir-Aussagen* zu verwenden gilt ja für mich genauso wie für meine Leserinnen und Leser. Deshalb nehme ich die Gelegenheit wahr und mache aus mir und den Lesenden eine Gemeinschaft, was einen zwar losen, aber unleugbaren Kontakt zwischen mir und meinem Publikum schafft.

Wenn wir nur das Publikum meinen und uns als Referentin, Referent nicht einbeziehen wollen oder können, dann sprechen wir das Publikum mit *Sie-* Aussagen oder Ihr-Aussagen an. Statt z. B. zu sagen: *Man versteht diesen Mechanismus leicht*, sagen wir lieber direkt: *Sie verstehen/ihr versteht diesen Mechanismus leicht.*

Das Publikum hört lieber jemandem zu, den es kennt, den es einschätzen, zu dem es letztlich Vertrauen entwickeln kann. Sogenannte Ich-Aussagen ermöglichen Referierenden, dem Publikum etwas über sich mitzuteilen. Anstatt: *Man schätzt dieses Produkt*, sagen wir beispielsweise lieber: *Ich schätze dieses Produkt.* Hat sich zwischen einer Referentin oder einem Referenten und einem Publikum ein Vertrauensverhältnis gebildet, steigt die Wirksamkeit eines Vortrages.

Wortwahl und Beispiele

Eine verständliche Wortwahl und anschauliche Beispiele tragen viel zu einer erfolgreichen Präsentation bei. Damit wir ein Publikum mit den richtigen Worten und Beispielen ansprechen können, müssen wir es kennen. Zu diesem Zweck setzen wir uns in der Vorbereitungsphase mit dem Publikum auseinander. Wir fragen uns:

- Was interessiert das Publikum?
- Handelt es sich um ein Fach- oder Laienpublikum?
- Welche Erfahrungen und Kenntnisse können wir voraussetzen?

Verwenden wir als Referierende viele Wörter, die das Publikum nicht kennt, frustrieren wir es. Das unterstützt eine erfolgreiche Vermittlung zwischen Sache und Publikum nicht. Deshalb verwenden wir nur Wörter, die unser Publikum kennt oder Wörter, die ihm sofort eine angemessene Vorstellung vermitteln. Wenn es nötig ist, erklären wir die Begriffe, die das Publikum zusätzlich kennen lernen muss, um unseren Ausführungen folgen zu können. Pflegen wir intensiven Blickkontakt, bemerken wir schnell, wenn Verständnisprobleme auftauchen und können auch spontane Erklärungen liefern.

Jedes Publikum schätzt es, wenn wir es nicht nur mit trockenen Sätzen, sondern auch mit lebendigen Beispielen bedienen. Wenn wir beispielsweise dem Publikum erklären, dass die Toleranz bei Stanzwerkzeugen nur einen Bruchteil einer Haaresbreite beträgt, ist das viel anschaulicher als ein abstrakter Zahlenwert.

Anschauliche Beispiele zu finden, stellt eine grosse Herausforderung dar. Auch diese Aufgabe setzt voraus, dass wir das Publikum, dessen Kenntnisse und Erfahrungen kennen. Anschaulich sind Beispiele für ein Publikum nur dann, wenn es sie mit sich und seinem Leben verknüpfen kann.

2.2 Körpersprache und Stimme im Referat

2.2.1 Identische verbale, para- und nonverbale Botschaften

Wenden wir uns dem zweiten Grundsatz der Kommunikationstheorie zu: *Jedes Verhalten ist Kommunikation.* Akzeptieren wir diesen Grundsatz, dann müssen wir im Referat auch die Stimme, Gestik, Mimik, Haltung und Kleidung beachten.

Sind verbale (Worte), paraverbale (Stimme) und nonverbale (Körper) Botschaften identisch, wirken wir überzeugend. Ohne schauspielerische Qualitäten erreichen wir diesen Effekt nur, wenn wir ehrlich sind. **Stimme und Körpersprache unterstützen die Worte eines ehrlichen Redners.** Die Worte eines unehrlichen Redners, einer unehrlichen Rednerin hingegen werden durch Stimme und Körpersprache als unehrlich entlarvt.

2.2.2 Grundhaltung und Grundatmung

Grundsätzlich stehen wir, wenn wir vor Publikum sprechen.

Warum stehen wir?

- Beim Stehen überblicken wir das Publikum besser, was uns erlaubt, den sehr wichtigen Blickkontakt mit dem ganzen Publikum zu pflegen.
- Die Stimme kann sich bei gestreckter Haltung besser entwickeln, als wenn wir zusammengeklappt im Stuhl sitzen.
- Grössere Mobilität ermöglicht den Einsatz vielfältiger Visualisierungsmedien.
- Beim Stehen können wir unsere Worte wirkungsvoller mit dem ganzen Körper unterstützen, Hände und Arme beispielsweise haben mehr Spielraum.
- Die stehende Haltung signalisiert Einsatz und Engagement.

Wie stehen wir?

Natürlich stehen alle so, wie sie wollen und können. Allerdings gibt es eine Art *Grundhaltung*, in der wir starten und in die wir immer wieder zurückkehren können. Es handelt sich um eine Haltung, in der wir sicher wirken und Sicherheit gewinnen.

In der Grundhaltung stehen wir auf beiden Beinen, die Füsse sind etwa zwei Handbreit gespreizt, das Gewicht ist gleichmässig auf beide Füsse verteilt. Wir stehen aufrecht, frontal zum Publikum, mit leeren Händen und hängenden Armen (vgl. Abb. 5).

Mit Vorteil starten wir in der Grundhaltung und kümmern uns dann nicht mehr um unsere Haltung. Sobald wir das Bedürfnis haben, unsere Haltung zu korrigieren, kehren wir in die Grundhaltung zurück und starten wieder neu. Auch empfiehlt es sich, den Vortrag in der Grundhaltung zu beenden.

Auch eine Grundatmung bietet sich Referierenden an. Es handelt sich dabei um die Bauch-Atmung im Dreier-Rhythmus:

- Wir atmen durch die Nase in den Bauch ein,
- atmen durch den Mund aus

126

- und machen dann eine Atempause, bevor der Zyklus von Neuem beginnt.

Diese Atmung entspannt, sie hilft Nervosität abzubauen, lockert und führt dem Gehirn Sauerstoff zu, so dass wir uns konzentrieren können.

Wo stehen wir?

Wieder im Dienste eines optimalen Blickkontaktes positionieren wir uns mit Vorteil an der Spitze eines Dreiecks, an dessen Basis wir uns das Publikum denken (vgl. Abb. 6).

Zeigen wir etwas, sorgen wir auch dafür, dass wir dem Publikum nicht im Weg stehen. Wir ziehen uns in solchen Fällen zurück, vergessen aber nicht, uns wieder in den Mittelpunkt zu rücken, wenn wir weiter sprechen.

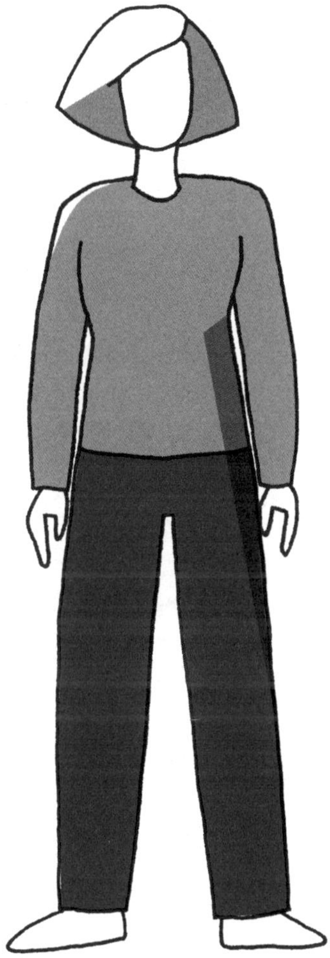

2.2.3 Gestik und Mimik

In der Grundhaltung sind die Hände leer. Nur leere und ungebundene Hände unterstützen die Rede natürlich. Sicher wollen oder müssen wir während eines Vortrags öfters etwas in die Hand nehmen, z. B. unser Zettelmanuskript oder einen Gegenstand zu Visualisierungszwecken. Wir befreien aber die Hände immer wieder, sobald die Gegenstände nicht mehr gebraucht werden.

Wir verzichten auch darauf die Hände in die Hosentaschen zu stecken, sie hinter dem Rücken oder vor dem Bauch zu verschränken oder uns an Gegenstände, das Pult, Stifte, Zettel zu klammern.

Ansonsten sollten wir uns möglichst wenig Gedanken über die Hände machen. Die Hände werden automatisch die richtigen Gesten finden, sofern wir uns an die Wahrheit halten und gut vorbereitet sind.

Über die wichtigste mimische Komponente, den Blickkontakt, haben wir oben bereits gesprochen. Mit den Augen stellen wir einen elementaren Kontakt zum Publikum her, der eine Beziehung und damit die Vermittlung einer Sache ermöglicht.

Ausserdem ist es vorteilhaft, wenn wir mit offenem, nicht verkniffenem Gesicht vortragen. Selbstsicherheit und Begeisterung für das Thema werden die nötige Freundlichkeit automatisch ins Gesicht zaubern.

Abbildung 5
Grundhaltung im Referat

Abbildung 6
Positionierung
beim Referieren

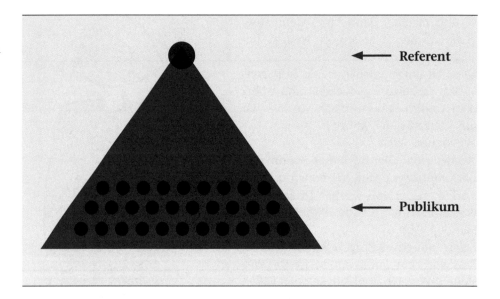

2.2.4 Lautstärke, Deutlichkeit und Modulation der Stimme

Auch wenn alle bisher genannten Regeln beherzigt werden, kann die Präsentation noch scheitern. Spricht ein Referent unverständlich leise oder brüllt er aggressiv laut, vermögen dies noch so viele rhetorische Finessen nicht wett zu machen.

Die richtige Lautstärke ist ein bedeutendes Detail. Zum Glück können wir uns aber meist auf unser Gefühl verlassen und finden die Lautstärke, die zur Publikums- und Raumgrösse passt, automatisch. Trügt uns das Gefühl, sollten wir Ratschläge ernst nehmen, und uns zwingen lauter oder leiser zu sprechen. Eine deutliche, gut verständliche Aussprache (Artikulation) erreichen wir dadurch, dass wir den Mund beim Sprechen weit genug öffnen und alle Silben und Buchstaben der Wörter aussprechen. So erhöhen wir die Verständlichkeit unserer Ausführungen.

Wie können wir unsere Aussprache verbessern?

- Singen trainiert die Mundmuskulatur.
- Wir hören uns Aufnahmen einer eigenen Rede an, um dann ganz bewusst an unserer Aussprache zu arbeiten.
- Auch mit sogenannten *Schnabelwetzern* können wir trainieren. Sie finden eine kleine Sammlung in Abbildung 7. Ich empfehle Ihnen, einige auswendig zu lernen und insbesondere vor einem Vortrag den Schnabel damit zu wetzen.

Ein immer gleichbleibender Ton schläfert ein, zumindest langweilt er die Zuhörenden. Wie bringen wir Leben in die Stimme?

Wir variieren die Lautstärke und das Tempo. Wir betonen durch lauteres Sprechen einzelne Wörter, durch Verlangsamen oder Beschleunigen heben wir gewisse Passagen hervor. Auch sollten wir Fragen und Ausrufe einsetzen.

128

• Hans, gang schlah der Obergadenagu obe nabe ine.
• D'Isabell het mi welle mit der Chelle d' Stägä abe schnelle.
• In Ulm um Ulm und um Ulm herum.
• Zwischen zwei Zweigen zwitschern zwei Schwalben.
• Z'Schwyz schynt d'Sunne und wenn si z'Schwyz nid schynt, so schynt si z'Brunne.
• Schälle si nid an säller Schälle, sälli Schälle schälled nid. Schälle si an säller Schälle, sälli Schälle schälled.
• Dr Papscht het s'Späckbsteck z'spat bstellt.
• Üses Lüti lütet lüter weder Lüthis Lüti lütet.
• Hinder Hans-Heiris-Hus hange hundert Heerehemmli uf.
• Blaukraut bleibt Blaukraut und Brautkleid bleibt Brautkleid.
• Der Kutscher putzt den Postkutschenkasten.
• Es het mer träumt, es heig mer träumt, es heig mer zwöimal s'gliche träumt. Isch denn das nid überträumt, wenns eim träumt, es heig eim träumt, es heig eim zwöimal s'gliche träumt?

Abbildung 7
Schnellwetzer aus dem Volksmund

Sobald wir nämlich solche Satzarten verwenden, modulieren wir die Stimme automatisch.

Das Auf und Ab der Stimme können wir dadurch trainieren, dass wir singen oder Gedichte laut lesen. Gedichte sind ursprünglich Gesänge, und im Gesang ist das Auf und Ab der Stimme elementares Gestaltungsmittel.

Wenn Sie die folgende Ballade (Abb. 8) laut lesen, werden Sie sehen, dass sie nicht nur eine spannende Geschichte erzählt, sondern auch eine starke Modulation der Stimme unterstützt und so ein schönes Klangergebnis erzeugt. Die Ballade «*Belsazar*» stammt vom deutschen Dichter *Heinrich Heine* (1797–1856), entstand um 1820 und ist der literarischen Epoche der Romantik zuzuordnen. Heine verarbeitet in «*Belsazar*» die Schilderung des Untergangs des babylonischen Reiches (539 v. Chr.) im Alten Testament (Buch Daniel, Kapitel 5).

Täglich befassen wir uns mit unserer Frisur, unserer Kleidung, schauen in den Spiegel, aber um unsere Stimme kümmern wir uns kaum. Wäre das nicht ein Grund, sich einen Gedichtband anzuschaffen und gelegentlich laut darin zu lesen?

2.2.5 Tempo und Pausen

Ich habe oben bereits darauf hingewiesen, dass wir beim Ablesen zu schnell sprechen. Mit *zu schnell* ist gemeint, dass wir schneller sprechen, als das Publikum hören kann. Hingegen: **Das Tempo beim freien Sprechdenken entspricht der Aufnahmekapazität des Publikums.** Das Formulieren braucht ebensoviel Überlegung und Zeit wie das Zuhören. Das freie Sprechdenken ist deshalb die geeignetste Vortragsart.

Pausen sind ein bedeutsames rhetorisches Mittel.

- **Pausen strukturieren eine Rede so wie Kommas, Punkte und Leerzeilen einen geschriebenen Text strukturieren.**
- **Pausen ermöglichen sowohl dem Publikum als auch dem Vortragenden, sich zu konzentrieren, zu erholen und nachzudenken. Das Publikum empfindet sie deshalb auch nicht als peinlich, sondern als angenehm.**

Abbildung 8
Ein Gedicht zum laut Lesen[2]

Die Mitternacht zog näher schon;
In stummer Ruh lag Babylon[3].

Nur oben in des Königs Schloss,
Da flackert's, da lärmt des Königs Tross.

Dort oben in dem Königssaal,
Belsazar hielt sein Königsmahl.

Die Knechte sassen in schimmernden Reih'n,
Und leerten die Becher mit funkelndem Wein.

Es klirrten die Becher, es jauchzten die Knecht',
So klang es dem störrigen Könige recht.

Des Königs Wangen leuchten Glut;
im Wein erwuchs ihm kecker Mut.

Und blindlings reisst der Mut ihn fort;
und er lästert die Gottheit mit sündigem Wort.

Und er brüstet sich frech, und lästert wild;
Die Knechtenschar im Beifall brüllt.

Der König rief mit stolzem Blick;
Der Diener eilt und kehrt zurück.

Er trug viel gülden Gerät auf dem Haupt;
Das war aus dem Tempel Jehovas geraubt.[4]

Und der König ergriff mit frevler Hand
Einen heiligen Becher, gefüllt bis am Rand'.

Und er leert ihn hastig bis auf den Grund,
Und rufet laut mit schäumendem Mund:

«Jehova! dir künd' ich auf ewig Hohn, –
Ich bin der König von Babylon!»

Doch kaum das grause Wort verklang,
Dem König ward's heimlich im Busen bang.

Das gellende Lachen verstummte zumal;
Es wurde leichenstill im Saal.

Und sieh! und sieh! an weisser Wand
Da kam's hervor wie Menschenhand;

Und schrieb, und schrieb an weisser Wand
Buchstaben von Feuer, und schrieb und schwand.

Der König stieren Blicks da sass,
Mit schlotternden Knien und totenblass.

Die Knechtenschar sass kalt durchgraut,
Und sass gar still, gab keinen Laut.

Die Magier kamen, doch keiner verstand
Zu deuten die Flammenschrift[5] an der Wand.

Belsazar ward aber in selbiger Nacht
Von seinen Knechten umgebracht.

Aus diesen guten Gründen bauen wir als Referierende Pausen bewusst in unseren Vortrag ein.
Wo genau sind Pausen sinnvoll?
- Pausen sind da sinnvoll, wo wir einen Gedankengang abschliessen und etwas Neues beginnen.

---

[2] Das Gedicht ist zitiert. aus: Grimm, Gunter E. (Hg.); Deutsche Balladen; Gedichte und Interpretationen, Stuttgart: Reclam, 1988, S. 178 f.

[3] Die Stadt Babylon lag am Euphrat, im heutigen Irak, und war Mittelpunkt der altorientalischen Kultur. Heute ist sie ein Ruinenfeld.

[4] Nebukadnezar II. eroberte Palästina, zerstörte 587 Jerusalem und führte die Juden in die sogenannte *babylonische Gefangenschaft*. *Jehova* ist eine Form des hebräischen *Jahwe*, des Namens von Gott im Alten Testament.

[5] Gemäss dem Alten Testament lautete die Flammenschrift *Mene, mene tekel upharsin*.

- Sie sind immer dann angebracht, wenn wir keinen Blickkontakt zum Publikum haben. Wenden wir dem Publikum den Rücken zu oder schauen auf unsere Notizen, unterbrechen wir den Sprechfluss.
- Sprechpausen sind unumgänglich, wenn wir vom Publikum erwarten, dass es sich etwas anschaut, etwas liest, oder sich zu etwas Gedanken macht.
- Nach jeder Frage müssen wir eine Pause einlegen. Eine Frage ist eine Aufforderung zum Nachdenken, das braucht Zeit.
- Wenn wir Visualisierungen präsentieren, sollten wir solange aufs Sprechen verzichten, bis das Publikum die Visualisierungen, seien das Gegenstände, Bilder oder Text, aufgenommen hat.
- Der Rhetoriktrainer Harry Holzheu empfiehlt, nach jedem Satz zwei Sekunden und nach jedem Gedanken (das entspräche einem Textabschnitt) fünf Sekunden Pause einzulegen.[6] Das sind sehr lange Pausen!

Wer übrigens bewusst Pausen setzt, ist mit grosser Wahrscheinlichkeit vor einem allfälligen *Äh-tic* oder vor ständig wiederkehrenden Verlegenheits-Füllern wie *also, oder, und* befreit. Die bewussten Pausen kontrollieren und eliminieren solche Pausenfüller.

---

[6] Harry Holzheu; Natürliche Rhetorik für Führungskräfte, Bern: Schweizerische Volksbank, 1994, S. 25.

3 Vorbereitung des Referates

Wie bei der Textproduktion durchlaufen wir in der Vorbereitung eines Referates drei Phasen: 1. Sammeln, 2. Ordnen, 3. Sprechen (Abb. 9).

3.1 Materialsammlung

In der ersten Phase sammeln wir Ideen und Informationen. Wir schliessen Wissenslücken zu unserem Vortragsthema und überlegen uns in dieser Phase, was wir dem Publikum mit welchem Ziel präsentieren sollen. Sicher ist es sinnvoll, sich bereits zu diesem Zeitpunkt Gedanken über das Publikum zu machen:

- Was interessiert das Publikum?
- Was weiss es schon?
- Was will es wissen?

**Abbildung 9
Drei Phasen
beim Vorbereiten einer Rede**

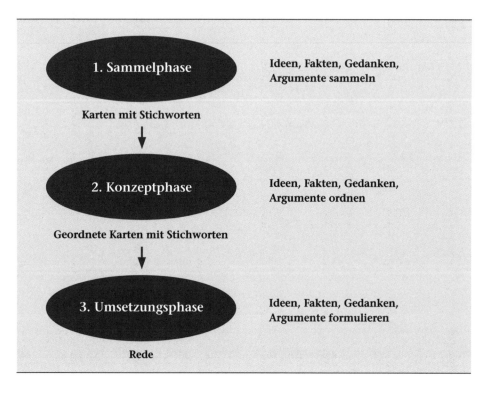

Wir arbeiten mit Vorteil schon in dieser Phase mit Stichwörtern auf Kartei-karten. Das erlaubt uns in der nächsten Phase, der Konzeptphase, unser Mate-rial zu ordnen, ohne viel in Schreibarbeit investieren zu müssen.

3.2 Ordnen des Materials im Konzept

Wie bei der Textproduktion gelangen wir auch bei der Planung des Vortrages in die Konzeptphase und bringen eine sinnvolle Ordnung in Ideen und Mate-rialien. Wir schaffen eine Grobstruktur, indem wir die Informationen der Ein-leitung, dem Hauptteil oder dem Schluss zuordnen. Ausserdem suchen wir eine Feinstruktur, die den Hauptteil sinnvoll gliedert.

Je einfacher das Konzept unseres Vortrages, um so eher stellt sich Erfolg ein. Ein einfaches Konzept können wir uns als Vortragende leichter merken und das Publikum fasst es leichter und rascher auf. Auch das Publikum braucht ja eine Struktur, in der es das neu gewonnene Wissen begreifen und behalten kann. Ich werde unten auf die Struktur von Vorträgen zurückkom-men.

3.3 Sprechen und Gestalten der Rede

Haben wir eine sinnvolle Gliederung gefunden, beginnen wir aus den Stich-wörtern Sätze zu bilden. Wir gehen also erst jetzt daran, das gesammelte und geordnete Material zu formulieren.

Anschliessend memorieren (erinnern) wir den Verlauf des Vortrags, der Wörter und Sätze. Wie bereits oben erwähnt, arbeiten wir während der gesamten Vor-bereitung nie mit einem ausformulierten, aufgeschriebenen Text, sondern immer nur mit Stichwörtern. Wir üben den Vortrag mehrmals laut.

Schliesslich gestalten wir die Rede, indem wir Beispiele, Fragen und Visualisie-rungen einfügen, Betonungen und Pausen planen.

3.4 Vorbereitungen am Vortragsort

Am Vortragsort achten wir als Referierende auf gute Licht- und Temperaturver-hältnisse sowie genügend und sinnvoll arrangierte Sitzgelegenheiten. Wir berücksichtigen die technischen Einrichtungen und passen die Hilfsmittel der Situation an oder die Situation den Hilfsmitteln.

Das braucht Zeit! Wir sollten deshalb rechtzeitig am Vortragsort sein, um zu verkabeln, Stühle umzustellen, Projektoren warmlaufen zu lassen, Distanzen einzustellen usw. Es ist einem Publikum nicht zuzumuten, dass es auf einen Vortrag warten muss. Natürlich gibt es eine gewisse Toleranz und auch Ver-ständnis für technische Probleme und Pannen. Was jedoch mit Vorbereitung vermieden werden kann, vermeiden wir unbedingt. Stress gibt's bei jedem Vortrag noch genug.

4 Struktur und Elemente des Referates

4.1 Architektur des Referates

Wir können die Struktur des Vortrags mit der Architektur eines Hauses vergleichen, siehe Abbildung 10.

Das Fundament des Vortrags bilden die ersten Worte, mit ihnen wird eine
Beziehung zum Publikum hergestellt, Interesse für das Thema und Aufmerksamkeit geweckt. Den Keller bildet die Einleitung, auf ihr baut der Vortrag auf.
Der Wohnteil mit verschiedenen Zimmern gleicht dem einfach und sinnvoll
strukturierten Hauptteil. Das Dach bildet die Zusammenfassung am Schluss.
Die letzten Worte schliesslich ziehen wie die Rauchfahne am Himmel noch
lange durch den Kopf des Zuhörers.

**Abbildung 10
Architektur des
Vortrags**

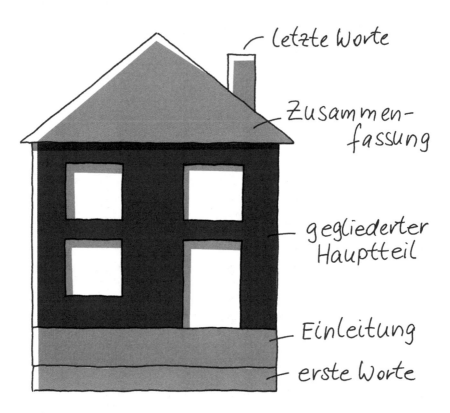

134

4.2 Einleitung des Referates

Die Einleitung eines Referates nennt zu Beginn das Thema, motiviert und strukturiert es und erläutert Schlüsselbegriffe.

Als Referierende teilen wir dem Publikum das Thema so früh wie möglich mit.

Wir motivieren das Thema, wenn wir erklären, weshalb wir uns mit dem Thema beschäftigen und was uns berechtigt über dieses Thema zu sprechen. Wir nennen dem Publikum auch Gründe, weshalb es sich mit dem Thema beschäftigen soll.

Wir informieren über die Inhaltsbestandteile des Referates. Oft ist es sinnvoll, die Inhaltsstruktur nicht nur verbal auszudrücken, sondern auch visuell (z.B. auf einem Plakat) zu zeigen. Das Publikum kann sie so leichter erfassen.

Schliesslich erläutern wir den Schlüsselbegriff bzw. die Schlüsselbegriffe. Ein Schlüsselbegriff bezeichnet in einem Wort ausgedrückt das Thema des Referates. Wir können den Schlüsselbegriff definieren, indem wir dessen Form, Inhalt oder Funktion beschreiben. Referieren wir z.B. über Netzwerke, könnten wir den Schlüsselbegriff folgendermassen erläutern:

> *Ein Netzwerk dient der kollektiven Nutzung von Ressourcen wie z.B. Druckern und Leitungen (Funktion). Fast beliebige Soft- und Hardware können ein Netzwerk bilden (Inhalt). Das Netz kann verschieden aufgebaut sein (Form).*

Wir können den Schlüsselbegriff auch in ein Begriffssystem einordnen. Nehmen wir an, es ginge um das Thema *Bus*, dann ist es – mindestens für die Laien im Publikum – eine Hilfe zu wissen, dass mit *Bus* eine spezielle Form von *Datenübertragung* gemeint ist. Hier können wir einen allgemein bekannten Oberbegriff (*Datenübertragung*) nutzen, um das Publikum zum speziellen Begriff (*Bus*) und somit zum Thema hinzuführen.

Der Schlüsselbegriff lässt sich auch einführen, indem wir ihn von anderen Begriffen abgrenzen oder indem wir ihn eingrenzen: Was für Aspekte sind thematisiert; was für Aspekte sind nicht berücksichtigt.

4.3 Hauptteil des Referates

Wir strukturieren den Hauptteil einfach und logisch. Das Inhaltsverzeichnis eines 20-minütigen Referats soll nur wenige, circa vier bis fünf Inhaltspunkte umfassen und mindestens einen Schwerpunkt haben. Es soll also nicht in die Breite, sondern in die Tiefe führen. Orientierungshilfen bei der Wahl einer logischen Grundstruktur bieten die im Grundlagenkapitel «Wort, Satz, Text» beschrieben Gliederungsvarianten:

- thematische Gliederung
- chronologische Gliederung
- problemorientierte Gliederung
- argumentative Gliederung

Es sind auch andere Strukturen möglich. Wir könnten das Referat z.B. in die fünf Akte eines Dramas oder einer Komödie gliedern oder einen Spannungsaufbau wie im Kriminalroman wählen.

4.4 Schluss des Referates

Der Schluss eines Referates besteht in einer **Zusammenfassung der wichtigsten Aussagen**, wobei wir wortwörtlich oder in neuen Worten wiederholen können (Abb. 11).

Die Zusammenfassung zählt nicht nochmals die Inhaltsbestandteile auf – diese haben wir in der Einleitung bereits genannt. Sie hebt bei jedem oder bei den zentralen Inhaltsbestandteilen das Wichtigste hervor. Damit verdichtet sie die Substanz.

Am Schluss eines Vortrags signalisieren wir das nahe Ende verbal (mit Worten), paraverbal (mit der Stimme) und nonverbal (mit dem Körper). Wir sagen beispielsweise *ich fasse zusammen* (verbales Signal) und betonen und artikulieren (paraverbale Signale) die Zusammenfassung besonders sorgfältig. Wir positionieren uns dabei wieder in der Grundhaltung, frontal, mit leeren Händen vor dem gesamten Publikum und blicken nochmals alle an (nonverbale Signale).

**Abbildung 11
Die Zusammenfassung im Referat wiederholt Kernaussagen**

4.5 Erste und letzte Worte im Referat

4.5.1 Auswendiglernen der ersten und letzten Worte

Die ersten und letzten Worte flankieren den gesamten Vortrag inklusive Einleitung und Schluss. Sie haben eine besondere Bedeutung für den Vortrag und sie werden traditionell in wenigen sprachlichen Varianten praktiziert (Abb. 12). Auf Funktion und sprachliche Realisierung will ich im Folgenden hinweisen. Auch in der Vorbereitung behandeln wir erste und letzte Worte gesondert. Während wir bei der Vorbereitung des Vortrags nie mit ausformuliertem und festgehaltenem Text arbeiten, schreiben wir erste und letzte Worte auf und

136

	Erste Worte im Referat	Letzte Worte im Referat
Funktion	• Aufmerksamkeit bündeln • Interesse wecken • Kontakt zum Publikum herstellen	• Finale inszenieren • Einprägsame Schlussbotschaft vermitteln • Ende signalisieren
Umsetzung als	• Zitat, Redewendung, Ja-Satz • Rhetorische Frage • Ich-, wir-, Sie-Aussage	• Schlüsselphrasen repetieren • Ausgangsfrage beantworten • Indirekte, direkte Appelle

Abbildung 12
Erste und letzte
Worte – Wozu
sie dienen und
wie wir sie
umsetzen

lernen sie auswendig, da es auf jedes Wort und dessen stimmliche Ausprägung ankommt.

Die fixen Passagen am Anfang und am Ende verleihen Sicherheit und erleichtern den Einstieg ins freie Sprechen und den Ausstieg aus der Rolle des Referenten, der Referentin.

4.5.2 Funktion und Inhalt der ersten Worte

Die ersten Worte sollen die Aufmerksamkeit des Publikums beim Referenten bündeln, das Interesse des Publikums wecken und eine positive Beziehung zwischen Publikum und Referent anbahnen.

Der Referent soll nach seinen ersten Worten das Gefühl haben, dass ihm alle mit Interesse, aufmerksam und gern zuhören. So etabliert er sich in der Rolle des Referenten und schafft ein solides Fundament für den Vortrag.

Meist hören wir am Anfang eines Vortrags eine Begrüssung. Die Begrüssung schafft zwar einen Kontakt zum Publikum und bündelt die Aufmerksamkeit bei der Sprecherin, aber ist sie auch interessant?

Hier einige weitere Möglichkeiten zur Eröffnung:

• Mit einer persönlichen und aktuellen *ich- oder wir-Aussage* schlagen wir einen Bogen zu unserem Thema. Beispielsweise gibt ein Referent seiner Freude darüber Ausdruck, dass sich trotz Badewetter viele Zuhörer für das Thema X interessieren.

• Auch Fragen eignen sich als erste Worte. Harry Holzheu z.B. beginnt eine Motivationsrede mit der Frage: *«Wozu soll ich ihnen überhaupt noch Mut machen?».*[7]

Wir können auch mehrere Fragen an den Anfang stellen, beispielsweise: *Wie funktioniert das System? Wo kann man es einsetzen? Wie sicher ist es?*

• Ein Zitat, eine Redewendung oder sogar ein Werbespruch oder ein Witz lassen sich als Auftakt verwenden.

• Der sogenannte *Ja-Satz* bewirkt augenblickliche Übereinstimmung zwischen Referent und Publikum, was natürlich der Beziehung förderlich ist. Harry Holzheu beginnt in einem unangenehm schummrigen Saal mit

---

[7] Dieses und die folgenden Beispiele von Harry Holzheu stammen aus einem Artikel von Barbara Lukesch; Reden ist Gold, Bilanz 4/97, S. 80 ff.

einem müden, überstrapazierten Publikum mit dem Ja-Satz: *«Ich brauche Licht, viel Licht!»*.

4.5.3 Funktion und Inhalt der letzten Worte

Die letzten Worte drücken die Hauptbotschaft des Vortrags nochmals prägnant (knapp und genau) aus. Sie konzentrieren die Zusammenfassung, indem sie die Hauptaussage auf den Punkt bringen, wie der Volksmund so passend sagt. Die letzten Worte sollen dem Publikum wortwörtlich in Erinnerung bleiben, dazu müssen wir sie sehr einfach und eingängig formulieren.

Ausserdem müssen die letzten Worte das definitive Ende signalisieren, den Vortrag endgültig abschliessen. Hier einige verbale Varianten:

- Wir wiederholen Schlüsselwörter und Schlüsselsätze. Wiederholungen sind ein bewährtes rhetorisches Mittel. Sie unterstreichen die Bedeutung einer Aussage und lenken so die Aufmerksamkeit auf das Wichtige.

- Ein direkter Appell, eine Aufforderung zum Handeln, bietet sich ebenfalls an. Harry Holzheu schliesst in einer Motivationsrede mit dem Schlussspurt: *«Nutzen Sie Ihr Potential! Sie haben das Mögliche gemacht. Ab jetzt machen Sie das Mega des Möglichen. Jetzt erst recht!»*

- Der direkte Appell (*Bestellen Sie sofort!*) kann das Publikum unter Druck setzen. Deshalb ist der indirekte Appell (*Das Produkt X ist für Sie genau das richtige*) oft wirksamer. Auch ein persönliches Bekenntnis (*Ich bin von Produkt X voll überzeugt*) kann Appellcharakter haben.

- Wir beziehen uns auf eine eingangs gestellte Frage, die wir beantworten oder nochmals stellen. So kehren wir an den Anfang zurück und runden damit den Vortrag ab.

Das endgültige Ende signalisieren wir paraverbal (mit der Stimme), indem wir ein Finale inszenieren:

- Wir sprechen nicht mehr auf den Punkt. Das heisst, wir senken die Stimme zum Satzende nicht ab, sondern steigern die Tonhöhe von Satz zu Satz oder Wort zu Wort.

- Wir steigern auch die Lautstärke und artikulieren sehr deutlich.

4.6 Applaus?!

Zum Applaus sagt Harry Holzheu sehr treffend:

> *«Applaus ist nicht nur wichtig für den Redner, sondern auch für die Zuhörer. Applaus ist erstens eine Belohnung für den Redner. Geniessen Sie Ihren Applaus. Bleiben Sie stehen, während applaudiert wird. Schauen Sie ins Publikum, und zwar solange, bis der Applaus aufhört. Damit danken Sie den Zuhörern für den Applaus. Zweitens ist der Applaus eine gegenseitige Bekräftigung für alle Zuhörer, dass Sie gut waren. Auch der letzte Zweifler wird jetzt überzeugt sein, wenn so stark und so lange applaudiert wird. Es fällt ihm schwer, nicht Ihrer Meinung zu sein. Das ist die Macht der Rhetorik.»* [8]

---

[8] Holzheu; Natürliche Rhetorik, S. 41.

5 Visualisierung im Referat

5.1 Visualisieren von Gegenständen

Besonders eindrückliches Anschauungsmaterial sind Gegenstände 1:1, z.B. eine gewaltige Schraube zum Fixieren menschlicher Knochen oder ein winziges Telefon. Allerdings ist ein Laienpublikum von der komplexen Realität eines Gegenstandes oft überfordert. Auch sind Gegenstände vielfach zu klein oder zu gross, um sie einem Publikum zu zeigen. Am winzigen Telefon z.B. können wir einem grösseren Publikum nicht demonstrieren, was das Telefon alles kann. Oft ist das Publikum mit einem handlichen und einfachen Modell, einer Skizze oder einem Schema besser bedient. **Je komplexer eine Darstellung ausfällt, um so mehr Vorkenntnisse des Publikums setzt sie voraus.**
Der Gegenstand, 1:1 gezeigt, ist am komplexesten und deshalb als Verständnishilfe nur für ein gut vorbereitetes Fachpublikum geeignet. Zur Attraktivitätssteigerung, um einen sinnlichen Eindruck zu vermitteln, können wir auch Laien Gegenstände zeigen. Dann sollten wir aber nicht davon ausgehen, dass sie verstehen, wie etwas funktioniert oder zusammengesetzt ist.

5.2 Visualisieren von Zahlen

Je nach dem, was wir zeigen wollen (Verhältnisse, Anteile, absolute Werte), steht uns eine Fülle von Diagrammen zur Verfügung: Kreis-, Kurven-, Flächen-, Linien-, Punkt-, Säulen-, Balken-, Stapel- und Pyramidendiagramme. Computerprogramme helfen beim Generieren verschiedener Varianten, deren Wirkung wir mit Vorteil an einem Testpublikum ausprobieren.
Wir visualisieren grundsätzlich alle (wenige) Zahlen und stellen Zahlen in Zusammenhänge, da die meisten Menschen sich nur wenige gleichrangige Informationen merken können. Bei Wörtern einer Fremdsprache, bei Personennamen, bei Gegenständen oder eben auch bei Zahlen lassen sich fünf bis zwölf Einzelheiten aufs Mal abspeichern. Es ist deshalb nicht sinnvoll, einem Publikum mehr als höchstens sieben Zahlen zu präsentieren. Auch ist es meist besser, Zahlen nicht isoliert, sondern im Zusammenhang darzustellen. Dadurch können wir das Verständnis und die Aufnahmekapazität steigern. Nehmen wir als Beispiel die Statistik in Abbildung 13.

Abbildung 13
Gliederung der
Wohnbevölke-
rung der
Schweiz nach
Konfessionen[9]

Jahre	Protestanten	Katholiken	Andere und Konfessionslose
1950	56,3%	42,2%	1,5%
1970	47,8%	49,7%	2,5%
1980	44,3%	47,9%	7,8%
1990	40,0%	46,4%	13,6%
2000	33,0%	41,8%	25,2%

Niemand kann sich alle diese Zahlen merken, und das ist auch gar nicht nötig. Viel interessanter als die einzelnen Werte sind die Verhältnisse der Zahlen zueinander.

Abbildung 14
Konfessionen
in der Schweiz
zwischen 1950
und 2020

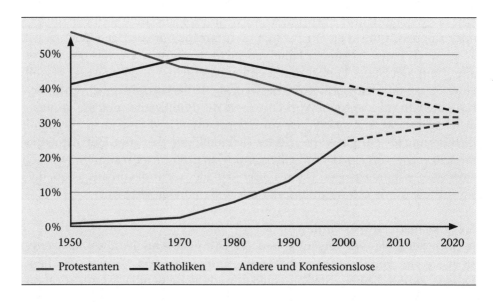

Abbildung 14 zeigt uns nur noch die Trends auf. Wir sehen auf einen Blick, dass der Anteil der Protestanten an der Schweizer Bevölkerung immer kleiner wird, der Anteil der Katholiken in den 70er-Jahren ein Hoch erreicht und seither wieder schrumpft. Eindrücklich demonstriert die Darstellung, wie seit den 80er-Jahren der Anteil der Konfessionslosen und Anhänger anderer Religionen wächst. Diese Darstellung ist viel einprägsamer als die Zahlentabelle in Abbildung 13. Auf Kosten der Zahlenmenge und Genauigkeit gelangen wir zu einer eindrücklichen und aussagekräftigen Darstellung.

---

[9] Bovay, Claude et al.; Religionslandschaft in der Schweiz, Bundesamt für Statistik, www.bfs. admin.ch/bfs/portal/de/index/news/publikationen.Dokument.50519.pdf, Neuchâtel 2004, (abgerufen 12. März 2008).

5.3 Weniger ist mehr

Bei der Visualisierung von Begriffen, Aussagen, Strukturen, Prozessen und Systemen gibt es zwar Rezepte – Flussdiagramme bieten sich für Prozesse an, Symbole für Begriffe, Organigramme für Strukturen – trotzdem sind Kreativität, Vorstellungskraft und oft auch das Zeichentalent gefragt. Ein Prinzip sollten wir allerdings beim Visualisieren nie ausser Acht lassen: Weniger ist mehr!

Abbildung 15
Weniger wäre mehr

Als Referierende sind wir Vermittelnde zwischen Sache und Publikum und unser Hauptmedium ist die Sprache. Visualisierungen können uns nicht ersetzen und sie sollen nicht von uns ablenken, sondern unsere Worte unterstützen. Je einfacher eine Darstellung ist, um so rascher entfaltet sie ihre Wirkung. So bricht die Beziehung zwischen uns und dem Publikum nie ab.

Ein Publikum ist von zu komplizierten und zu vielen Darstellungen schnell überfordert und als Referierende erreichen wir das Gegenteil der erwünschten Wirkung (Abb. 15). Ein überfordertes, mit Reizen überflutetes Publikum entzieht uns die Aufmerksamkeit und damit die wichtigste Voraussetzung für eine erfolgreiche Vermittlung.

Diese Überlegungen führen zu folgenden konkreten Orientierungshilfen:

- Wir verwenden wenige Visualisierungen pro Zeiteinheit. Harry Holzheu rät, in einem 10-minütigen Vortrag maximal 5 Folien einzusetzen.[10] Für einen visuellen Eindruck planen wir also etwa 2 Minuten ein.
- Die einzelne Visualisierung enthält wenig Informationen. Auf einer Folie finden sich nur einzelne, gut lesbare Wörter oder Darstellungen. Schriftgrösse 18 oder grösser, je nach Umfang des Publikums, empfehlen sich für Wörter und leinwandfüllende Bilder für andere Darstellungen.
- Ausformulierte Texte, Detailzeichnungen, kompakte Listen und Tabellen zeigen wir nicht.
- Es ist sinnlos, vom Publikum zu verlangen, gleichzeitig etwas zu lesen, zu analysieren oder zu betrachten und einem Referenten zuzuhören, der über etwas anderes spricht. Menschen bringen das, was sie gleichzeitig hören und sehen, in einen Zusammenhang. Lässt sich der Zusammenhang nicht herstellen, dann ergeben sich Kommunikationsprobleme – gerade die sollten wir als Referierende aber vermeiden. Visualisierungen sollen die Kommunikation erleichtern und nicht erschweren. Visueller und auditiver Eindruck müssen deshalb identisch sein. Bilder sind nicht selbsterklärend

---

[10] Holzheu, Natürliche Rhetorik, S. 42.

und sie dienen auch nicht dazu, zusätzlich zu den Worten Informationen zu vermitteln. Der Zweck von Visualisierungen besteht einzig und allein darin, die Worte zu unterstützen.

5.4 Visualisierungsziele

5.4.1 Verständnishilfe

Das Publikum soll durch Visualisierungen leichter, schneller und vertiefter verstehen. Was das Verständnis unterstützt, ist abhängig von den Voraussetzungen des Publikums. Wenn wir als Referierende wissen, welche Erfahrungen, Kenntnisse, Interessen und Überzeugungen wir beim Publikum voraussetzen können, dann wird es uns leichter fallen, hilfreiche Visualisierungen zu kreieren.

Ein Bild sagt mehr als tausend Worte, sagt der Volksmund. Beim Präsentieren ist das eher ein Nachteil als ein Vorteil. Weil ein Bild sehr vieles aussagen kann und weil verschiedene Beobachter verschiedene Informationen aus Bildern herausziehen, sind Bilder niemals ohne Begleittext zu verwenden.

Schauen wir uns das folgende Flussdiagramm als Beispiel für eine Visualisierung (Abbildung 16) zur Verständnishilfe an.

Handelt es sich bei der Darstellung in Abbildung 16 vielleicht um einen abstrakten Ferienverlauf?

> *Zu Hause (1) besteige ich den Bus (2) und übernachte im Hotel (3). Dann begebe ich mich zum Hafen (4), nach einer Schifffahrt (5) befinde ich mich erneut in einem Hafen (6), übernachte nochmals im Hotel (7), fahre wieder*

**Abbildung 16
Ein beliebiges
Flussdiagramm[11]**

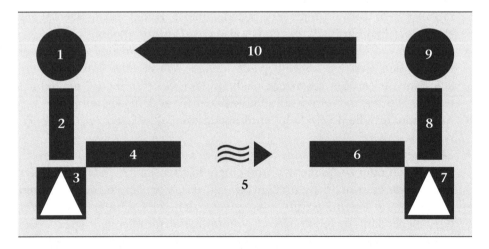

[11] Stroebe, Rainer W.; Kommunikation I. Grundlagen – Gerüchte, Schriftliche Kommunikation, Heidelberg: Sauer-Verlag, 1996, 5. Aufl., S. 9.

mit dem Bus (8) zum Ferienhaus (9). Weil das Ferienhaus genau wie mein Zuhause aussieht, nehme ich das nächste Flugzeug (10) und gelange glücklich wieder nach Hause (1).

Oder geht es in der Darstellung um die Geldkreisläufe an der Börse oder gar um die Herstellung von Proteinketten im Zellplasma? Nein, alles falsch – es handelt sich natürlich um ein Kommunikationsmodell. *Natürlich* ist das allerdings überhaupt nicht. Ohne Worte ist diese Visualisierung in hohem Mass mehrdeutig. Jede Leserin und jeder Leser können etwas anderes in sie hineindeuten.

Die meisten Bilder sind mehrdeutig und damit missverständlich. Als Referentin, Referent dürfen wir vom Publikum nicht erwarten, dass es mittels Geistesblitzen dem, was wir meinen, auf die Spur kommt. Wir dürfen auch nicht erwarten, dass das, was für uns sonnenklar ist, auch für das Publikum sonnenklar ist – ganz im Gegenteil: Das Publikum hört uns ja meist deshalb zu, weil es etwas Neues erfahren will.

Auch Abbildung 16 macht nur mit einer Erklärung Sinn:

Ein Sender (1) übermittelt eine Information (3) mittels Sende- und Empfangsgeräten (4,6) über einen Sendekanal (5) an einen Empfänger (9). Zwischen Sender und Botschaft wie auch zwischen Empfänger und Botschaft bestehen Beziehungen (2, 8), Botschaften haben spezifische Formen und Inhalte (Dreiecke und Quadrate). Die Rückkoppelung (10) vervollständigt den Prozess.

5.4.2 Lenkungshilfe

Wenn wir etwas visualisieren, heben wir einen bestimmten Sachverhalt aus dem Zusammenhang heraus. Dadurch können wir die Aufmerksamkeit des Publikums bei einem einzelnen Aspekt bündeln.

Senden wir eine Botschaft sowohl auditiv (fürs Ohr) als auch visuell (fürs Auge), dann betonen wir sie auch. Das Publikum nimmt die zweifach gesendete Botschaft als wichtiger als andere Botschaften wahr. Visualisieren wir beispielsweise einzelne Wörter unserer Rede, betonen wir sie und machen sie für das Publikum als Schlüsselwörter kenntlich.

Visualisierungen lenken also die Aufmerksamkeit des Publikums auf bestimmte Sachverhalte und die Bedeutung von Botschaften.

5.4.3 Überzeugungshilfe

Wenn wir in einem Vortrag mit Argumenten arbeiten, dann wollen wir unser Publikum von einer Ansicht überzeugen. Neben sprachlichen Möglichkeiten zum Überzeugen (vgl. das Kapitel «Argumentation») gibt es auch visuelle Möglichkeiten. Oft fällt es auch leichter, ein Publikum mit Bildern als mit Argumenten zu überzeugen. Niemand würde sich beispielsweise von der chemischen Formel eines Waschmittels davon überzeugen lassen, dass es weisser als andere Waschmittel wäscht. Wer hingegen kann dem strahlenden Weiss von Dutzenden von Bettlaken, die auf einer sehr grünen Wiese unter einem sehr blauen Himmel flattern, widerstehen?

143

Wir sehen an diesem Beispiel aus der Werbung, dass hier auch manipulierende Mittel zum Einsatz kommen. Konfrontieren wir ein Publikum in einer informierenden Präsentation mit manipulierenden Mitteln, müssen wir mit einer kritischen, abwehrenden Reaktion rechnen. Damit erreichen wir aber gerade das Gegenteil der gewünschten Wirkung. Ein seriöser Referent, eine seriöse Referentin wird das Visualisierungsziel *Überzeugungshilfe* mit Vorsicht verfolgen.

5.4.4 Attraktivitätssteigerung

Die meisten Visualisierungen haben den positiven Nebeneffekt, dass sie die Attraktivität eines Sachverhaltes steigern. Eine schöne Darstellung kann noch den unscheinbarsten Umstand attraktiv aussehen lassen. Eine kleine graue Schraube kann, ins rechte Licht gerückt, auf einer Fotografie funkeln und schillern.

Sowohl bei Visualisierungen zur Verständnis- als auch zur Lenkungsunterstützung sollten wir den Effekt der Attraktivitätssteigerung berücksichtigen. Schöne Darstellungen beeinflussen die Beziehung des Publikums zur Sache positiv.

Die Attraktivitätssteigerung gilt auch für Visualisierungen ganz allgemein. Jeder längere Vortrag sollte Visualisierungen enthalten. Visualisierungen lockern und beleben die Rede. Visualisierungen lenken vom Referenten, der Referentin ab. Das gibt für alle Beteiligten Entspannung. Hierin liegt allerdings auch die grosse Gefahr der Visualisierung. Wird das Prinzip *Weniger ist mehr* nicht beachtet, dann verlieren der Referent, die Referentin die Aufmerksamkeit des Publikums. Sie können ihre Aufgabe als Vermittelnde nicht mehr wahrnehmen und rutschen in die Rolle von technischen Administratoren, die Bilder projizieren, Filme abspulen, Folien bewegen. Anstatt einer Vermittlung durch eine Referentin oder einen Referenten ergibt sich ein visuelles Spektakel.

6 Ergebnisse

Aus den beiden Grundsätzen *Jedes Verhalten ist Kommunikation* und *Jede Botschaft hat einen Sach- und einen Beziehungsaspekt* leiten wir folgende Regeln für Präsentationen ab:

- Wir sprechen nur über Inhalte, die wir verstehen, die uns interessieren, von denen wir überzeugt sind.
- Wir pflegen intensiven Blickkontakt zum Publikum.
- Wir sprechen frei oder benützen ein Zettelmanuskript.
- Wir üben den Vortrag mehrmals, indem wir ihn laut sprechen.
- Wir sprechen das Publikum mit unseren Formulierungen an.
- Wir benützen Wörter, die das Publikum kennt, neue Wörter erklären wir.
- Wir sprechen das Publikum mit anschaulichen Beispielen an.
- Wir bemühen uns um eine angemessene Gestik, Mimik und Haltung.
- Wir sprechen genügend laut, deutlich, moduliert und mit Pausen.

Wir planen das Referat, indem wir zuerst die Phase der Material- und Ideensammlung durchlaufen, dann ein Konzept erstellen und am Schluss den Vortrag sprechen lernen und gestalten.

Ein Vortrag besteht aus einer Einleitung, einem Hauptteil und einem Schluss. Besondere Bedeutung kommt den ersten und letzten Worten zu, welche wir besonders sorgfältig planen. Den Hauptteil gliedern wir möglichst einfach und vernünftig. Die Einleitung nennt, motiviert und strukturiert das Thema und erläutert Schlüsselbegriffe. Der Schluss fasst Hauptbotschaften prägnant zusammen.

Bei der Visualisierung berücksichtigen wir insbesondere zwei Prinzipien:

- Weniger ist mehr.
- Visualisierungen begleiten wir immer mit Worten.

Gegenstände, die wir zeigen, sind nicht zu klein, zu gross oder zu komplex. Bei Zahlen beschränken wir uns auf wenige Zahlen und stellen sie nach Möglichkeit im Zusammenhang dar. Wir visualisieren kreativ und publikumsspezifisch. Visualisierungen unterstützen das Verständnis, dienen als Lenkungs- oder Überzeugungshilfe und steigern die Attraktivität des Vortrages.

7 Literaturverzeichnis

* Alteneder, Andreas; Der erfolgreiche Fachvortrag. Didaktik, Visualisierung, Rhetorik, München: Publicis-MCD-Verl., 1996.
* Barenberg, Axel; Die überzeugende Präsentation, Dramaturgie – Visualisierung, Methoden – Technik, München: humboldt, 1994.
* Bovay, Claude et al.; Religionslandschaft in der Schweiz, Bundesamt für Statistik, www.bfs. admin.ch/bfs/portal/de/index/news/publikationen.Dokument.50519.pdf, Neuchâtel 2004 (abgerufen am 12. März 2008).
* Bredemeier, Karsten; Die Kunst der Visualisierung, Düsseldorf: Orell Füssli Verlag, 1994.
* Dittrich, Helmut; Erfolgsgeheimnis Visualisierung. Techniken bildhafter Darstellungen als Arbeits- und Verkaufshilfe, München: WRS-Verl., 1993.
* Dudenredaktion (Hg.); Duden. Reden gut und richtig halten. Ratgeber für wirkungsvolles und modernes Reden, Mannheim, Leipzig, Wien, Zürich: Dudenverlag, 2000, 2., neu bearbeitete und ergänzte Aufl.
* Gaede, Werner; Vom Wort zum Bild. Kreativ-Methoden der Visualisierung, München: Wirtschaftsverlag Langen-Müller / Herbig, 1981.
* Grimm, Gunter E. (Hg.); Deutsche Balladen. Gedichte und Interpretationen, Stuttgart: Reclam, 1988.
* Hirsch, Gundula Ingrid; Überzeugend frei reden. Sprach- und Rhetoriktraining, München: humboldt, 1993.
* Holzheu, Harry; Natürliche Rhetorik für Führungskräfte, Die Orientierung 104, Bern: Schweizerische Volksbank, 1994.
* Lukesch, Barbara; Reden ist Gold, Bilanz 4/97, S. 80 ff.
* Molcho, Samy; Körpersprache, München: Mosaik Verl., 1994.
* Molcho, Samy; Körpersprache im Beruf, München: Goldmann Verl., 1997.
* Will, Hermann; Mini-Handbuch. Vortrag & Präsentation, Weinheim u. Basel: Beltz, 1997, 2. völlig überarb. Aufl.

8 Checkliste Präsentation

Aufbau der Präsentation

- Die **Einleitung** nennt das Thema, enthält eine Inhaltsübersicht, Erläuterungen zu Schlüsselbegriffen und sie motiviert das Thema (Beziehungen ReferentIn-Thema-Publikum).
- Der **Hauptteil** hat eine einfache und logische Struktur.
- Der **Schluss** enthält eine Zusammenfassung der wichtigsten Aussagen (redundant zum Hauptteil).
- **Erste Worte** (Ich-Aussage, Ja-Satz, Frage, Zitat) und **letzte Worte** (Appell, Frage, Antwort) gelingen.

Sprache in der Präsentation (verbal, nonverbal, paraverbal)

- Das Referat ist **frei gesprochen.**
- **Publikumsspezifische Wortwahl** und publikumsspezifische Erklärungen sind vorhanden.
- **Anschauliche** verbale Beispiele, Vergleiche und Metaphern sowie Wiederholungen sind vorhanden.
- Das Publikum ist **direkt** angesprochen (Rhetorische Fragen, wir / Sie-Aussagen).
- Der **Blickkontakt** ist beständig (beim Sprechen) und zum ganzen Publikum (Einzelne / Gruppen) vorhanden.
- Eine angemessene **Körpersprache** ist eingesetzt:
  - Positionierung (frontal),
  - Grundhaltung (auf beiden Beinen),
  - Gestik (leere Hände),
  - Mimik (freundlich).
- Lautstärke, Tempo, Deutlichkeit und Modulation der Stimme sind angenehm **(lauter, langsamer, deutlicher und dynamischer als im Gespräch).**
- **Pausen** gliedern die Präsentation (sie ersetzten die Kommas, Punkte und Abschnitte).

Visualisierung in der Präsentation

- Visualisierungsprinzipien sind berücksichtigt:
  - Keine Bilder ohne Worte (das Wort ist das Hauptmedium, das Bild unterstützt es),
  - Weniger ist mehr (Stichworte statt Sätze und Texte; Skizzen statt Fotos),
  - Zahlen sind visualisiert (Verhältnisse, Vergleiche und Trends statt isolierte Zahlen).
- Visualisierungen sind sinnvoll:
  - Sie unterstützen das Verständnis,
  - Sie lenken die Aufmerksamkeit,
  - Sie bieten Argumentationshilfen.

Rahmenbedingungen der Präsentation

- Der Referent / die Referentin ist kompetent und engagiert.
- Der Zeitrahmen ist eingehalten.

147

2.2 Bericht

Zusammenfassung

Wir befassen uns mit den Standards für wissenschaftliche Berichte. Wissenschaftliche Berichte informieren knapp und sachlich. Sie bestehen aus einem Vor- und Nachspann und führen von der Problemstellung über die strukturierte Problemanalyse zur Problemlösung.

Der aktiv-dynamische Verbalstil und eine angenehme Gestaltung erleichtern das Lesen von Berichten. Korrekt integrierte Zitate und Visualisierungen unterstützen die Verständlichkeit ebenfalls.

Inhaltsverzeichnis

1 Einleitung

Eine Semester- oder eine Projektarbeit, eine Bachelorthesis oder eine Studie – alle diese Textarten folgen den Regeln für wissenschaftliches Arbeiten. Wissenschaftliches Arbeiten dient dazu, geordnetes, begründetes und überprüfbares Wissen zu schaffen. Deshalb gelten für die Darbietung des so geschaffenen Wissens Standards. Sie gelten unabhängig von der Disziplin, also genauso für Geistes- und Sozialwissenschaftler wie für Wirtschafts- oder Naturwissenschaftlerinnen. Insbesondere beziehe ich mich im Folgenden Überblick auf das Standardwerk von Poenicke[1], auf Metzger[2] und die DIN-Norm 1422.[3]

Ich gehe auf formale Merkmale und die Funktion von Berichten ein. Anschliessend befasse ich mich mit sämtlichen Bestandteilen des wissenschaftlichen Berichtes. Schliesslich beschreibe ich kurz Stil und Gestaltung, Zitier- und Bibliografierweise.

Zu Aspekten der Textverarbeitung konsultieren Sie bitte einen der zahlreichen Ratgeber mit einem Schwergewicht auf Problemen der Textverarbeitung, beispielsweise das Buch von Carsten Scheibe.[4]

---

[1] Poenicke, Klaus; Wie verfasst man wissenschaftliche Arbeiten? Ein Leitfaden vom ersten Studiensemester bis zur Promotion, Mannheim: Dudenverlag, 1988, 2. neu bearb. Aufl.

[2] Metzger, Christoph; Lern- und Arbeitsstrategien. Ein Fachbuch für Fachhochschulen und Universitäten, Aarau: Sauerländer, 1996, v.a. das Kapitel «Eine schriftliche Arbeit verfassen», S. 103–152.

[3] DIN 1422, Veröffentlichungen aus Wissenschaft, Technik, Wirtschaft und Verwaltung, Teil 1–4, in: DIN-Taschenbuch, Publikation und Dokumentation 1, Gestaltung von Veröffentlichungen, Terminologische Grundsätze, Drucktechnik; hg. von DIN Deutsches Institut für Normung, Berlin, Köln: Beuth, 1989, 3. Aufl.

[4] Scheibe, Carsten; Vom Referat zur Dissertation. Textverarbeitung im Studium, München Wien: Hanser Verl., 1995.

2 Inhalt, Form und Funktion von Berichten

2.1 Zum Inhalt

In einem Bericht können wir die Entwicklung eines Produktes oder einer Methode, ein Experiment, einen Vorgang, ein Ereignis, einen Gedankengang, Ideen, Argumente, Definitionen, Beschreibungen, Anweisungen ... – fast alles festhalten.

Der wissenschaftliche Bericht umfasst folgende Bestandteile, in der aufgeführten Reihenfolge:

- (Titelblatt),
- **Zusammenfassung,**
- Abstract,
- Widmung,
- Vorwort,
- **Inhaltsverzeichnis**
    1. Abkürzungsverzeichnis,
    2. **Einleitung,**
    3. (Hauptteil),
    4. **Schlusswort / Ergebnisse,**
    5. Literaturverzeichnis,
    6. Anhang.

Titel in Klammern eignen sich nicht als Kapitelüberschriften, es sind Arbeitstitel. Sie erscheinen in der Endfassung des Berichtes nicht mehr. Fehlen farbig gedruckte Teile, ist der Bericht unvollständig. Mit der Nummerierung der Kapitel beginnen wir erst nach dem Inhaltsverzeichnis.

2.2 Zur Form

Berichte informieren sachlich, objektiv und wahrheitsgetreu. Die Sprache des Berichtes ist leicht verständlich und prägnant (knapp und treffend).

Im Arbeitsalltag gibt es unzählige Spielarten von Berichten und grosse Firmen liefern den Mitarbeiterinnen und Mitarbeitern oft firmeninterne Berichtvorlagen. Wir werden auch der Situation gemäss schlankere oder aufwendigere Berichte produzieren oder mehr oder weniger Individualität hineinbringen wollen. Wer aber gelernt hat, wissenschaftliche Berichte zu schreiben, ist auf alle Anforderungen gut vorbereitet.

2.3 Zu Funktion und Publikumsanalyse

In einem Bericht geht es darum, Informationen zu vermitteln. Wie in der mündlichen Kommunikation können wir auch beim Schreiben versuchen, nicht nur die Inhalts-, sondern auch die Beziehungsebene des Kommunikationsprozesses angemessen zu berücksichtigen. Wir haben bereits für Präsentationen Strategien entwickelt, um dem Grundsatz, dass jede Botschaft neben dem Inhaltsaspekt auch einen Beziehungsaspekt transportiert, entsprechen zu können. Das sollten wir auch für den Bericht versuchen. Andernfalls laufen wir Gefahr, an den Leserinnen und Lesern vorbei zu schreiben.

Um auf das Publikum eingehen zu können, müssen wir es kennen. Um die Lesenden kennen zu lernen, listen wir mögliche Leserinnen und Leser auf und beantworten folgende Fragen:

- Für wen schreibe ich?
- Wie viele Personen lesen meinen Bericht?
- Schreibe ich für Fachleute oder Laien?
- Aus welchen Berufen stammen meine Leserinnen und Leser?
- Welche Ausbildung haben sie?
- Welche beruflichen Erfahrungen haben sie?
- Was sollen die Lesenden mit dem Bericht anfangen können?
- Was müssen sie wissen?
- Was kann ich an Wissen voraussetzen?
- Was interessiert mein Publikum, was interessiert nur mich?

Je nachdem, wie die Publikumsanalyse ausfällt (Abb. 1), packen wir unterschiedliche Informationen in unseren Bericht. Auch verpacken wir die Informationen je nach Publikum verschieden. Für das Laienpublikum beispielsweise wählen wir eine allgemein verständliche Sprache und vermitteln auch Hintergrundinformationen und Zusammenhänge. Einem Fachpublikum hingegen ersparen wir Basiswissen und verwenden präzisen Fachjargon.

Je grösser und vielfältiger das Publikum, um so schwieriger ist es, allen Leserinnen und Lesern gerecht zu werden. Müssen wir Fachleute und Laien bedienen, können wir den Bericht in einen allgemein verständlichen Hauptteil und einen nur für Fachleute erschliessbaren Anhang gliedern. Auch können wir einem vielfältigen Publikum entgegenkommen, wenn wir den Hauptteil in Basis- und Zusatzwissen unterteilen. Gute Anleitungen beispielsweise beschreiben oft Grund- und Zusatzfunktionen eines Gerätes oder Programmes getrennt.

Abbildung 1
Fragen zur
Publikums-
analyse

153

3 Bestandteile von Berichten

3.1 Titelblatt

Die folgenden Angaben sollen auf einem Titelblatt ins Auge fallen (Abb. 2):

- Titel des Berichtes (Haupt- und Untertitel),
- vollständiger Vor- und Nachname aller Autorinnen und Autoren,
- Ort und Datum der Veröffentlichung.

Abbildung 2
Notwendige
Angaben auf
dem Titelblatt

Wer	Angaben zu Autor(en), Autorin(nen)
Was	Titel, Untertitel
Wo	Geografischer Ort und evtl. Institution
Wann	Datum der Publikation (Abgabedatum bei Studienarbeiten)

Mit diesen Angaben operieren auch alle, die Literatur sammeln, ordnen und zitieren.

Wir können ausserdem auf dem Titelblatt die Institution nennen, in deren Auftrag wir den Bericht verfassen, wir können die Textart nennen, z. B. *Zwischenbericht,* oder einen Sicherheitsvermerk anbringen.

Nur sogenannte *sprechende Titel* geben den Lesenden Aufschluss über den Inhalt des Berichtes. Wir wählen deshalb einen Titel, der sich auf den Inhalt des Berichtes bezieht, der sozusagen die kürzeste aller Zusammenfassungen enthält.

Finden wir keinen attraktiven und kurzen Titel, der über den Inhalt angemessen Auskunft gibt, setzen wir einen attraktiven und kurzen Haupttitel und einen längeren und informativen Untertitel.

3.2 Zusammenfassung

Die Zusammenfassung beantwortet in konzentrierter Form die Frage: Um was geht es im Bericht? Zu diesem Zweck schildert sie in ganzen und zusammenhängenden Sätzen kurz die Problemstellung, wichtige Schritte der Problemanalyse und weist auf Ergebnisse hin.

Berichte von geringem Umfang lassen sich in wenigen Sätzen zusammenfassen. Umfangreichere Berichte erfordern grössere Zusammenfassungen, allerdings sollte eine Zusammenfassung nicht mehr als eine A4-Seite umfassen.

Die Zusammenfassung ist ein eigenständiger Teil des Berichtes. Wir können sie lesen und verstehen, ohne den Bericht zu lesen und zu verstehen, und der Bericht seinerseits ist ebenfalls ohne Zusammenfassung verständlich.

Die Zusammenfassung genügt formalen Ansprüchen an Berichte, sie ist sachlich, objektiv und prägnant verfasst. Auf persönliche Kommentare und Bewertungen verzichten wir deshalb.

In der Regel schreiben wir als Autorinnen und Autoren die Zusammenfassung zuletzt, erst dann sind wir in der Lage, unsere eigene Arbeit auf das Wesentliche zu reduzieren.

Zur Zusammenfassung allgemein vergleiche auch die Ausführungen im Kapitel «Wort, Satz, Text».

Deutsche Berichte enthalten immer öfter auch eine englische Zusammenfassung, manchmal als *Abstract* bezeichnet. Abstracts dienen dazu, Berichte über die Sprachgrenzen hinweg zugänglich zu machen. Abstracts können in internationalen Datenbanken erfasst werden und so alle Leute mit Englischkenntnissen zu wissenschaftlichen Berichten führen.

Meist übersetzen Autorinnen und Autoren ihre deutsche Zusammenfassung ins Englische und überschreiben diese englische Fassung mit dem Titel «Abstract». Wie die Zusammenfassung ist das Abstract ein eigenständiger Bestandteil des Berichtes. Es erfasst den Inhalt des Berichtes sachlich und prägnant.

3.3 Widmung und Vorwort

Die Widmung gibt uns die Möglichkeit, Personen oder Institutionen indirekt zu danken. Diese sollten in besonderer Weise am Gelingen der Arbeit mitgewirkt haben. Meistens enthalten nur grössere Arbeiten eine Widmung.

Das Vorwort enthält Persönliches. Wir bringen darin Informationen unter,

> *«die zwar für den Leser von Interesse sind, sich aber nicht auf Arbeitshypothesen und Arbeitsschritte der Untersuchung selbst beziehen.*
>
> *[Ins Vorwort] gehören z. B. Hinweise auf Motivationen, Erwartungen, Zielvorstellungen, Gegebenheiten, die für die Konzeption und den Gang der Arbeit von Bedeutung waren.»* [5]

Im Vorwort (Abb. 3) erwähnen wir auch, wer uns persönlich, fachlich oder finanziell unterstützt hat. Es ist ein gesonderter und fakultativer Teil des Berichtes, wir unterzeichnen und datieren es deshalb.

Inhalte Vorwort
• Persönliche Motive
• Persönliche Ziele
• Persönliche Erfahrungen
• Persönlicher Dank
Signatur und Datierung

Abbildung 3
Fakultatives
Vorwort mit
Persönlichem

---

[5] Poenicke, Wie verfasst man wissenschaftliche Arbeiten, S. 108 f.

3.4 Inhaltsverzeichnis und Abkürzungsverzeichnis

Mit dem Inhaltsverzeichnis vermitteln wir einen Überblick über den Bericht. Gemeinsam mit der Zusammenfassung ist es den eiligen Lesenden eine wesentliche Orientierungshilfe. Wir formulieren deshalb die Kapitelüberschriften möglichst genau. Wir schreiben also nicht *Hauptteil* oder *Problemanalyse* oder *Problemlösung* als Titel, sondern wir wählen immer sprechende Titel, die auf den Inhalt eines Kapitels verweisen.

Das Inhaltsverzeichnis erfasst alle Gliederungsteile, die ihm folgen. Die Zusammenfassung, der «Abstract» und eine allfällige Widmung oder ein Vorwort sind nicht im Inhaltsverzeichnis aufgeführt und natürlich braucht sich das Inhaltsverzeichnis auch nicht selbst zu lokalisieren.

Abkürzungen, die über das Laien- bzw. Fachverständnis hinausgehen und sich den Lesenden nur mit einem Schlüssel erklären, verwenden wir nur in zwingenden Fällen. Wir setzen vor allem dann Abkürzungen ein, wenn häufig wiederkehrende Namen, Begriffe und Wendungen in ihrer vollen Form schwerfällig wirken und den Fluss des Textes stören.

Ein Anwärter für eine Abkürzung ist beispielsweise der lange und umständliche Ausdruck *Mehrstrahlflügelradzähler*, welcher einen Wassermesser bezeichnet. Verwenden wir hier eine Abkürzung, beispielsweise *MFZ*, gewinnt der Ausdruck zwar an Prägnanz, verliert aber seine ursprüngliche Anschaulichkeit. Von einem *Mehrstrahlflügelradzähler* machen wir uns leichter eine Vorstellung als von einem *MFZ*. Nur wenn der Ausdruck sehr häufig, mehrmals auf einer Seite, wiederholt wird, ziehen wir deshalb eine Abkürzung in Betracht.

> *«Als eine besondere Variante der Abkürzungen lassen sich mathematischtechnische Formelzeichen ansehen. DIN 1304 legt die bevorzugt zu benutzenden Formelzeichen fest. Da die Zeichengebung aber variieren kann, empfiehlt es sich, insbesondere bei umfangreicheren wissenschaftlichen Arbeiten eine Liste der benutzten Formelzeichen zu erstellen.»*[6]

Wenn wir ohne Abkürzungen nicht auskommen, erklären wir sie in einem Abkürzungsverzeichnis. Dieses Verzeichnis fügen wir nach dem Inhaltsverzeichnis an. Die Lesenden sind so von Anfang an über Wortbedeutungen informiert.

3.5 Einleitung

In diesem Handbuch findet sich zu jedem Thema eine Einleitung. Alle Einleitungen sind gemäss dem folgenden Schema (Abb. 4) gegliedert:
- Schlüsselbegriffe (Hinführen zum Thema),
- Fragestellung / Problemstellung,
- Zielformulierung,
- Einordnen im Umfeld anderer Literatur zum Thema / Hinweis auf Quellen,
- Konzepterläuterung.

---

[6] Poenicke, Wie verfasst man wissenschaftliche Arbeiten, S. 111.

Einleitung: Lesende an den Bericht heranführen	Schlusswort: Ergebnisse zusammenfassen
• Schlüsselbegriffe einführen	
• Problemstellung, Fragen formulieren (bei Studienarbeiten in den Worten des Autors; der Autorin)	→ **Lösungen**
• Ziele definieren, Lösungsbereich eingrenzen	
• Konzept des Hauptteils erläutern, evtl. begründen	

Abbildung 4
Einleitung und
Schlusswort
lassen sich
zusammen lesen
– sie korrespon-
dieren

Wir führen Lesende zu einem Thema hin, indem wir Schlüsselbegriffe einführen. Dazu definieren wir kurz die für die Arbeit zentralen Begriffe, grenzen sie gegen andere Begriffe ab oder ordnen sie in ein Begriffssystem ein. Vgl. dazu auch die Ausführungen und Beispiele zur Einleitung im Kapitel «Präsentation». Sind umfangreichere Erläuterungen zu Begriffen nötig, platzieren wir diese im Hauptteil.

Die Einleitung enthält eine klare Fragestellung. Wenn wir ein Thema erarbeiten, dann gehen wir immer von Fragen aus. Angenommen, wir schreiben einen Bericht über die Herstellung eines Produktes, dann fragen wir uns sicher zu Beginn der Arbeit: *Wie wird das Produkt hergestellt? Aus was besteht es? Wozu dient es? Gibt es eine Produktfamilie, gibt es Zweigprodukte?* Haben wir auf alle Fragen Antworten gefunden, dann kehren wir beim Abfassen des Berichtes für die Leserinnen und Leser wieder an den Ausgangspunkt, zu den Fragen, zurück.

Ein Bericht entwickelt sich für die Lesenden immer von einer Problemstellung in der Einleitung über die Problemanalyse im Hauptteil zur pointiert formulierten Problemlösung im Schlusswort.

Wenn die Fragestellung vorgegeben ist, beispielsweise bei einer Semester- oder Diplomarbeit, dann formulieren wir sie in der Einleitung klar und einfach in eigenen Worten.

Meist müssen wir Nah- und Fernziele, Haupt- und Nebenziele bestimmen, den Problemlösungsbereich ein- und abgrenzen oder das Problem in einen grösseren Zusammenhang einordnen. In all diesen Fällen müssen wir unseren Leserinnen und Lesern Klarheit über das Ziel des Berichtes verschaffen.

Wir sollten in einem Bericht wichtige Schriften (Bücher, Artikel aus Fachjournalen, Internetartikel, Lehrmittel), mit denen wir gearbeitet haben und die von ganz besonderer Bedeutung für das Thema sind, erwähnen. Dadurch offenbaren wir einerseits unsere Informationsquellen und ordnen andrerseits unseren Bericht im Umfeld der Literatur zum Thema ein.

Die Einleitung befasst sich schliesslich mit dem Vorgehen, das wir für die Analyse eines Problems gewählt haben. Dabei erläutern wir kurz das Konzept des Hauptteils. Wir beantworten also die Frage: Wie ist der Hauptteil meines Berichtes gegliedert? Möglicherweise ist es auch sinnvoll oder nötig, die gewählte Struktur zu begründen.

3.6 Hauptteil

Der Hauptteil unterliegt einer themenspezifischen und individuellen Prägung. Jedes Problem erfordert eine spezielle Behandlung und jede Person wird ein Problem anders angehen, deshalb kann ich hier keine allgemein verbindlichen Regeln vermitteln. **Es ist Aufgabe der Autorin, des Autors, eine vernünftige und angemessene Gliederung zu finden.** Eine Gliederung ist dann vernünftig, wenn Lesende sie leicht nachvollziehen können. Angemessen ist eine Gliederung, die einen Text in etwa gleich grosse Teile portioniert. Vgl. dazu das Grundlagenkapitel «Wort, Satz, Text». Darin finden Sie auch Erläuterungen zu den klassischen Ordnungsstrukturen:

* thematische Ordnung,
* chronologische Ordnung,
* problemorientierte Ordnung,
* argumentative Ordnung.

Im Hauptteil können wir auch auf Hilfsmittel und Methoden eingehen, die wir brauchen, um Probleme zu analysieren. Wir können z. B. Versuchsanordnungen, Maschinen, Apparate, Verfahrenstechniken beschreiben.

3.7 Schlusswort

Am Schluss fassen wir die Ergebnisse, die wir vorher in Einzelschritten gewonnen haben, pointiert zusammen. Statt *Schlusswort* wird oft der Titel *Ergebnisse* gesetzt.

Wir geben am Schluss eine pointierte Antwort auf die Ausgangsfrage(n) in der Einleitung, dadurch entsteht ein Zusammenhang zwischen Problemstellung und Problemlösung. Einleitung und Schlusswort lassen sich zusammen lesen, sie korrespondieren (Abb. 4)

Ein Schlusswort enthält Wiederholungen aus dem Hauptteil, allerdings konzentriert es nur noch das Wichtigste. Am einfachsten ist es, wie gesagt, wenn wir als Schreibende zu unseren in der Einleitung gestellten Fragen zurückkehren und diese knapp, thesenartig beantworten.

Wir können im Schlusswort ausserdem unerledigte Fragen anführen und auf neue oder weiterführende Fragen hinweisen.

Nicht ins Schlusswort gehören persönliche Kommentare und wertende Bemerkungen. Diese finden einzig im Vorwort Platz. Wir halten also im Schlusswort sachlich, objektiv und prägnant die Ergebnisse fest.

Auch in diesem Buch findet sich am Ende jedes Kapitels ein Schlusswort, betitelt als *Ergebnisse*. Es fasst Hauptresultate prägnant zusammen.

3.8 Quellenangaben

Funktion von Quellenangaben

Quellenangaben dienen dazu,

- offen zu legen, woher das dargebotene Wissen stammt, und es damit überprüfbar zu machen,
- Art und Anzahl der Quellen, die der eigenen Arbeit zu Grunde liegen und damit deren Verankerung im bisher geschaffenen Wissen zu zeigen,
- fremdes Material (Wissen, Ideen, Gedanken) von eigenem Material zu trennen,
- Urheberrechte anzuerkennen (fremdes Material) und neue Urheberrechte (eigenes Material) zu begründen.

Die Quellenangaben in einem Bericht führen somit zu der nötigen Transparenz im Prozess der Konstruktion von Wissen. Und dies bildet die Voraussetzung, um stets wieder neues (und besseres) Wissen zu schaffen.

Um diese Funktionen zu erfüllen müssen Quellen greifbar sein. Besonders sinnvoll ist deshalb der Bezug auf verfügbare Quellen: nicht vergriffene Bücher, archivierte Zeitungen und Zeitschriften, stabile Internetseiten, aufgezeichnete Ton- und Bildaufnahmen sowie öffentlich zugängliches Archivmaterial. Trotzdem können – und müssen – wir je nach Kontext auch mit so genannt flüchtigen Quellen arbeiten. Dies sind insbesondere mündliche Quellen: Interviews, Referate, Gespräche, Telefonate oder Vorlesungen. Sie lassen sich wie schriftliche Quellen zitieren, falls sie einer seriösen Urheberschaft entstammen und insbesondere dann, wenn schriftliche Aufzeichnungen bestehen.

Neben der Verfügbarkeit spielt die Seriosität einer Quelle eine Hauptrolle. Nicht jede Internetseite und jede Gesprächspartnerin ist eine seriöse Quelle. Bücher und Beiträge für Zeitschriften und Zeitungen durchlaufen meist ein Prüfverfahren und gelten deshalb als seriös. Internetplattformen von seriösen Institutionen wie zum Beispiel von Hochschulen, Ämtern und auch vielen Firmen gelten ebenfalls meist als glaubwürdige Quellen. Dies trifft auch auf mündliche Quellen zu, die sich seriösen Institutionen zuordnen lassen: ausgewiesene Expertinnen und Experten sowie Repräsentierende von Institutionen. Einer beliebigen Privatperson oder einer unbekannten Institution dagegen sollten wir mit Vorsicht begegnen und die Quelle auf jeden Fall überprüfen: Existieren die Personen oder Körperschaften tatsächlich, was für Qualifikationen, welche Legitimation haben sie, legen sie ihre Informationsquellen offen, verfügen sie über Spezialkenntnisse? – das können Fragen an solche Quellen sein. Anonyme Quellen, die keiner benennbaren und existierenden Person oder Körperschaft zuzordnen sind, sind nicht zitierbar.

Theoretisch kann also fast alles eine Quelle sein und ist zitierbar. Praktisch macht der Bezug auf Quellen aber nur Sinn, wenn die Quellen verfügbar und seriös sind.

Form von Quellenangaben

Quellenangaben erfolgen doppelt. Erstens findet sich eine Quellenangabe dort, wo auf die Quelle im Text Bezug genommen wird (vgl. dazu weiter unten und Abb. 8). Zweitens findet sich die Quellenangabe im Quellenverzeichnis am Schluss einer Arbeit. Das Quellenverzeichnis am Schluss stellt alle Quellenhinweise aus einer Arbeit alphabetisch geordnet (nach den Urhebern der Quellen) zusammen. Es enthält ausschliesslich Quellen, auf die in der Arbeit explizit Bezug genommen ist.

Häufig ist statt vom Quellenverzeichnis auch vom Literaturverzeichnis die Rede. Manchmal werden Quellen (sogenannte Primärquellen) und Literatur (auch als Sekundärliteratur bezeichnet) unterschieden und mehrere Verzeichnisse gebildet. Dies macht zum Beispiel in der Literaturwissenschaft Sinn, bei der Primärquellen (die literarischen Werke) und Sekundärliteratur (Literatur über literarische Werke) existieren.

Quellenangaben geben immer Auskunft über Urheber, Urheberin und Inhalt der Quelle sowie geografische und zeitliche Verortung einer Quelle. Mehr dazu unter «Inhalt von Quellenangaben».

Beim Gestalten von Quellenangaben gibt es verschiedene Varianten. Oft pflegen einzelne Wissenschaften Traditionen. So kann sich zum Beispiel die Anordnung der Angaben unterscheiden. Bei Arbeiten zur Wirtschaftswissenschaft zum Beispiel folgt das Publikationsdatum in runden Klammern nach dem Autorennamen, bei historischen Abhandlungen dagegen erscheint das Datum am Schluss. Auch können zum Beispiel Titel oder Zeitschriftenbezeichnungen kursiv gesetzt werden oder die einzelnen Angaben in einem Quellenverweis lassen sich mit Punkten, Kommas, Schrägstrichen oder anderen Satzzeichen von einander abgrenzen. Folgen Sie der Tradition Ihrer Wissenschaft und gestalten Sie stets konsequent. Behalten Sie also ein einmal gewähltes Muster für eine Arbeit durchgehend bei.

Inhalt von Quellenangaben

Der Inhalt einer Quellenangabe soll die einwandfreie Identifikation einer Quelle ermöglichen. Dazu informiert die Quellenangabe über die vier Grundelemente: Urheber bzw. Urheberin, Titel, Ort und Datum (Abb. 5).

Abbildung 5
Grundelemente
von Quellenangaben

Wer?	Was?	Wo?	Wann?
Urheber, Urheberin (Person oder Körperschaft)	Titel, Untertitel, Reihentitel, Seitentitel	Geografischer Ort, eine Zeitung / Zeitschrift, eine Internetadresse, ein Archiv	Datum einer Publikation, einer Performance, einer Neuauflage oder Aktualisierung

Obwohl das Schema Wer-Was-Wo-Wann bei kaum einer Quellenart durchbrochen wird, unterscheiden sich Quellenhinweise je nach Art der Quelle

160

beträchtlich. Orte sind nicht immer geografischer Natur und bei unselbständigen Quellen verdoppeln sich Angaben. Im folgenden sind deshalb die Angaben zu den häufigsten Quellenarten aufgelistet und in Abbildung 6 finden sich Beispiele dazu.

Zu den **Angaben bei Büchern** gehören:
- Name des Autors / der Autorin
- Titel und Untertitel des Buches, eventuell zusätzlich auch der Reihentitel oder die Bandnummer
- Erscheinungsort (im Impressum genannte Stadt / Städte) und Verlag,
- Erscheinungsjahr
- Auflage (ab der 2. Auflage) sowie alle Hinweise zur Auflage (erweiterte, überarbeitete ...)

Zu den **Angaben bei Buchteilen** unterschiedlicher Autorinnen und Autoren, sogenannt *unselbständig erschienenen Quellen*, gehören:
- Name des Autors / der Autorin
- Titel des Buchteils (Kapitels oder Aufsatzes)
- Name der Herausgeberin / des Herausgebers
- Titel und Untertitel des Buches, eventuell zusätzlich auch der Reihentitel oder die Bandnummer.
- Erscheinungsort (im Impressum genannte Stadt / Städte) und Verlag
- Erscheinungsjahr
- Auflage (ab der 2. Auflage) sowie alle Hinweise zur Auflage *(erweiterte, überarbeitete ...)*
- Seitenzahlen des Buchteils

Zu den **Angaben bei Artikeln aus Zeitungen und Zeitschriften**, ebenfalls unselbständig erschienenen Quellen, gehören:
- Name des Autors / der Autorin
- Titel des Artikels
- Zeitung, Zeitschrift (= Ort)
- Erscheinungsdatum (bei Zeitungen Tag / Monat / Jahr, bei Zeitschriften Nummer / Jahr)
- Seitenzahlen des Artikels

Internetseiten bibliografieren wir ähnlich wie Bücher:
- Name des Autors / der Autorin, der verantwortlichen Institution oder Firma
- Seitentitel
- Exakte Internetadresse (= Ort)
- Letztes Aktualisierungsdatum
- In Klammern: das Abrufdatum

Online-Zeitungen und **elektronische Zeitschriften** bibliografieren wir wie Papierprodukte. Mit dem Unterschied: Es gibt zwei Orte (die Zeitung, Zeitschrift plus die Internetadresse) sowie zwei Daten (das Publikations- plus das Abrufdatum):

- Name des Autors/der Autorin
- Titel des Artikels
- Name der Zeitung, Zeitschrift
- Erscheinungsdatum (bei Zeitungen Tag/Monat/Jahr, bei Zeitschriften Nummer/Jahr)
- Exakte Internetadresse
- Abrufdatum

Bei **mündlichen Quellen** gehen wir nach demselben Muster vor wie bei schriftlichen und beginnen mit dem Urheber, der Urheberin der Aussagen:

- Name und Funktion des Interviewpartners/der Interviewpartnerin,
- Titel des Interviews,
- Exakte Angaben zum Ort des Interviews oder ein Hinweis, dass es sich um ein Telefoninterview handelt,
- Exakte Angaben zum Zeitpunkt des Interviews (Uhrzeit/Tag/Monat/Jahr).

Wissenschaftliche Arbeiten können die Funktionalität einer mündlichen Quelle durch ein Protokoll im Anhang erhöhen. Ist das Gespräch schriftlich festgehalten, lässt es sich besser überprüfen, verstehen und fortsetzen.

Bildquellen können Skizzen in Sachbüchern, Fotografien in Zeitungen und weitere Visualisierungen sein. Genau gleich wie bei Textquellen gilt auch für Bildquellen: Sie sind immer nachzuweisen. Auch Bilder, Skizzen und Fotografien sind urheberrechtlich geschützt, und wir dürfen sie deshalb nur mit gutem Grund und unter Angabe der Quelle verwenden. Bildquellen sind immer unselbständig erschienene Quellen. Das heisst, die Bildquelle befindet sich in einer anderen Quelle: einem Buch, einer Internetseite, einer Zeitung, einem Archiv. Deshalb gilt es zunächst den Urheber der Bildquelle und dann den Fundort mit sämtlichen Angaben festzuhalten:

- Name des Urhebers/der Urheberin,
- Originaler Bildtitel,
- Fundort (eine Buch, eine Internetseite, eine Zeitung, ein Archiv) – je nach Fundort bibliografieren wir dann Urheber, Titel, Ort und Datum des Buches, der Internetseite, des Zeitungsberichtes. Zu den Archivquellen vgl. unten.

Ein Bildquellenverzeichnis kann ein Literaturverzeichnis ergänzen. Die Bild- und Textquellen lassen sich aber auch in einem gemischten Verzeichnis festhalten.

Archivquellen enthalten nicht publizierte, aber zugängliche Quellen. Manche Archive wie zum Beispiel Stadt- oder Staatsarchive sind frei zugänglich, andere Archive bedürfen spezieller Bewilligungen. Manche Handschriftensammlungen zum Beispiel sind nur für Studierende, die ein berechtigtes Interesse nachweisen können, zugänglich. Für Archivquellen gilt dasselbe wie für andere Quellen. Sie sind stets nachzuweisen, und zwar so, dass sie auffindbar sind:

- Bezeichnung der Quelle, falls möglich Datierung der Quelle,
- Aufbewahrungsort der Quelle (Name des Archivs, Archivierungsbezeichnung der Quelle).

3.9 Anhang

Umfangreiche Materialien und Unterlagen, die wir zur Durchführung der Arbeit verwendet haben und die für den Nachvollzug der Resultate wichtig sind, fügen wir im Anhang dem Bericht bei. Im Hauptteil des Berichtes würden sie den Überblick erschweren.

Der Anhang soll jedoch keine Informationen enthalten, die zum Verständnis des Berichtes unbedingt notwendig sind. Diese stehen im Bericht selbst.

In den Anhang gehören beispielsweise Detailschemata, Messprotokolle und Statistiken, die wir ausgewertet haben und im Bericht interpretieren. Auch Datenblätter und Konstruktionsskizzen integrieren wir im Anhang, sofern sie für das Verständnis des Berichtes nicht unbedingt erforderlich sind.

Im Fall von umfangreichem Begleitmaterial gliedern wir den Anhang und führen im Inhaltsverzeichnis die einzelnen Bestandteile auf.

Abbildung 6
Beispiele zu
Hinweisen
auf verschie-
denartige
Quellen

Quellenart	Wer?	Was?	Wo?	Wann?
Buch (selbständige Quelle)	Pratchett, Terry	The Colour of Magic. The first Discworld Novel,	London: Transworld Publishers	1985
Buchteil (unselbständige Quelle)	Göldi, Susan	Projektorientierter Kommunikationsunterricht	in: Pfäffli, Brigitta und Herren, Dominique A. (Hg.); Praxisbezogen Lehren an Hochschulen, Bern: Haupt, S. 85–92	2006
Artikel aus Zeitung oder Zeitschrift (unselbständige Quelle)	Schöchli, Hansueli	Grossbanken halten die Stellung. Die neuste Rangliste der attraktivsten Arbeitgeber für angehende Schweizer Hochschulabsolventen	in: Der Bund, Seite 11	12. März 2008
Internetseite (selbständige Quelle)	Bundesversammlung der Schweizerischen Eidgenossenschaft	Bundesgesetz über das Urheberrecht und verwandte Schutzrechte 231.1 vom 9. Oktober 1992	www.admin.ch/ch/d/sr/2/231.1.de.pdf	Stand am 13. Juni 2006 [abgerufen am 20. März 2008]
Artikel aus Online-Zeitung oder elektronischer Zeitschrift (unselbständige Quelle)	Schlatterer, Christina	Insulin und Gewicht	in: Neue Zürcher Zeitung, www.nzz.global.ch, B2	26. März 2008 [abgerufen am 26. März 2008]
Mündliche Aussagen (unveröffentlichte Quelle)	Bigler, Jean Marc, Professor für Ethik an der Haute Ecole specialisée de Suisse occidentale	Ethik als Aufgabe von Körperschaften. Ein Gespräch über Ethik mit Susan Göldi	Fachhochschule Nordwestschweiz in Olten	13. März 2008, 14–16 Uhr
Bildmaterial (unselbständige Quelle)	Franquin, André und Greg	Spirou und Fantasio. Der Plan des Zyklopen	in: Franquin und Greg; Spirou und Fantasio, Comic Bibliothek Band 5, Augsburg: Weltbild, [Nachdruck], übersetzt von Peter Müller, S. 95	2005
Archivmaterial (unveröffentlichte Quelle)	Bezirksgericht Zürich	Strafsachen. Ausgewählte Akten in Strafsachen, Akten 1.–5. Abteilung 1913–1915	Staatsarchiv Zürich B XII Zch 6421.82–95	

4 Stilistische Merkmale leicht verständlicher Berichte

Ich wiederhole im Folgenden kurz wichtige grammatikalische und stilistische Merkmale leicht verständlicher Texte (Abb. 7), vgl. dazu das Grundlagen-Kapitel «Wort, Satz, Text».

4.1 Wortwahl, Satzbau und Textgliederung

Wir passen die Wortwahl dem Publikum an. Bei einem Laienpublikum vermeiden wir Fachausdrücke. Wenn sie unvermeidbar sind, erklären wir sie.

Anschauliche Wörter, Vergleiche und präzise Bezeichnungen erhöhen die Verständlichkeit.

Worte	• Verständlich oder erklärt • Anschaulich und genau • Dynamische Verben
Sätze	• Max. 25 Wörter • Genaue Bindewörter und Bezüge • Aktiv statt Passiv
Texte	• Gegliedert • Gestaltet • Zusammenhängend

Abbildung 7
Sprache im wissenschaftlichen Bericht

Haben wir ein präzises und lesefreundliches Wort gefunden, dann verwenden wir dieses Wort konsequent. Vergessen Sie die alte Regel: *Mehrmals das gleiche Wort verwenden, ist unschön.* Und folgen Sie mit Rechenberg dem Grundsatz: *«Für eine Sache nur ein Wort benutzen.»*[7]

Einen Satz mit bis zu 25 Wörtern können unsere Leserinnen und Leser rasch verarbeiten. Sätze mit mehr Wörtern kürzen wir. Viele Kurzsätze sind ebenso zu vermeiden wie Langsätze.

Die Sätze hängen logisch zusammen. Bindewörter wie *und, oder, deshalb* stellen Zusammenhänge zwischen den Sätzen her. Wir verzichten deshalb auf Stichwortsammlungen. Stichwortlisten schrecken Leserinnen und Leser ab. Sie signalisieren nämlich: *Reim dir selber einen Sinn zusammen!* – und das bedeutet Arbeit.

Bezüge zwischen Fürwörtern und Bezugswörtern sollen immer unmissverständlich klar sein.

Die Texte sind logisch gegliedert. Angemessene Gestaltungselemente machen die Gliederung transparent.

Jeder Abschnitt bildet eine Gedankeneinheit. Ein neuer Gedanke erfordert deshalb einen neuen Abschnitt.

---

[7] Rechenberg, Peter, Technisches Schreiben, München und Wien: Hauser, 2002, S. 21.

4.2 Aktiv dynamischer Verbalstil

Wir verwenden viele Verben und drücken Handlungen immer durch Verben aus.

Nominal: Die Bedienung der Maus durch die Hand ist einfach.
Verbal: Die Hand bedient die Maus mühelos.

Wir vermeiden Passivkonstruktionen und verwenden oft den Aktiv.

Passiv: Die Maus wird durch die Hand bedient.
Aktiv: Die Hand bedient die Maus.

Trotz der Forderung sachlich und neutral zu berichten, können Sie die Ich-Form benützen oder auch auf Sie- oder Wir-Formulierungen ausweichen.[8] Die Ich-Form / Sie-Form / Wir-Form ist umständlichen und ungenauen Umschreibungen immer vorzuziehen.

Ich-Form: Ich bediene die Maus mit der Hand.
Sie-Form: Bedienen Sie die Maus mit der Hand.
Wir-Form: Wir bedienen die Maus mit der Hand.

Wir bevorzugen auch dynamische Verben und vermeiden statische Verben.

Statisch: Die Maus befindet sich / steht / ist mit dem Cursor in Verbindung.
Dynamisch: Die Maus bewegt / steuert / dirigiert den Cursor.

---

[8] Dies hält Poenicke, Wie verfasst man wissenschaftliche Arbeiten? S. 114, ausdrücklich fest.

166

5 Gestaltung von Berichten

5.1 Gestaltungselemente und Layout

Wir heben mit Schriftart, Schriftgrösse, Schriftbreite, Schriftschräge und durch das Einrücken von Zeilen hervor. Hervorhebungen sollen Übersicht und Verständnis erleichtern und nicht verwirren. Deshalb gilt: Wir gestalten konsequent. Wir bleiben bei einem einmal gewählten Gestaltungselement und setzen so wenig Gestaltungselemente wie möglich und nur so viele wie nötig ein. Grundsätzlich gilt auch hier: Weniger ist mehr!

Das Dezimalsystem eignet sich gut, um die Struktur des Berichtes deutlich zu machen.

Viele randvolle, dicht beschriebene und klein bedruckte Seiten schrecken Leserinnen und Leser ab. Wir wählen deshalb eine angenehme Schriftgrösse und eine gut lesbare Schriftart sowie einen angemessenen Zeilenabstand und lassen an den Seitenrändern genügend Platz. Für verbindliche Angaben zu Zeilenlänge, Zeilenzahl, Abstände und Schriftgrössen vgl. die DIN-Norm 1422, Teil 3, welche die Standards für typografische Gestaltung für Veröffentlichungen aus Wissenschaft, Technik, Wirtschaft und Verwaltung definiert.

Die Seiten nummerieren wir fortlaufend entweder in der Kopf- oder der Fusszeile. Kopf- und Fusszeilen können auch weitere Informationen wie Angaben zum Autor, Titel, Ort, Datum, zur Institution oder Version enthalten. Auch Kopf- und Fusszeilen sollten wir nicht überfrachten und uns gut überlegen, welche Angaben auf jeder Seite vorhanden sein müssen.

Wir arbeiten mit Formatvorlagen, definieren alle Textteile und Titel und generieren automatische Verzeichnisse. Dies garantiert uns eine einheitliche und flexible Gestaltung.

5.2 Zitieren

Schreiben wir in einem Buch oder Journal etwas ab, verwenden wir Textteile oder Bilder aus Internetseiten, teilen wir dies den Lesenden immer mit.

Wenn wir wörtlich abschreiben (zitieren), dann müssen wir das Abgeschriebene (einzelne Wörter, ganze Sätze oder Texte) in Anführungs- und Schlusszeichen setzen und auf die Quelle hinweisen. Zitate sind immer genau. Wir zeigen durch eckige Klammern mit drei Punkten an, wenn wir etwas auslassen. Wenn wir etwas zu einem Zitat hinzufügen, steht der Zusatz ebenfalls in eckigen Klammern.

Abbildung 8
Vier Varianten,
um Zitate und
Quellen zu
verknüpfen

Verweisart	Beispiel	Bewertung
Kurzverweis im Text	« ... Zitat ...» (Meier 2009, S. 95)	Verbreitet
Verweis über Fussnoten am Seitenende	« ... Zitat ...»[5] ―――――― [5]Meier, Wirtschaftsspionage, S. 95.	Lesefreundlich
Verweis über Zahlen auf ein nummeriertes Quellenverzeichnis	« ... Zitat ...» (9, S. 95) Literaturverzeichnis (1) ... (9) Meier, André; Wirtschaftsspionage, München 2009.	Schlank
Verweis über Zahlen auf einen nummerierten Anhang	« ... Zitat ...» (18) Anhang ... 18. Meier, André; Wirtschaftsspionage, München 2009, S. 95.	Veraltet

Wenn wir nicht wörtlich, aber sinngemäss abschreiben (paraphrasieren), dann setzen wir keine Anführungs- und Schlusszeichen, nennen aber gleichwohl an Ort und Stelle die Quelle (Abb. 8).

Verwenden wir Bilder, Grafiken oder Tabellen, weisen wir ebenfalls entweder an Ort und Stelle oder in einem Verzeichnis mit Bildquellen darauf hin, woher die Bilder stammen.

Wie sieht ein Quellenverweis aus?

- Verbreitet ist der Quellenverweis in Klammern im Text als Kurzverweis (Autor, Datum, Seitenzahl).
- Wir können auf die Quelle verweisen, indem wir in einer Fussnote die Angabe platzieren, wo wir abgeschrieben haben (Autorin / Autor, Volltitel oder Kurztitel, Seitenzahl).
- Wir können die Zitate auch nummerieren und im Anhang die Quellen angeben.
- Schliesslich können wir auch die Literaturangaben nummerieren und die Nummer am Ende des Zitates in Klammern anfügen.
- Bildquellen können auch in der Bildlegende, meist in Klammern gesetzt, enthalten sein.

Zu einer wahrheitsgetreuen Darstellung gehört die Unterscheidung zwischen eigenen Worten und Gedanken und den Worten und Gedanken anderer. Deshalb ist es nicht statthaft, Zitate und Paraphrasen ohne Kennzeichnung und ohne Quellenverweis zu verwenden.

Zudem schützt das Urheberrecht das geschriebene Wort, Skizzen, Fotografien und einiges mehr. Der Artikel 2 des Urheberrechtsgesetzes definiert unter anderem als geschützte Werke:

168

- «*a. literarische, wissenschaftliche und andere Sprachwerke*»,
- «*d. Werke mit wissenschaftlichem oder technischem Inhalt wie Zeichnungen, Pläne, Karten ...*»,
- «*g. fotografische, filmische und andere visuelle oder audiovisuelle Werke*»[9].

Das Kopieren von Texten und Abbildungen ohne Quellenangabe ist somit nicht nur unehrenhaft, sondern auch verboten. Auf Antrag Geschädigter droht für Urheberrechtsverletzungen gemäss Artikel 67 des Urheberrechtsgesetzes Gefängnis bis zu einem Jahr oder Busse. Gemäss Artikel 25 desselben Gesetzes dürfen wir lediglich einen markierten Auszug aus einer Quelle mit einem Quellenverweis übernehmen, wenn dies sachlich gerechtfertigt ist. Ein Zitat rechtfertigt sich, wenn es «*zur Erläuterung, als Hinweis oder zur Veranschaulichung*»[10] eines Sachverhaltes dient. Meist sind Zitate kurz und reichen von einem Wort bis zu einigen Textzeilen bzw. übernehmen einzelne Abbildungsteile oder einzelne Abbildungen. Nur in seltenen Fällen zitieren wir ganze Texte. Grössere Zitate machen zum Beispiel im Zusammenhang mit einer Textanalyse Sinn. Sonst verbietet sich das Kopieren in wissenschaftlichen Arbeiten.

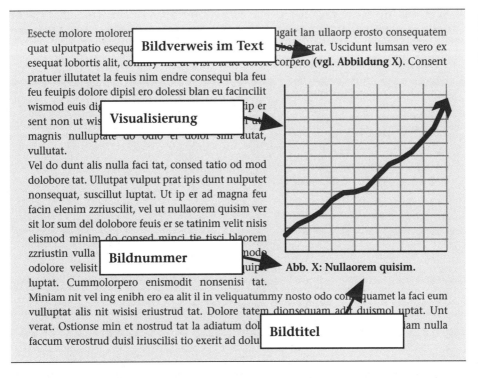

Abbildung 9
Integration von
Visualisierungen
in Berichte

---

[9] Bundesversammlung der Schweizerischen Eidgenossenschaft; Bundesgesetz über das Urheberrecht und verwandte Schutzrechte 231.1 vom 9. Oktober 1992 (Stand am 13. Juni 2006), www.admin.ch/ch/d/sr/2/231.1.de.pdf [abgerufen am 20. März 2008], S. 1.

[10] Ebenda, Artikel 25, S. 8.

5.3 Visualisierungen

Wir berücksichtigen drei Regeln, wenn wir Visualisierungen einsetzen (Abb. 9):

- **Wir nummerieren alle Bilder, Skizzen, Fotos, Tabellen und Schemata im Text fortlaufend.** Wollen wir viele Visualisierungen integrieren, nehmen wir die Nummerierung nach den einzelnen Kapiteln vor, *Abb 2.4–7* bedeutet beispielsweise 7. Bild im Kapitel 2.4. Oder wir bilden Visualisierungskategorien: Grafik 1–x, Tabelle 1–x, Abbildung 1–x.

- **Zu jeder Veranschaulichung gehört eine Bildlegende.** Die Bildlegende sagt in Worten, was die Veranschaulichung visualisiert. Warum ein Bildlegende? *Ein Bild sagt mehr als tausend Worte* – gerade das wollen wir in einer sachlichen Abhandlung vermeiden. Wir streben im Bericht grösstmögliche Eindeutigkeit und Klarheit an und verlassen uns deshalb lieber auf präzise Wörter, klare Sätze und eindeutige Texte.

  Ausserdem vermitteln Bilder dem eiligen Leser und der eiligen Leserin auch einen ersten Eindruck. Die Lesenden sollen bei der raschen Durchsicht aussagekräftige und formal korrekte Visualisierungen antreffen.

- Schliesslich gilt: Wir verwenden ausschliesslich Darstellungen, auf die wir uns im Text beziehen. Die Funktion von Visualisierungen besteht immer darin, den Text verständlicher, überzeugender oder attraktiver zu gestalten. Bildliche Darstellungen unterstützen das Wort, aber sie ersetzen es nicht.

6 Ergebnisse

Der Bericht informiert sachlich, objektiv, wahrheitsgetreu und prägnant. Eine Publikumsanalyse ermöglicht eine publikumsspezifische Informationsauswahl, Wortwahl und Zielsetzung.

Der Vorspann enthält ein informatives Titelblatt, eine kurze Zusammenfassung des Inhaltes, eventuell eine Widmung oder ein Vorwort sowie ein Inhaltsverzeichnis mit aussagekräftigen Titeln. Die Einleitung führt über Schlüsselbegriffe, Problemstellung, Zielformulierung, Positionierung und Konzepterläuterung zum sinnvoll gegliederten Hauptteil. Das Schlusswort fasst Ergebnisse pointiert zusammen. Der Nachspann enthält Verzeichnisse und einen Anhang. Im Literaturverzeichnis verweisen wir auf alle unsere Informationsquellen. Literaturangaben sind informativ, vollständig und konsequent gestaltet. Der Anhang versammelt umfangreiche Materialien, die zum Verständnis des Hauptteils nicht unbedingt nötig, aber für ein Nachvollziehen aller Schritte wertvoll sind.

Wir schreiben leicht verständlich und attraktiv. Der aktiv-dynamische Verbalstil steigert die leichte Lesbarkeit.

Zitate und Paraphrasen kennzeichnen wir durch Verweise auf die Quellen, Zitate zusätzlich durch Anführungs- und Schlusszeichen.

Wir begleiten jede Visualisierung mit Nummer, Bildlegende und Text.

7 Literaturverzeichnis

- Bundesversammlung der Schweizerischen Eidgenossenschaft; Bundesgesetz über das Urheberrecht und verwandte Schutzrechte 231.1 vom 9. Oktober 1992 (Stand am 13. Juni 2006), www.admin.ch/ch/d/sr/2/231.1de.pdf (abgerufen am 20. März 2008).
- DIN Deutsches Institut für Normung (Hg.); DIN 1422, Veröffentlichungen aus Wissenschaft, Technik, Wirtschaft und Verwaltung, Teil 1–4, in: DIN-Taschenbuch, Publikation und Dokumentation 1, Gestaltung von Veröffentlichungen, Terminologische Grundsätze, Drucktechnik; hg. von DIN Deutsches Institut für Normung, Berlin, Köln: Beuth, 1989, 3. Aufl.
- Metzger, Christoph; Lern- und Arbeitsstrategien. Ein Fachbuch für Studierende an Fachhochschulen und Universitäten, Aarau: Sauerländer, 1996, S. 103–152.
- Poenicke, Klaus; Wie verfasst man wissenschaftliche Arbeiten? Ein Leitfaden vom ersten Studiensemester bis zur Promotion, Mannheim: Dudenverlag, 1988, 2. neu bearb. Aufl.
- Rechenberg, Peter; Technisches Schreiben, München und Wien: Hanser Verlag, 2002.
- Scheibe, Carsten; Vom Referat zur Dissertation. Textverarbeitung im Studium, München und Wien: Hanser Verlag, 1995.

8 Checkliste Berichte / Wissenschaftliches Arbeiten

Aufbau des Berichtes

- Das **Titelblatt** hebt Autor, Titel, Ort und Datum der Publikation hervor.
- Die **Zusammenfassung** erfasst den gesamten Inhalt (ca. ¼ Problemstellung, ¼ Problembehandlung, ½ Lösung).
- Das **Inhaltverzeichnis** ist übersichtlich und enthält aussagekräftige Titel.
- Ein allfälliges **Abkürzungsverzeichnis** ist vollständig.
- Die **Einleitung** enthält:
  - Erläuterungen zu Schlüsselbegriffen (= Heranführen ans Thema),
  - eine klare Problemstellung (z.B. in Form von Fragesätzen),
  - Zielformulierung / Abgrenzung,
  - Hinweise zu wichtigen Quellen und der Bedeutung des eigenen Berichtes (= Positionierung),
  - Angaben über das Vorgehen / den Aufbau des Berichtes (Konzepterläuterung).
- Der **Hauptteil** ist logisch (gemäss Standardstrukturen) und angemessen (etwa gleich grosse Kapitel) gegliedert.
- Der **Schluss** fasst Ergebnisse, die im Hauptteil Schritt für Schritt gewonnen wurden, zusammen.
- Die **Literaturangaben** sind vollständig und konsequent gestaltet.
- Der **Anhang** enthält allfällige Zusatzinformationen, ist gegliedert und übers Inhaltsverzeichnis zugänglich.

Sprache im Bericht

- **Worte** sind präzise gewählt (keine Oberbegriffe), verständlich bzw. erklärt. Sie stammen aus der Standardsprache.
- **Sätze** sind lesefreundlich (bis 25 Wörter, Standardstruktur, aktiv-dynamischer Verbalstil).
- **Texte** sind zusammenhängend (logische Strukturen, nötige Redundanz, klare Bezüge, präzise Bindewörter).

Visualisierung im Bericht

- Visualisierungen in Form von Grafiken, Tabellen, Skizzen, Fotografien ergänzen Berichte.
- Visualisierungen sind nummeriert, über die Nummer mit dem Text verknüpft und im Text erläutert (Visualisierungen ersetzen Texte nicht, sondern ergänzen sie).
- Zahlen sind visualisiert (Verhältnisse, Vergleiche und Trends statt isolierte Zahlen).
- Sinnvolle Visualisierungen unterstützen das Verständnis und lenken die Aufmerksamkeit auf Wichtiges.

2.3 Argumentation

Zusammenfassung

Wir betrachten Argumentationsmuster und Qualitätsmerkmale wirksamer Argumente, grenzen Argumentation gegen Manipulation ab und sehen uns den Aufbau dialektischer Argumentationen an. Interessante Argumentationsmuster bilden Konklusionen, induktive und deduktive Argumentation sowie 3-Elemente-Argumente. Wichtige Qualitätsmerkmale von Argumenten sind Vollständigkeit, Präzision, Anschaulichkeit, Relevanz, Logik und Einfachheit. Eine konstruktive Grundhaltung der Argumentationspartner und das Ziel jemanden zu überzeugen unterscheiden Argumentation von Manipulation. Manipulation zielt auf Vorteile für Manipulierende und bedient sich dazu Mitteln zur Täuschung. Dialektische Argumentationen setzen sich aus Pro- und Contra-Argumenten sowie einer Bewertung der Argumente und einer persönlichen Stellungnahme zusammen. Sie erörtern damit eine Position nachvollziehbar.

Inhaltsverzeichnis

1 Einleitung

Argumentation dient dazu, Ansichten zu vermitteln und Überzeugungen zu gewinnen. Argumente bestehen aus Behauptungen, Begründungen und Beweisen.

Wie argumentieren wir mit Erfolg? Gibt es Muster, an denen wir uns orientieren können? Gibt es Merkmale, die überzeugende Argumente kennzeichnen? Lässt sich Argumentation von bewusster Manipulation abgrenzen? Wie bauen wir eine Argumentation auf?

Durch die Auseinandersetzung mit diesen Fragen können Sie Ihre Meinung überzeugender vertreten und Argumente leichter analysieren und bewerten.

Die folgenden Ausführungen zu Argumentationsmustern und zum Aufbau von Argumentationen stellen traditionellen Lehrbuchstoff systematisch und teilweise vereinfacht dar. Qualitätskriterien ermittelte ich aus der wissenschaftlichen Fachliteratur. In Unterrichtsprojekten habe ich die Qualitätskriterien getestet und die Kriteriensammlung zusammengestellt.

Der Schwerpunkt in diesem Kapitel liegt auf einem Überblick über verschiedene Argumentationsmuster. Dann komme ich auf die Bewertung von Argumenten mittels objektiver Qualitätskriterien zu sprechen, grenze Argumentation gegen bewusste Manipulation ab und gehe schliesslich auf die Anordnung von Argumenten in der dialektischen Argumentation ein.

2 Argumentationsmuster

2.1 Prämissen und Konklusion

Weil Max ein Student ist und weil sich Studenten anstrengen, strengt sich auch Max an.

Stimmt das? Formulieren wir das Argument in unverbundenen Einzelsätzen, dann sehen wir, dass zwei Voraussetzungen (Prämissen) gegeben sind, aus denen sich ein logischer Schluss (eine Konklusion) folgern lässt.

Prämisse 1: *Max ist ein Student.*

Prämisse 2: *Studenten strengen sich an.*

Konklusion: *Max strengt sich an.*

Bei dieser logischen Folgerung findet ein Wahrheitstransfer statt. Sind die Prämissen wahr, ist auch die Konklusion wahr.

Sie stellen möglicherweise diese Prämissen in Frage und akzeptieren deshalb die Schlussfolgerung nicht. Vielleicht denken Sie:

Max ist nicht immer Student und nicht alle Studenten müssen sich anstrengen.

Deshalb ist es nicht sicher, dass auch Max sich anstrengt, und es ist nicht sicher, ob er sich immer anstrengt.

Diese Gegenargumente greifen die Gültigkeit der Prämissen für alle Subjekte und für jeden Zeitpunkt an. Gelten Prämissen nicht immer und für alle Subjekte, dann ist die Folgerung nicht zwingend.

Sehen wir uns ein Beispiel an, in dem zwar zwei wahre Prämissen und eine Konklusion vorhanden sind, in dem jedoch die Einschränkung auf *einige* Subjekte den logischen Schluss verhindert.

Wenn einige Pflanzen Fleischfresserinnen sind und einige Fleischfresserinnen Katzen sind, dann sind Pflanzen Katzen.[1]

Hier können wir *einige* nicht durch *alle* ersetzen, da wir so falsche Prämissen aufstellen würden. Nicht *alle* Pflanzen fressen Fleisch und nicht *alle* Fleischfresserinnen sind Katzen, deshalb sind Katzen nicht zwingend Pflanzen.

Im folgenden Beispiel hingegen sind nicht nur zwei wahre Prämissen und eine Konklusion vorhanden, sondern auch die Forderung nach allgemeiner Gültigkeit ist erfüllt, der Schluss ist dadurch zwingend.

---

[1] Das Beispiel stammt aus Hoyningen-Huene, Paul; Formale Logik. Eine philosophische Einführung, Stuttgart: Reclam, 1998, S. 21.

Tümmler gehören zur Gattung der Delfine, Delfine sind Säugetiere, also ist der Tümmler ein Säugetier.

Bei Schlussfolgerungen gilt es also einerseits, die Logik des Schlusses und andrerseits die Wahrheit und allgemeine Gültigkeit der Prämissen zu prüfen. Eine logische Schlussfolgerung greifen wir an, indem wir die Wahrheit der Prämissen oder deren allgemeine Gültigkeit anzweifeln.

Neben der Gültigkeit der Prämissen und der Logik des Schlusses müssen auch die Zusammenhänge zwischen Prämissen und Konklusion stimmen. Wir können die Schlussfolgerung schematisch folgendermassen darstellen

Prämisse 1:   Alle A sind immer B
Prämisse 2:   Alle B sind immer C
Konklusion: Alle A sind immer C

Sehen wir uns ein Beispiel an, bei dem diese Struktur durchbrochen ist.

Prämisse 1:   *Max ist ein Student.*
Prämisse 2:   *Max geht gern ins Kino.*
Konklusion: *Studenten gehen gerne ins Kino.*

Hier handelt es sich um einen induktiven Schluss. Von einem einzelnen Beispiel (Max im Speziellen) schliessen wir auf ein allgemeines Prinzip (Studenten im Allgemeinen); auf induktive Schlüsse kommen wir unten zu sprechen. Da in der zweiten Prämisse keine Aussage über das Objekt (Student) der ersten Prämisse, sondern eine weitere Aussage über das Subjekt (Max) der ersten Prämisse gemacht wird, entsteht ein Bruch in der Subjekt-Objekt-Struktur. Dieser Bruch verunmöglicht eine zwingend logische Konklusion.

Logische Konklusionen aus zwei Prämissen müssen also drei Anforderungen genügen:

- Die Prämissen werden als wahr akzeptiert.
- Die Prämissen haben allgemein Gültigkeit.
- Die Folgerung weist die folgende Subjekt-Objekt-Struktur auf: A sind B und B sind C, also sind A ebenfalls C.

Logische Schlussfolgerungen sind anspruchsvoll, Sorgfalt und etwas Routine sind nötig. Schauen Sie sich als Übung folgenden Kettenschluss an und analysieren Sie ihn. Ist er folgerichtig, und wenn nein, warum nicht? Lesen Sie die Fussnote erst, wenn Sie sich Ihre eigenen Gedanken gemacht haben.

Wer die NZZ liest,   *Wer schwindelfrei ist,*
hat einen weiteren Horizont.   *kann besser klettern.*
Wer einen weiteren Horizont hat,   *Wer besser klettern kann,*
ist auf der Höhe.   *stürzt nicht ab.*
Wer auf der Höhe ist,   *Wer nicht abstürzt,*
muss schwindelfrei sein.   *bekommt keinen Kater.*[2]

---

[2] Der Schluss ist nicht logisch. Die Sätze hängen z.T. nur über die Form der Wörter, nicht aber deren Bedeutung zusammen. *Auf der Höhe sein* bedeutet einmal *informiert sein* und das andere Mal bedeutet es *in den Bergen sein*. *Abstürzen* bedeutet erst *von einer Höhe runterfallen* und dann *im Ausgang zu viel trinken*. Auch ist die Kette genau in der Mitte durchbrochen, weil die nicht

2.2 Zirkelschluss

Obwohl wir den Zirkelschluss nicht brauchen sollten, wollen wir uns ansehen, wie er zu enttarnen und warum er nicht wirksam ist.

Das Budget war zu klein, weil ich mehr Geld brauchte.
Ich brauchte mehr Geld, weil das Budget zu klein war.

Dass am Ende der Beweiskette wieder die anfängliche Behauptung steht – egal wie viele Elemente zwischen Behauptung und Beweis eingefügt sind – ist kennzeichnend für den Zirkelschluss.

Der Zirkelschluss hat zwar den Vorteil, dass er logisch ist. Er hat aber den grossen Nachteil, dass er unwirksam ist. **Mit Zirkelschlüssen überzeugen wir fast niemanden.**

Vom Budget-Argument beispielsweise wird sich ein Chef deshalb nicht überzeugen lassen, weil er die Behauptung (*Das Budget war zu klein*) nicht als Begründung akzeptiert *(weil das Budget zu klein war)*. Die Behauptung ist Gegenstand der Meinungsverschiedenheit. Sie ist strittig. Wenn Behauptung und Begründung identisch sind, ist auch die Begründung strittig. Was aber strittig ist, eignet sich nicht als Begründung.

Zirkelschlüsse sind zwar logisch, aber unwirksam, weil Behauptung und Begründung identisch und so gleichermassen strittig sind.

2.3 Induktive Argumentation

Bei der Induktion leiten wir das Allgemeine aus dem Besonderen ab (Abb. 1). Wir setzen das folgende Muster um:

p gilt, weil q gilt, wobei p das Allgemeine und q das Besondere beinhalten.

Insbesondere die Naturwissenschaften argumentieren oft induktiv. Kein Chemiker braucht alle existierende Salpetersäure zu verdampfen, um zu beweisen, dass der Siedepunkt von Salpetersäure bei Normalbedingungen bei 86 Grad Celsius liegt. Der Chemiker schliesst vom besonderen Fall im Experiment auf den allgemeinen Fall, den wir als Tatsache akzeptieren.

So könnte ein naturwissenschaftliches Argument aussehen:

Der Siedepunkt von Salpetersäure liegt bei Normalbedingungen bei 86 Grad Celsius, weil bei allen Experimenten der Siedepunkt 86 Grad Celsius betrug.

Es gibt allerdings auch Wissenschaftstheoretiker, welche die induktive Argumentationsweise grundsätzlich ablehnen. Hier ihr Paradebeispiel:

Jeden Tag kommt die Bäuerin und bringt dem Huhn Körner. Das Huhn schliesst daraus, dass es die Bäuerin gut mit ihm meint. Das ist allerdings ein Trugschluss, denn eines Tages kommt die Bäuerin und dreht dem Huhn den Hals um.

---

identischen Aussagen *muss schwindelfrei sein* und *ist schwindelfrei* gleichgesetzt werden. Weil hier inhaltliche Brüche vorhanden sind, ist die Subjekt-Objekt-Struktur durchbrochen. Trotzdem handelt es sich um eine schöne Spielerei, bei der mit Form und Inhalt von Sprache gespielt wird. Das Beispiel ist Hoyningen-Huene, Formale Logik, S. 116, entnommen.

Induktive Schlüsse sind immer unsicher, weil nie vollständig auszuschliessen ist, dass eine neue Erfahrung die verallgemeinernde Behauptung widerlegt. Induktive Schlüsse können also zu fatalen Fehlschlüssen führen. Trotzdem sind induktive Schlüsse unumgänglich sowohl in den empirischen Wissenschaften[3], beispielsweise der Physik oder der Chemie, wie auch im Alltag. Wenden wir die induktive Argumentation auf unseren Alltag an, ergeben sich oft Probleme der Akzeptanz. Wissenschaftlerinnen sind Autoritätspersonen. Sie sind Spezialisten und deshalb glauben wir ihnen ihre Experimente und die Schlüsse, die sie daraus ziehen. Im Alltag aber werden wir Mühe haben, uns als Spezialisten in alltäglichen Dingen zu profilieren. Im Alltag ist jeder Spezialist. Persönliche Erfahrungen können wir deshalb nicht beliebig verallgemeinern. Die folgende Argumentation beispielsweise hat wenig Überzeugungskraft:

Alle Leute sind heute glücklich, weil ich heute glücklich bin.

Trotzdem brauchen wir induktive Argumente auch im Alltag sehr oft. Statistische Werte, einzelne eindrückliche Beispiele und unbestreitbar wahre persönliche Erfahrungen sowie Analogien liefern sehr oft gute Beweise. Schauen wir uns die Behauptung an, dass Rauchen die Gesundheit schädigt, wobei sich die Behauptung induktiv aus einer Statistik (a), einer persönlichen Erfahrung (b) bzw. einer Analogie (c) ableiten kann.

a) Wir wissen, dass Rauchen die Gesundheit schädigt, weil in der Schweiz gemäss dem Bundesamt für Gesundheit jährlich fast 9000 Personen an den Folgen des Tabakkonsums sterben.

Bei statistischen Werten erwähnen wir mit Vorteil auch die Quelle, aus der die Statistik stammt. Damit können wir dem Beweis mehr Nachdruck verleihen. Oft wirken Statistiken zweifelhafter Herkunft unglaubwürdig. Stammt die Statistik aber wie im Beispiel (a) aus einer seriösen Quelle, kann sie überzeugend wirken. Im folgenden Beispiel (b) stützt sich die Behauptung auf eine persönliche Erfahrung:

b) Wir wissen, dass Rauchen die Gesundheit schädigt, weil Grossvater, der ein sehr starker Raucher war, an Lungenkrebs erkrankte.

Zu b) kennen wir natürlich das Gegenargument schon:

b2) Wir wissen, dass Rauchen die Gesundheit nicht schädigt, weil Grossmutter, die eine sehr starke Raucherin ist, noch kerngesund und schon über 90 ist.

Wenn wir persönliche Erfahrungen als Beweise verwenden, dann müssen wir immer mit einem Gegenargument rechnen, welches aus einer anderen persönlichen Erfahrung einen anderen Schluss zieht. Bei b2) wird gar aus einem gegenteiligen Beispiel ein gegenteiliger Schluss gefolgert.

Wir sollten deshalb nur persönliche Erfahrungen verwenden, die unser Argumentationspartner mit uns teilt. Wenn er unsere Erfahrungen anerkennt, anerkennt er auch die Verallgemeinerung, die wir daraus ableiten.

Wollen wir eine induktive Argumentation angreifen, stellen wir die Allgemein-

---

[3] Empirische Wissenschaften sind Wissenschaften, die auf Erfahrungen und Experimenten (Empirie) Theorien aufbauen.

gültigkeit der persönlichen Erfahrung unseres Argumentationspartners in Frage und bringen eine andere persönliche Erfahrung ein, aus der wir andere Schlüsse ziehen.

Das Analogie-Beispiel stimmt in gewissen Punkten mit dem Gegenstand unserer Behauptung überein, ist aber anschaulicher und hat mehr Überzeugungskraft.

> *c) Rauchen gefährdet die Gesundheit. Auch Strassenarbeiter, die Teerdampf, oder Minenarbeiter, die Kohlenstaub einatmen, sind einem stark erhöhten gesundheitlichen Risiko ausgesetzt.*

Analog (= ähnlich) zum Rauchen sind in diesem Beispiel
* das regelmässige Einatmen von verschmutzter Luft und
* die Konsequenzen für die Gesundheit.

Analogie-Beispiele sind aufwendig, denn sie verlangen viel Gedankenarbeit. Manchmal sind sie aber unerlässlich, wenn es darum geht, ein Laienpublikum mit einer anschaulichen publikumsbezogenen Argumentation zu überzeugen.

Ich fasse zusammen: Induktive Argumente sind häufig nötig und wirksam.

Wir können statistische Werte, einzelne Beispiele und persönliche Erfahrungen oder Analogien als wirksame Beweise einsetzen. Wirksam sind Statistiken mit Quellenverweisen, persönliche Erfahrungen, die der Argumentationspartner teilt, und Analogien, die er versteht. Gelten wir als Expertin oder Experte, dann können wir auch persönliche Erfahrungen, welche unser Argumentationspartner nicht teilt, verwenden.

2.4 Deduktive Argumentation

Bei der Deduktion leiten wir das Besondere aus dem Allgemeinen ab (Abb. 1). Wir verwenden dasselbe Muster wie bei der induktiven Argumentation, vertauschen aber p und q:

> *q gilt, weil p gilt, wobei q das Besondere und p das Allgemeine repräsentiert.*

Wenden wir das deduktive Muster auf das Raucher-Beispiel an, lässt sich das folgende Argument formulieren:

> *Die Gefahr einer Krebserkrankung steigt, wenn du rauchst, weil mehr Rauchende als Nichtrauchende an Krebs erkranken.*

Um ein deduktives Argument zu widerlegen, greifen wir die allgemeine Aussage an, die wie eine Tatsache formuliert ist. Die Begründung, *dass mehr Raucher als Nichtraucher an Krebs erkranken,* ist erfahrungsgemäss vor allem bei Nichtrauchenden als Tatsache akzeptiert. Rauchende hingegen anerkennen die Aussage oft nicht als Tatsache und sind mit einer solchen Begründung schwer zu überzeugen. Als Tatsache kann ich eine Aussage also nur dann verwenden, wenn meine Argumentationspartnerin oder mein Publikum sie als wahre Aussage akzeptiert.

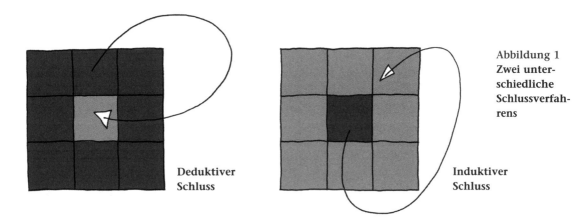

Abbildung 1
Zwei unter-
schiedliche
Schlussverfah-
rens

Deduktiver
Schluss

Induktiver
Schluss

2.5 3-Elemente-Argumentation: Behauptung, Begründung, Beweis

Als letztes Argumentationsmuster stelle ich eine Verbindung zwischen der induktiven und der deduktiven Argumentation vor. Ich nenne diese Kombination *3-Elemente-Argument*.

Das 3-Elemente-Argument vereint die Vorteile der induktiven und der deduktiven Argumentation, da es sowohl anschauliche Beispiele, als auch rationale Begründungen enthalten kann (Abb. 2).

Wie sieht unser Raucher-Argument nach dem 3-Elemente-Modell aus?

Behauptung: *Die Gefahr einer Krebserkrankung steigt, wenn du rauchst,*

Begründung: *weil mehr Rauchende als Nichtrauchende an Krebs erkranken.*

Beweis: *Mein Grossvater z.B., der ein sehr starker Raucher war, erkrankte an Lungenkrebs.*

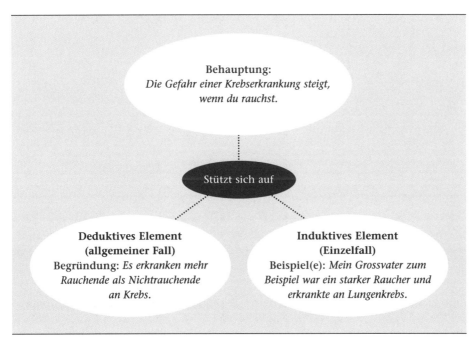

Abbildung 2
Muster für
3-Elemente-
Argumente

Behauptung:
*Die Gefahr einer Krebserkrankung steigt,
wenn du rauchst.*

Stützt sich auf

Deduktives Element
(allgemeiner Fall)
Begründung: *Es erkranken mehr
Rauchende als Nichtrauchende
an Krebs.*

Induktives Element
(Einzelfall)
Beispiel(e): *Mein Grossvater zum
Beispiel war ein starker Raucher und
erkrankte an Lungenkrebs.*

Dieses Beispiel zeigt, wie wir induktive und deduktive Argumentationsweise in der 3-Elemente-Argumentation verschränken können.

- Die Begründung enthält das deduktive Element,
- der Beweis enthält das induktive Element. Dabei definieren wir, dass ein Beispiel oder Beispiele als Beweis gelten.

Warum sind 3-Elemente-Argumente oft wirksam?

- Dieses Muster zwingt uns dazu, die Behauptung klar zu formulieren. Mein Standpunkt ist der Argumentationspartnerin somit klar.
- Wir liefern eine abstrakte Begründung und sprechen so rationale, abstrakt denkende Menschen an. Diese wünschen den Bezug zu Fakten und lassen sich deshalb eher von einem deduktiven Argument überzeugen.
- Indem wir einen konkreten Beweis (eine Statistik, eine eigene Erfahrung, ein analoges Beispiel) ins Feld führen, sprechen wir emotionale, konkret denkende Menschen an. Diese brauchen eine sinnliche Vorstellung und lassen sich deshalb eher von einem induktiven Argument überzeugen.

Das 3-Elemente-Argument eignet sich also, um verschiedene Menschen mit unterschiedlichen Beweisverfahren und um vielseitige Menschen mit einer vielfältigen Argumentationsweise zu überzeugen.

3 Qualitätsmerkmale

3.1 Publikumsspezifische Argumente

Wir haben bisher vor allem über die Form von Argumenten gesprochen. Dabei sind wir mehrfach auf ein und dasselbe Merkmal wirksamer Argumente gestossen: **Argumente wirken publikumsspezifisch.**

Bei Konklusionen müssen Prämissen für das Publikum wahr und allgemein gültig sein. In induktiven Argumenten können nur persönliche Erfahrungen, die das Publikum teilt, wirksame Beweise liefern. In deduktiven Argumenten muss das Publikum Begründungen als Tatsachen akzeptieren. Dasselbe gilt für Beweise und Begründungen im 3-Elemente-Argument.

Hinter Argumenten stehen auch immer grundsätzliche Ideen, Prinzipien, Werte, Weltanschauungen und Menschenbilder. Akzeptiert das Publikum diese grundsätzlichen Ideen nicht, dann lässt es sich auch nicht überzeugen (Abb. 3).

Hängt beispielsweise eine Argumentationspartnerin der fixen Idee an, dass Statistiken immer manipulieren, dann lässt sie sich durch Statistiken von nichts überzeugen. Glaubt jemand, ein starker Mensch könne unmöglich wegen ein bisschen Rauch Schaden nehmen, dann akzeptiert er die Begründung, dass Rauchen die Gesundheit gefährdet, nicht als Tatsache.

Da Argumente publikumsspezifisch wirken, sollten wir uns beim Argumentieren – wie auch beim Präsentieren und Berichten – mit dem Publikum befassen. Es ist zu überlegen, was das Publikum weiss, denkt, fühlt, welche Werte ihm wichtig sind, welche Grundsätze es vertritt.

Gute Argumente

- Formulieren präzise Behauptungen,
- berücksichtigen Werte, Prinzipien, Menschen- und Weltbilder des Publikums in Begründungen,
- enthalten für das Publikum anschauliche und relevante Beweise,
- bauen auf einer konstruktiven Grundhaltung auf und sind sachlich,
- zeichnen sich durch leicht nachvollziehbare Zusammenhänge aus.

Abbildung 3
Merkmale guter
Argumente

3.2 Vollständige und präzise Argumente

Nehmen wir an, jemand beurteile einen Film mit den folgenden Worten: *Der Film ist gut.* Diese Behauptung wird niemanden davon überzeugen, dass ein Film wirklich gut ist. Diejenigen, die diese Ansicht teilen, werden in ihrem Urteil bestärkt. Die anderen werden fragen *Warum?* Sie wollen Argumente hören. Eine isolierte Behauptung ist kein Argument. Sie überzeugt niemanden. Sie stösst nur bei schon Überzeugten auf Zustimmung. Eine Behauptung begleiten wir deshalb immer mit einer Begründung, einem Beweis oder beidem.

Umgekehrt sollen Begründungen und Beweise auch immer von einer Behauptung begleitet sein. Nehmen wir an, der Kinofilm werde so kommentiert: *Der Film dauert 150 Minuten.* Das ist keine Behauptung, sondern eine Tatsache. Nur, was begründet sie? *War der Film deshalb besonders gut, tiefgründig, eindrücklich, zu lang oder zu kurz?* Die Behauptung kann nicht wegfallen. Eine Begründung, die keine Behauptung stützt, ist genau so wenig ein Argument, wie eine isolierte Behauptung. Das Argument könnte z. B. so lauten: *Der Film ist zu lang, weil er sich über 150 Minuten hinzieht. Filme dauern in der Regel ca. 100 Minuten.*

Selbstverständlich gilt diese Forderung nach vollständigen Argumenten nur für Gespräche oder Texte, die argumentativer Natur sind. Beim Small talk beispielsweise, bei dem es darum geht, Kontakte zu knüpfen, brauchen wir nicht zu argumentieren. Im Gegenteil, je konfliktfreier solche Gespräche verlaufen, um so erfolgreicher entwickeln sie sich (vgl. dazu das Kapitel «Gesprächsarten und Protokoll»).

Kommen wir zurück zur Behauptung:

> *a) Der Film ist gut.*

Jemand könnte darauf entgegnen:

> *b) Der Film ist billig gemacht, er vermittelt keine wertvolle Botschaft, die Darsteller spielen miserabel, deshalb ist er schlecht.*

Solche Gegenargumente können wir vermeiden, indem wir für unsere Stellungnahmen präzise Formulierungen wählen. Sagen wir statt a)

> *c) Die Story ist gut. Wir waren alle von der Handlung und den Charakteren gefesselt und keine hat sich gelangweilt.*

ist zwar die Behauptung weniger umfassend, dafür aber gut zu begründen und zu beweisen. **Je weniger Angriffsfläche ein Argument bietet, um so mehr Überzeugungskraft hat es.** Wir schränken deshalb die Behauptung (*nicht der ganze Film, nur die Story ist gut*) zu Gunsten einer präziseren und damit wirksameren Argumentation ein.

Dazu noch zwei Beispiele. Statt zu versuchen die ungenaue Behauptung: *Sport ist ungesund*, mit Argumenten zu stützen, argumentieren wir erfolgreicher, wenn wir präziser behaupten: *Leistungssport ist ungesund* oder *Automobilsport ist ungesund.*

Wenn wir gegen Zoos sind, wählen wir statt der allgemeinen Formulierung *Tiere gehören nicht in den Zoo* besser die eingeschränkte Behauptung: *Raubtiere gehören nicht in den Zoo* oder *Meeressäuger gehören nicht in den Zoo.*

Wir können als Fazit festhalten: Gute Argumente sind präzise, und weder Beweise, Begründungen noch Behauptungen fehlen.

3.3 Anschaulichkeit und Relevanz von Beweisen

Die Technik ist ein Fluch, wie das Beispiel Amarillo deutlich zeigt.

Was oder wer ist *Amarillo* und was zeigt uns das Beispiel wohl? Vielen Europäern zeigt es nichts, weil sie nicht wissen, dass Amarillo eine von Erdölraffinerien verwüstete und verpestete texanische Stadt ist. Das Beispiel ist für sie nicht anschaulich und deshalb auch nicht wirksam. Ersetzen wir *Amarillo* durch *Tschernobyl*, gewinnt das Argument für Europäerinnen und Europäer an Überzeugungskraft. Tschernobyl und seine Folgen sind uns gegenwärtig, wir verbinden damit konkrete Vorstellungen.

Nur Beispiele, die das Publikum kennt, sind wirksam. Wir verwenden deshalb mit Vorteil Beispiele aus dem Nahbereich eines Publikums: aus seinem beruflichen oder privaten Alltag, dem örtlichen und kulturellen Umfeld, Beispiele aus der Gegenwart. **Naheliegende Beispiele bieten am meisten Gewähr für Anschaulichkeit.**

Kennt ein Publikum unsere Beispiele nicht, müssen wir sie ihm nahebringen, indem wir Vorstellungen schaffen. Bilder oder Beschreibungen von Amarillo könnten einem Publikum helfen, dieses Beispiel kennenzulernen und damit die Argumentation nachzuvollziehen.

Verwenden wir irrelevante Beweise, vermögen diese eine schwergewichtige Behauptung nicht zu stützen, sondern wirken lächerlich:

> *a) Die Technik ist ein Segen, weil sie uns das Leben erleichtert. Die TV-Fernbedienung z.B. erleichtert den Alltag ungemein.*

Dieses Argument weist zwar Vorzüge auf: Es ist vollständig und anschaulich. Aber wir fragen uns gleichwohl, ob TV-Fernbedienungen wirklich das grosse Glück sind, auf das die Menschheit jahrhundertelang gewartet hat.

Wirksamer sind Argumente mit relevanten Beweisen:

> *b) Die Technik ist ein Segen, weil wir mit ihrer Hilfe die Arbeit menschlicher gestalten können. Der Unterhalt der Kanalisation beispielsweise musste bisher von Arbeitern verrichtet werden. Die Technik erschuf nun Roboter, welche diese Aufgabe übernehmen.*

Relevanz ist natürlich ebenfalls publikumsspezifisch. Deshalb dürfte sich durchaus ein kleines Grüppchen Menschen vom Argument a) begeistern lassen. Wirksam ist ein Beweis aber vor allem dann, wenn er im Zusammenhang mit einer Behauptung für viele Menschen wichtig ist. Denn was viele wichtig finden, wirkt oft überzeugender, als das, was nur einzelne wichtig finden. Der Beweis b) spricht alle Menschen an, da jede menschliche Gemeinschaft eine Kanalisation braucht und sich mit deren Unterhalt befassen muss. Es handelt sich deshalb um ein relevantes Beispiel.

187

3.4 Konstruktive Grundhaltung

Im Kapitel «Gesprächsarten und Protokoll» kommen wir eingehender auf das Konzept der konstruktiven Kritik zu sprechen. Dieses Konzept hilft uns, auf Grund einer konstruktiven Haltung Kritik für Verbesserung zu nutzen, ohne jemanden zu verletzen.

Was für Kritik gilt, können wir auch auf die Argumentation anwenden. Die Absicht, die wir mit Argumenten verfolgen, ist derjenigen von Kritik ähnlich: Wenn wir jemanden kritisieren, wollen wir sein Verhalten ändern; wenn wir mit jemandem argumentieren, wollen wir seine Meinung ändern. Deshalb ist auch beim Argumentieren eine konstruktive Haltung erfolgversprechend.

Argumente sind dann konstruktiv, wenn sie sachlich sind, Gegenargumente prüfen und gültige Gegenargumente anerkennen. Ist diese Grundhaltung nicht vorhanden, dann münden sachliche Konflikte oft in erbitterte Wortgefechte, bei denen es nur noch ums Rechthaben und nicht mehr um die Sache geht.

Bereits der Hinweis darauf, dass es Gegenargumente gibt, macht Argumente wirksamer. Wir beginnen beispielsweise eine Argumentation mit folgenden Worten:

> *Ich weiss, dass manches gegen Projektarbeit im Studium spricht, trotzdem bin ich überzeugt, dass sie uns viel bringen wird, weil …*

Diese Formulierung signalisiert unsere Bereitschaft zu einer differenzierten Auseinandersetzung, weil wir Gegenargumente grundsätzlich anerkennen und es im Gespräch um ein Abwägen von Pro und Contra gehen soll. Diese Bereitschaft schafft die Voraussetzung für eine konstruktive Auseinandersetzung.

3.5 Vernünftige und einfache Strukturen

Vernünftige Argumente sind logisch. Ich erinnere dabei an die strukturellen Merkmale von Konklusionen. Konklusionen leiten sich aus allgemeingültigen, wahren Prämissen ab und hängen in einer spezifischen Subjekt-Objekt-Struktur zusammen (vgl. dazu oben).

Logik hängt auch bei anderen Argumentationsmustern stark von Zusammenhängen ab. Fehlen Zusammenhänge oder sind falsche Zusammenhänge hergestellt, entstehen unlogische Schlüsse. Betrachten wir die beiden folgenden Beispiele:

> *a) Eine Villa ist grösser als eine Hundehütte, deshalb gehen Studierende lieber ins Kino als ins Theater.*

Die Aussagen in a) sind vollkommen unzusammenhängend, und der Schluss entbehrt deshalb jeglicher Logik.

> *b) Weil die Villa grösser als die Hundehütte ist, steht die Villa im Garten der Hundehütte.*

Bei b) sind zwar Zusammenhänge vorhanden, da sie aber falsch gebildet sind, ist auch dieser Schluss nicht logisch.

In Gesprächen wie auch in Alltagstexten verwenden wir einfache und durchschaubare Argumentationsmuster. Zu komplexe und umfangreiche Argumente sind im Alltag oft wenig wirksam, weil ein überfordertes und verwirrtes Publikum zu einer Abwehrreaktion neigt. Wir bringen deshalb lieber wenige einfache Argumente (mit nur einer Begründung, einem Beweis) vor als ein einziges überfrachtetes Argument oder eine grosse, schwer überschaubare Menge von Argumenten.

4 Abgrenzung von Argumentation gegenüber Manipulation

Furcht verhindert Überzeugung. Zu diesem Schluss führte ein Experiment mit Kindern in den USA in den 50er-Jahren.[4] Bei diesem Experiment hörten Kinder verschiedenartige Vorträge über Zahnhygiene.

Eine Gruppe von Kindern hörte, dass mangelhafte Zahnhygiene schlimme Folgen haben kann und sie bekamen grosse Bohrer und Zangen zu sehen. Eine zweite und dritte Gruppe wurde sachlicher auf die Konsequenzen einer Vernachlässigung der Mundhygiene hingewiesen. Bei einer Kontrollgruppe schliesslich entfiel der Vortrag ganz.

Das Experiment ergab, dass die grösste Wirkung vom sachlichsten Vortrag ausging. Der furchterregendste Vortrag hatte gleich viel Wirkung wie gar kein Vortrag. Die psychologische Erklärung für dieses Ergebnis ist leicht nachvollziehbar: Grosse Furcht erzeugt eine kräftige Abwehr und verhindert so eine Aufnahme der Argumente bzw. den Wandel der Überzeugung.

Drohungen sind also schlechte Argumente, weil sie kontraproduktiv sind. Dasselbe gilt für andere Manipulationsmittel. Körperliche Gewalt beispielsweise kann zwar jemanden dazu bewegen, etwas zu tun oder zu sagen, sie wird ihn aber nicht von der Richtigkeit oder Wahrheit der Handlung überzeugen.

Manipulation ist deshalb etwas grundsätzlich anderes als Argumentation, wenn sich auch das Resultat der Manipulation und Argumentation kurzfristig ähnlich sehen mögen. Die Ähnlichkeit ist nur äusserlich.

Abbildung 4
Argumentation
ist nicht gleich
Manipulation

Vergleichs-kriterien	Argumentation	Manipulation
Ziele	• Echte Überzeugung vermitteln • Echte Überzeugungen gewinnen • Nachhaltig überzeugen	• Vorteile für Manipulierende • Oft Nachteile für Manipulierte • Rascher Erfolg
Grund-haltung	• Konstruktiv • Sachlich • Dialektisch	• Stur • Unsachlich • Polarisierend
Mittel	• Präzise Behauptungen • Akzeptierte Begründungen • Anschauliche und relevante Beweise	• Verbale oder physische Gewalt • Täuschungen • Schmeicheleien

Manipulationstechniken wie *Drohen, Gewalt anwenden, Lügen, Erpressen, Bestechen, Provozieren, Schmeicheln, Ablenken und Bevormunden* wollen nicht überzeugen, sondern sie zielen auf Vorteile für Manipulierende, oft zum Nachteil der Manipulierten (Abb. 5).

Bei der Argumentation hingegen geht es nicht um Vor- und Nachteile für die eine oder andere Partei, sondern um eine Sache. Argumentation dient dazu, Ansichten zu vermitteln und echte Überzeugungen zu gewinnen (Abb. 4).

Im Gegensatz zur Manipulation ist die Argumentation konstruktiv. Argumentierende setzen sich sachlich mit Gegenargumenten auseinander. Manipulierende dagegen stellen die Gegenposition grundsätzlich in Frage. Für sie gibt es nur eine richtige Sichtweise, nämlich diejenige, die ihnen einen Vorteil verschafft.

Abbildung 5
Vorteile statt
echte Über-
zeugung durch
Manipulation

---

[4] Zit. in Maccoby, Nathan; Die neue «wissenschaftliche Rhetorik». In: Schramm, Wilbur (Hg.); Grundfragen der Kommunikationsforschung, München 1973, 5. Aufl., S. 60f.

191

5 Dialektische Struktur einer Argumentation

Bisher haben wir über einzelne Argumente, ihre Form und Qualität gesprochen. Nun gehen wir über das einzelne Argument hinaus und schauen uns Gruppen von Argumenten an. In Studien oder Erörterungen, bei Diskussionen oder Referaten verwenden wir meist mehrere Argumente. Wie bauen wir eine umfangreichere Argumentation auf?

Klassisch strukturieren wir Argumentationen dialektisch. Wir stellen sowohl das Pro wie auch das Contra dar und gelangen durch die konstruktive Auseinandersetzung mit beiden Seiten zu einer nachvollziehbaren Lösung.

Statt *Pro, Contra* und *Lösung* werden auch folgende Begriffe verwendet:

- *These,*
- *Antithese,*
- *Synthese.*

Meist enthält die These die Pro-Argumente, die Antithese die Contra-Argumente und die Synthese das, was aus der Abwägung resultiert.

Ein Beispiel: Lautet die These *Sport ist gesund* und die Antithese *Sport ist ungesund,* kann als Synthese resultieren *Breitensport fördert, Spitzensport gefährdet die Gesundheit.* Dies stellt eine neue These dar, die sich erneut prüfen liesse und vermutlich zu einer neuen Synthese bzw. einer neuen und besseren These führen würde.

Es gibt grundsätzlich zwei Möglichkeiten die Argumente in der dialektischen Struktur anzuordnen. Variante 1 führt zuerst alle Pro-, dann alle Contra-Argumente auf und schliesst daran Bewertung und Synthese an:

1. These
   Argumente a1, a2 … ax,
2. Antithese
   Argumente b1, b2 … bx,
3. Synthese
   Bewertung von a1 bis ax,
   Bewertung von b1 bis bx,
   Synthese.

Variante 2 verschränkt These und Antithese. Das ist dann sinnvoll, wenn die Argumente sich aufeinander beziehen lassen. Können wir Argumente einzel-

nen relevanten Kriterien beispielsweise dem Kostenkriterium oder dem Sicher-
heitskriterium zuordnen, dann bietet sich diese Struktur an:

1. These (a) und Antithese (b)
   - Argument a1und Argument b1,
   - Argument a2 und Argument b2,
   - Argument ax und Argument bx.
2. Synthese
   - Bewertung von a1 und b1,
   - Bewertung von a2 und b2,
   - Bewertung von ax und bx,
   - Neue These = Synthese.

Die Synthese verschränken wir nicht mit These und Antithese. These und
Antithese sind möglichst objektiv zu halten. Wir legen mit grösstmöglicher
Sachlichkeit, Objektivität und Neutralität die Argumente dar. Erst in der Synthese nehmen wir Stellung zu den Argumenten, bewerten sie, wägen sie gegeneinander ab und formulieren eine vernünftige neue These.

6 Ergebnisse

Aus zwei allgemein gültigen wahren Prämissen lässt sich eine Konklusion logisch folgern, sofern Prämissen und Konklusionen gemäss der Struktur: *A sind B, B sind C, A sind C,* zusammenhängen.

Induktive Schlüsse überzeugen mit statistischen Werten, mit eindrücklichen Beispielen, persönlichen Erfahrungen oder Analogien. Deduktive Schlüsse überzeugen mit Tatsachen. Besonders effizient sind 3-Elemente-Argumente, bestehend aus Behauptung, Begründung und Beweis. Sie kombinieren die Vorteile der induktiven und der deduktiven Argumentationsweise, weil sie anschauliche Beweise und rationale Begründungen vereinen. So sprechen 3-Elemente-Argumente viele Menschen vielfältig an. Zirkelschlüsse hingegen überzeugen selten jemanden, weil Behauptung und Begründung identisch und damit gleichermassen strittig sind.

Argumente wirken publikumsspezifisch und zeichnen sich durch verschiedene Qualitätsmerkmale aus: Sie enthalten präzise Stellungnahmen, Begründungen und Beweise; Beweise sind anschaulich und relevant; Argumente folgern vernünftig und sind einfach aufgebaut; eine konstruktive Grundhaltung, der Einbezug von Gegenargumenten und die Anerkennung von Gegenpositionen sind vorteilhaft.

Manipulation ist kontraproduktiv, weil sie echte Überzeugung verhindert. Sie zielt auf Vorteile für den Manipulierenden, oft zu Ungunsten des Manipulierten. Argumentation hingegen dient dazu Überzeugungen zu vermitteln und zu gewinnen.

Die dialektische Struktur mit These, Antithese und Synthese empfiehlt sich für nachvollziehbare Argumentationen. In der These und Antithese stellen wir sachlich und neutral die Pro- und Contra-Argumente dar; in der Synthese bewerten wir alle Argumente und formulieren eine neue – bessere – Überzeugung.

7 Literaturverzeichnis

- Aristoteles; Rhetorik, Stuttgart: Reclam, 1999, übers. von Gernot Krapinger.
- Berg, Imke et al.; Situationen. 31 Kapitel Deutsch für Erwachsene, Stuttgart: Klett, 1978.
- Brandt, Friedmann et al.; Verständigung. Deutsch für berufliche Schulen, Stuttgart: Klett, 1987.
- Hoyningen-Huene, Paul; Formale Logik. Eine philosophische Einführung, Stuttgart: Reclam, 1998.
- Maccoby, Nathan; Die neue «wissenschaftliche Rhetorik», in: Grundfragen der Kommunikationsforschung; hg. von Wilbur Schramm, München: Juventa Verlag 1973, 5. Aufl., übers. von Hans-Eberhard Piepho.

8 Checkliste Argumentation

Aufbau von Argumenten

- Eine Behauptung ist kein Argument, auch «Ich glaube ...» ist kein Argument – *Rauchen ist ungesund / Ich glaube, Rauchen ist gar nicht so ungesund.*
- **Zweielemente-Argumente:** Behauptung + deduktives Element oder induktives Element – *Rauchen ist ungesund, weil jeder Rauch lungenschädigende Stoffe enthält (deduktiv) / weil es z.B. mich krank gemacht hat (induktiv).*
- **Dreielemente-Argumente:** Behauptung + deduktives Element + induktives Element – *Rauchen ist ungesund, weil Zigaretten gesundheitsschädliche Stoffe enthalten, ich z.B. bin davon krank geworden.*
- **Vierelemente-Argumente:** Behauptung + deduktives Element + induktives Element + Folgerung – *Rauchen ist ungesund, weil es gesundheitsschädliche Stoffe enthält, ich z.B. bin davon krank geworden. Deshalb rauche ich nicht mehr.*

Qualität von Argumenten

- Die Elemente eines Argumentes sind **zusammenhängend** und enthalten **keine Widersprüche.**
- Gute **Begründungen sind** allgemein akzeptierte bzw. vom Argumentationspartner **akzeptierte Tatsachen.**
- Gute Beweise sind anschaulich, naheliegend, relevant und glaubwürdig.
- Gute Folgerungen sind sofort nachvollziehbar.

Sprache von Argumenten

- **Worte** sind präzise gewählt (keine Oberbegriffe), verständlich bzw. erklärt. Sie stammen aus der Standardsprache.
- **Sätze** sind lesefreundlich (bis 25 Wörter, Standardstruktur, aktiv-dynamischer Verbalstil).
- **Texte** sind zusammenhängend (logische Strukturen, nötige Redundanz, klare Bezüge, präzise Bindewörter).

Argumentationsstrategien

- Gute **Argumentationsketten** stellen die These, die Antithese und die Synthese dar.
- Wenige starke Argumente überzeugen mehr als viele schwache Argumente.
- Argumentierende akzeptieren Gegenargumente.
- Eine wissenschaftliche These lässt sich auch in Teilen widerlegen oder belegen.

Argumentation gegenüber Manipulation

- Argumentation dient dazu, **echte Überzeugung** zu erzielen.
- Argumentierende **verzichten auf Manipulation**, da Manipulation echte Überzeugung verhindert.
- **Manipulationstechniken** wie Lügen, Drohen, Erpressen, Bestechen und Gewaltanwendung sind deshalb **tabu.**

2.4 Gesprächsarten und Protokoll

Zusammenfassung

Verschiedene Gesprächsanlässe erfordern unterschiedliche Gesprächsstrategien: Small Talk entwickelt sich möglichst konfliktfrei; Kritik- und Kundengespräche durchlaufen Abklärungs- und Lösungsphasen; durch die Sitzung führt ein gut vorbereiteter souveräner Sitzungsleiter; das Prüfungs- und das Bewerbungsgespräch erfordern eine optimale Vorbereitung.

Protokolle fixieren Gespräche und genügen formalen Standards. Sie gliedern sich in die beiden Kategorien Kurz- und Verlaufsprotokoll. Eine neutrale Haltung sowie eine gute Vor- und Nachbereitung erleichtern das Führen von Protokollen.

Inhaltsverzeichnis

1 Einleitung

Wir können formelle und informelle Gespräche unterscheiden. Meist sind geleitete Gespräche formeller Natur, weil sie speziellen Standards genügen müssen wie das geleitete Sitzungsgespräch oder das vom Personalfachmann geleitete Bewerbungsgespräch. Bei informellen Gesprächen handelt es sich oft um Kontaktgespräche.

Protokolle halten Gespräche schriftlich fest. In der Regel werden Sitzungen und Verhandlungen, an denen mehr als zwei Personen beteiligt sind, protokolliert.

Wie lassen sich verschiedene für uns relevante Gesprächsarten beschreiben? Wie bewältigen wir schwierige Gespräche? Warum sind Protokolle notwendig? Wie sehen Protokolle aus und was beinhalten sie? Wie protokollieren wir möglichst reibungslos? Diesen Fragen gehe ich im Folgenden nach.

Dabei orientiere ich mich bei der Beschreibung von Gesprächstypen und Gesprächsstrategien vor allem an Literatur aus der Psychologie. Ich fasse verschiedene Kapitel aus der Fachliteratur zusammen und ergänze sie mit eigenen Gedanken und Erfahrungen. Bei den Ausführungen zum Protokoll stütze ich mich auf diverse Lehrmittel, zum Beispiel die Darstellung von Gassmann.[1]

Ziele dieses Kapitels sind eine vertiefte Auseinandersetzung mit Gesprächssituationen und Gesprächsstrategien sowie eine solide Basis zum effizienten Verfassen von Protokollen zu schaffen.

Im ersten Teil gehe ich auf verschiedene Gesprächsarten und Gesprächsstrategien ein. Im zweiten Teil beschreibe ich Funktionen, Formen und Inhalte von Protokollen und gehe auf Strategien zum Verfassen von Protokollen ein.

---

[1] Gassmann, Heinrich; Protokollführung im Betrieb, Zürich: SKV, 1991, 5. Aufl.

2 Gesprächsarten und Gesprächsstrategien

2.1 Rituale und Small Talk

Jedes Gespräch ist auch ein Kontaktgespräch. Gemäss dem Grundsatz, *dass jede Botschaft einen Sach- und einen Beziehungsaspekt enthält*, definieren Gespräche immer auch die Beziehung zwischen den Gesprächspartnern sowie zwischen den Gesprächspartnern und dem Gesprächsinhalt.

Fast ausschliesslich der Beziehungspflege dienen Gesprächsrituale wie das Begrüssungs-Ritual. Auch Small Talk hat in erster Linie die Funktion Kontakt zu knüpfen (Abb. 1); die sachliche Information ist zweitrangig.

Sprechrituale dienen der sozialen Beziehungspflege und nicht der Informationsübermittlung. Wenn Nachbarinnen jeden Tag *Guten Morgen* zueinander sagen, dann übermitteln sie nicht die Information: *Das ist ein guter Morgen* oder *Ich wünsche Ihnen einen guten Morgen*. Vielmehr signalisieren sie, dass sie sich kennen und sich freundlich gesinnt sind. Durch die allmorgendliche Wiederholung, durch das Ritual also, entsteht ihre Beziehung.

Bei den Ritualen können wir zwischen allgemeinen gesellschaftlichen Traditionen und individuellen Ritualen unterscheiden. Allgemeine gesellschaftliche Tradition ist z. B. die Begrüssung. Menschen, die wir kennen, begrüssen wir der Tageszeit entsprechend mit Worten (*Guten Morgen, Mahlzeit, Guten Abend*) und sagen dadurch nicht viel mehr als: *Ich erkenne dich.* Je nach der Nähe der Beziehung belassen wir es bei einem kurzen Gruss und kurzem Augenkontakt oder bauen das Ritual individuell aus. Z. B. sagen wir zum Einen nur *Hallo*, während wir bei einer anderen immer noch ein *Wie geht's?* hinzufügen. Rituale sind

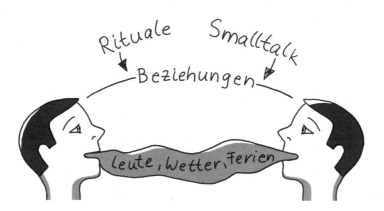

Abbildung 1
Rituale und
Small Talk
erzeugen und
erneuern Beziehungen

201

auch Glückwunschbotschaften zum Geburtstag, Feiertagsbotschaften wie *Frohe Weihnacht* oder Tischwünsche wie *Guten Appetit* und *Prost.*

Auch formelle Gespräche werden durch Rituale eingeleitet und beendet, Begrüssung und Verabschiedung flankieren formelle Gespräche. Die Rituale etablieren den Kontakt zwischen den Gesprächsteilnehmerinnen und -teilnehmern.

Beim Small Talk steht nicht Informationsvermittlung, sondern Kontakt im Vordergrund. Trotzdem kann Small Talk auch Information übermitteln.

Small Talk kreist um Themen, die geeignet sind, eine symmetrische Beziehung zwischen den Gesprächsteilnehmenden zu definieren. Studierende sprechen oft Themen wie gemeinsame Dozenten oder wenig geschätzte Fächer an, um mit anderen Studierenden ins Gespräch zu kommen. Dozierende, die mit anderen Dozierenden Kontakt aufnehmen wollen, sprechen Themen wie gemeinsame Klassen oder Infrastrukturprobleme an.

Die *Studenten-* bzw. *Dozentengespräche* verlaufen manchmal genauso stereotyp wie Rituale. Dieser zeremonielle Small Talk wird oft wenig geschätzt und hat wohl auch nur in der Gesprächsanbahnung eine Berechtigung. Gespräche, die vorhersehbar wie Programme ablaufen, sind wenig aufregend.

Small Talk muss aber nicht langweilig sein. Findet sich ein interessantes Thema, kann Small Talk auch anregend verlaufen und eine gute Basis für künftige Gespräche bilden. Wie findet sich ein interessantes Thema?

Wir können beispielsweise Stichwörter liefern, die mit der Situation einen Zusammenhang haben: *Diese Hunde!, Oh, italienische Küche!* Natürlich sollten wir Köder auslegen, die uns selbst munden. Wenn es uns langweilt, übers Wetter zu sprechen, dann vermeiden wir das Stichwort *Schönes Wetter heute!*

Auch offene Fragen eignen sich sehr gut um Themen anzusprechen: *Was machen Sie in den Ferien? Wie gefällt Ihnen das neue Buch von Urs Widmer? Warum, glauben Sie, hat es hier heute so viele Leute?*

Small talk besteht nicht nur darin, selbst zu sprechen, sondern auch darin, zuzuhören. Durch aktives und umschreibendes Zuhören entstehen oft interessante Gespräche. Beim umschreibenden Zuhören verstärken wir die Sachbotschaft unseres Gegenübers, beim aktiven Zuhören auch die Selbstoffenbarungsbotschaft (vgl. dazu das Kapitel «Gespräch») – so signalisieren wir einem Sprecher, einer Sprecherin Aufmerksamkeit, Interesse und Engagement.

Wenn wir den Small Talk als Informationsgespräch nutzen, laufen wir Gefahr, dass sich unser Gesprächspartner manipuliert fühlt. Er kommt sich ausgehorcht und betrogen vor. Ein solcher Missbrauch kann sich rächen und künftige Gespräche zwischen den Gesprächspartnern belasten.

Beim Small Talk gibt es noch weitere Regeln, deren Missachtung meist zum schnellen Abbruch des Gesprächs führen: Tabuthemen, Provokationen, Beleidigungen und Belehrungen vermeiden wir. Tabus sind gruppen- und situationsspezifisch. Sie können sich auf Themen wie Religion, Geburt und Tod beziehen. In vielen Gruppen ist auch der Gebrauch von Kraftwörtern tabu, in anderen macht sich jemand verdächtig, der keine Kraftwörter verwendet. Beleidigungen und Belehrungen führen zu stark komplementären Beziehungen.

Konfrontationen auszuweichen bedeutet Toleranz zu üben und andere Meinungen zu akzeptieren. Kontaktgespräche, die in erbitterte Auseinandersetzungen münden, haben ihr Ziel verfehlt. Sie führen zu belasteten Beziehungen, auf denen wir in künftigen Gesprächen nur schwer aufbauen können.

Die Sprachwissenschaftlerin und der Sprachwissenschaftler Ilse und Ernst Leisi erläutern in ihrem lesenswerten «Sprach-Knigge» noch viele weitere erfolgversprechende Smalltalk-Strategien.[2]

2.2 Beratungs- und Kundengespräch

2.2.1 Kundengespräch als Kontaktgespräch

Ein Kundengespräch ist immer auch ein Kontaktgespräch. Begrüssungsformeln und Augenkontakt leiten das Gespräch ein und schliessen es ab. Auch Small Talk in der Anfangs- und Endphase mag angemessen sein.

Wer die Kontaktphase überspringt, wird im eigentlichen Kundengespräch kaum erfolgreich sein. Das soll allerdings nicht heissen, dass wer erfolgreich die Rituale und den Small talk bewältigt, auch Verkaufserfolg haben wird.

Zum Verkaufserfolg gehören weitere für das Kundengespräch spezifische Strategien. Grob können wir das Kundengespräch in zwei Phasen unterteilen: In der ersten Phase klärt der Verkäufer oder Berater die Bedürfnisse des Kunden ab, in der zweiten bietet er dem Kunden Lösungen an.

2.2.2 Die zwei Phasen im Beratungs- und Kundengespräch
Bedürfnisse abklären

Oft kennen die Kunden ihre Bedürfnisse nicht genau oder können sie nicht genau formulieren. In diesen Fällen muss der Käufer durch geschicktes Fragen die Bedürfnisse abklären. Er lenkt das Gespräch durch Fragen und führt so den Kunden zu dessen Wünschen. Zu diesem Zweck sind auch geschlossene Fragen sinnvoll. Ein Berater kann sich in diesem Fall an einem Entscheidungsbaum orientieren (vgl. dazu das Kapitel «Gespräch»). Im Reisebüro beispielsweise könnte die Bedürfnisabklärung wie im Beispiel a) beginnen:

> *Möchten Sie in den Süden?*
> *Wenn Ja: Bevorzugen Sie Europa?*
> *Wenn Ja: Haben Sie an Spanien gedacht?* usw.

Mit offenen Fragen und dem geduldigen Beachten von Gesprächspausen kommt der Berater bei Kunden, die schon gewisse Vorstellungen von ihren Wünschen haben, zu einer Bedürfnisanalyse. Bei diesen Kunden zeigt der gute Verkäufer sein Geschick durch das gewandte Erfragen der Kundenwünsche.

---

[2] Leisi, Ilse und Ernst; Sprach-Knigge oder Wie und was soll ich reden? Tübingen: Narr, 1993, 3. Aufl.

Vgl. dazu das Beispiel b):

> Berater: *Wo möchten Sie ihre Ferien verbringen?*
> Kunde: *In Spanien.*
> Berater: *Haben Sie an eine bestimmte Region in Spanien gedacht?*
> Kunde: *Andalusien.*
> Berater: *Was möchten Sie in Andalusien erleben?*
> Kunde: *Stierkämpfe* usw.

Manche Kunden wissen genau, was sie wollen und können das auch gut selbst formulieren. In diesem Falle können sich die Verkäufer durch aktives und umschreibendes Zuhören profilieren. Indem sie Kundenwünsche wiederholen, zusammenfassen, präzisieren und die Gefühle des Kunden wahr und ernst nehmen, signalisieren sie, dass sie den Kunden und seine Bedürfnisse verstehen, vgl. das Beispiel c):

> Kunde: *Ich will einen Stierkampf sehen, Spanien kennen lernen und baden.*
> Berater: *Verstehe ich Sie richtig, Sie wollen also in Spanien herumreisen?*
> Kunde: *Ja, ich will alles sehen.*
> Berater: *Sie möchten also einen Stierkampf erleben, kulturelle Zentren besichtigen und ein paar Tage Badeferien an einem Strand verbringen?*
> Kunde: *Nein, keine überfüllten Strände.*
> Berater: *Stellen Sie sich eine Hotelanlage mit einem Pool zum Baden vor?* usw.

Lösungen anbieten

Sind die Kundenwünsche abgeklärt, beginnt die zweite Gesprächsphase. Der Verkäufer bietet Lösungen an. Er kann jetzt spezifisch auf die Kundenwünsche eingehen, weil er sie genau kennt.

Aus seinen vielen Argumenten wählt der Verkäufer nur diejenigen aus, auf die der Kunde anspricht. Ist der Kundenwunsch vor allem auf Qualität ausgerichtet, dann steht das Qualitätsargument bei den angebotenen Lösungen im Vordergrund. Wenn dem Kunden der Preis sehr wichtig ist, dann steht das Preisargument im Vordergrund.

Sinnvollerweise entwickelt der Verkäufer die Lösungen im Dialog mit dem Kunden. So hat der Kunde am Ende das Gefühl, die Lösung selbst gefunden zu

Abbildung 2
Zwei Phasen im Gespräch mit (un)entschlossenen Kundinnen und Kunden

Typ Kundschaft ▶ ▼ Gesprächsphasen	Kundschaft weiss nicht genau, was sie will	Kundschaft weiss genau, was sie will
Verhalten von Beratenden in der Bedürfnisanalyse	• Geschlossene Fragen stellen • Entscheidungsbaum • Denkpausen gewähren	• Offene Fragen stellen • Umschreibend zuhören • Aktiv zuhören
Verhalten von Beratenden in der Lösungsphase	• Auf Wünsche der Kundschaft eingehen • Für die Kundschaft relevante Argumente wählen • Im Dialog mit der Kundschaft bleiben	

haben. Der Verkäufer muss also den Kunden immer wieder ins Gespräch ziehen, statt in einen Monolog zu verfallen. Durch Rückfragen ist das leicht möglich (Abb. 2).

2.3 Prüfungsgespräch

Wie alle anderen Gespräche enthalten auch Prüfungsgespräche Rituale. Trotz Nervosität seitens des Prüflings und Zeitdruck seitens des Prüfers sollten beide der Kontaktphase Beachtung schenken. Im Minimum begrüssen und verabschieden sich Prüfer und Prüfling mit Handdruck, Blickkontakt und Namensnennung.

Obwohl die Initiative bei solchen Ritualen meist von den sozial höher gestellten Personen ausgeht, vergessen zerstreute Professorinnen und Professoren oft den zeremoniellen Teil. Da der Prüfling mehr Interesse am Gelingen des Prüfungsgesprächs hat, sollte er dafür sorgen, dass das Begrüssungs- und Verabschiedungs-Ritual gelingt. Eine Expertin und ein Experte beispielsweise, welche vom Prüfling keines Blickes gewürdigt werden, können sich durchaus als wenig wohlgesonnen beim Aufrunden schwacher Leistungen zeigen.

2.3.1 Vorbereitung auf das Prüfungsgespräch

Da Prüfer und Prüfling das Prüfungsthema im Voraus fixieren, sind Prüfungsgespräche nicht beliebig und Vorbereitung ist angezeigt. Prüfer und Prüfling überlegen sich Fragen und Antworten zum Thema.

Der Prüfer überlegt sich die Struktur der Fragen, wobei er sich darüber Gedanken macht, wie einfache bzw. wie schwierige Fragen er zu welchem Zeitpunkt stellt. Der Prüfer kann einen sehr selbständigen und begabten Prüfling mit wenigen sehr offenen Fragen konfrontieren. Einen weniger selbständigen und weniger begabten Prüfling lotst er mit engeren Fragen von einfacheren zu komplexeren Zusammenhängen. Der Prüfer kann sich auch einen einheitlichen Fragekatalog für alle Prüflinge ausdenken.

Der Prüfling formuliert die Antworten im Rollenspiel. Es besteht nämlich ein grosser Unterschied zwischen einer gedachten Antwort und einer ausformulierten Antwort. Auf die richtigen Worte, auf eine zusammenhängende Darstellung, auf vollständige, aber nicht geschwätzige Antworten – auf all das kommt es in der Prüfung an. Trainieren lässt sich das im Rollenspiel alleine oder mit anderen Prüfungskandidaten und -kandidatinnen.

2.3.2 Verhalten des Prüflings

Manche Prüfer geben am Anfang die Struktur der Prüfung bekannt. Das heisst: Sie nennen alle Fragen und die Reihenfolge, in der diese zu behandeln sind und fordern dann den Prüfling auf, ein Referat zu halten. Diese Chance sollte sich kein Prüfling entgehen lassen. Er kann das sagen, was er weiss. Allerdings gilt es der Struktur zu folgen, die zur Verfügung stehende Zeit zu beachten und zu jedem Inhaltspunkt einen angemessenen Beitrag zu liefern.

Spricht der Prüfer die ganze Zeit selbst, ist das für den Prüfling ein Problem.

Der Prüfling muss sich in einer Gesprächspause, notfalls einer Atempause, ins Gespräch bringen. Er behandelt die letzte Aussage des Prüfers wie eine offene Frage und liefert dazu seinen Beitrag.

Versteht der Prüfling eine Frage nicht, fragt er nach. Weiss er die Antwort auf eine Frage nicht, kann er beschreiben, wie er die Antwort herausfinden würde.

2.3.3 Verhalten des Prüfers

Ilse und Ernst Leisi[3] raten dem Prüfer vom Small Talk ab. Die stark komplementäre Konstellation, der Ernst der Situation und die Verfassung des Prüflings verhindern sinnvollen Small Talk. Deshalb soll der Prüfer sofort mit der Prüfung beginnen.

Als Einstieg eignet sich eine einfache und offene Frage, die der Prüfling mit grosser Wahrscheinlichkeit beantworten kann, so dass er in der Startphase Vertrauen in sich und den Prüfer bekommt.

Der Prüfer kommentiert die Antworten des Prüflings nicht. Er sagt also nicht: *Ja, das ist richtig*, oder *Nein, das ist falsch*. Er praktiziert das aufnehmende Zuhören. Ist er mit einer Antwort nicht zufrieden, verlangt er eine Präzisierung oder Ergänzung.

Bleibt die Antwort aus, fragt der Prüfer in neuer Formulierung einmal nach und geht dann weiter. Ein längeres Verharren bei einer unergiebigen Frage ist gegenüber dem Prüfling nicht fair.

Der Prüfer setzt verschiedene Schwerpunkte, so dass die Prüfung nicht einfach auf Glück oder Pech für den Prüfling herausläuft.

Gibt es starke Störungen im Gespräch, z.B. Angstblockaden, müssen diese zuerst behoben werden.[4] Der Prüfer kann Störungen direkt ansprechen oder seine Fragestrategie ändern. Indem er z.B. einige ganz enge, einfache Fragen stellt, kann er dem Prüfling Selbstvertrauen einflössen. Indem er ganz offene Fragen stellt, kann er den Weg zum Dialog suchen. Vor allem aber gilt: Der Prüfer überlässt das Wort weitgehend dem Prüfling (Abb. 3).

Abbildung 3 Rollenerwartungen an Prüfende und Prüflinge

Rollen ▶ ▼ Phasen	Prüfling	Prüfer, Prüferin
Vor der Prüfung	• Sich Fragen ausdenken • Antworten mündlich üben	• Unterschiedlich schwierige Fragen ausdenken • Fragenfolge planen
Während der Prüfung	• Prägnant formulieren • Zusammenhängend reden • Vollständig antworten	• Fragen und Nachfragen • Mehrere Schwerpunkte setzen • Aufnehmend zuhören

---

[3] Leisi, Sprach-Knigge, S. 102.

[4] *Störungen haben Vorrang*, so lautet eine Forderung aus dem Konzept der Themenzentrierten Interaktion, bei der es um die erfolgreiche Leitung von Gesprächen mit fixem Thema geht (vgl. dazu den Abschnitt «Gesprächsleitung»).

2.4 Bewerbungsgespräch

2.4.1 Wie bereiten sich Bewerbende vor?

Sich informieren

In der Vorbereitungsphase sammeln Bewerbende so viele Informationen über die Firma, bei der sie sich bewerben, wie in nützlicher Frist möglich ist. Je besser sie informiert sind, um so besser kommen sie beim Bewerbungsgespräch an. Die Werbenden sehen, dass sie es mit einer interessierten, aktiven und kompetenten Person zu tun haben.

Informationen können wir uns leicht übers Internet beschaffen. Es macht keinen guten Eindruck, wenn wir uns bei einer Firma bewerben und sich beim Bewerbungsgespräch herausstellt, dass uns die Angelegenheit nicht einmal einen Blick auf die Homepage der Firma wert war.

Wir zapfen aber auch andere Quellen an. Insbesondere befragen wir Bekannte und Verwandte, die etwas über die Firma wissen oder sogar bei der Firma angestellt sind oder waren.

Wir können bei der Firma Informationsmaterial anfordern, z. B. einen Geschäftsbericht oder einen Produktkatalog. Eine gute Firma wird sich bemühen, unsere Anstrengungen zu unterstützen.

Wir klären im Vorfeld eines Bewerbungsgespräches Fragen wie: *Was produziert die Firma? Wer leitet die Firma? Wie ist die Firma organisiert? Wie bedeutend ist die Firma? Wie viele Mitarbeitende, Standorte, Kapital, Gewinn gibt es? Wer sind die Konkurrenten?*

Sich Antworten überlegen

In der Vorbereitungsphase bereiten wir uns auch auf die Fragen vor, mit denen wir mit einiger Sicherheit konfrontiert werden. Die Fragen lassen sich verschiedenen Kategorien zuordnen (Abb. 4).

Laufbahnfragen zielen darauf ab, dass die Firma unsere berufliche Biografie kennenlernt und beurteilen kann, wie gut wir ins Unternehmen passen. Laufbahnfragen kommen in der Regel am Anfang eines Bewerbungsgespräches. Meist werden wir als Bewerberin oder Bewerber zu Beginn eines Gespräches aufgefordert, den Lebenslauf zu erzählen. Natürlich ist es unsinnig zu sagen, dass wir ja alles schon im Lebenslauf beschrieben hätten – das wissen Inter-

Fragekategorien	Fragen zu
Laufbahnfragen	• Bisherige Tätigkeiten und berufliche Entwicklung • Aus- und Weiterbildung
Motivfragen	• Motive, die aktuelle Stelle zu verlassen • Motive, die neue Stelle anzustreben
Persönliche Fragen	• Stärken und Schwächen, Erfolge und Misserfolge • Interessen, Hobby, Familie

Abbildung 4
Fragekategorien im Bewerbungsgespräch

viewerinnen und Interviewer. Sie wollen mit dieser Aufforderung der Bewerberin, dem Bewerber die Gelegenheit geben, auf sicherem Terrain zu beginnen. Diese Gelegenheit sollten wir unbedingt ergreifen und auch gleich zeigen, dass wir sprachlich versiert sind, strukturiert, kurz und interessant erzählen können. Wir üben deshalb in der Vorbereitung, unseren Lebenslauf zu erzählen.

Motivfragen wollen in Erfahrung bringen, wieso wir die alte Stelle verlassen, eine neue suchen und genau die Stelle wollen, auf die wir uns gerade bewerben. Hier geht es darum, unser Gegenüber davon zu überzeugen, dass wir die Stelle wirklich wollen. Dafür müssen wir gute Gründe haben, die wir mit Vorteil in der Vorbereitungsphase überlegt und formuliert haben.

Persönliche Fragen geben den Interviewenden Gelegenheit, unsere Persönlichkeit und unseren Charakter kennenzulernen. Persönliche Fragen sind z.B.: *Was sind Ihre Stärken und Schwächen? Was haben Sie für Vorbilder? Welche Bedeutung hat Ihre Familie? Beschreiben Sie einen Misserfolg und wie Sie auf den Misserfolg reagiert haben?*

2.4.2 Wie verhalten sich Bewerbende im und nach dem Gespräch?

Pünktlich und in Arbeitskleidung (nicht im Überkleid) erscheinen wir als Bewerberin, Bewerber zum Gespräch.

Als erstes müssen wir den Small Talk bewältigen. Mit Vorteil geben wir hier möglichst viele positive Signale. Wir sagen also z.B., *dass die Wegbeschreibung sehr gut, die Gegend sehr schön* oder *der Sekretär sehr nett sei.*

Konzentration ist besonders dann nötig, wenn uns die am Gespräch beteiligten Personen vorgestellt werden. Wir sollten uns unbedingt die Namen aller Beteiligten und deren Funktionen und Positionen merken. Dadurch lassen sich die Personen und ihre Fragen besser einschätzen. Ausserdem müssen wir daran denken, dass das Gespräch schon bald wieder vorbei ist und wir uns von allen verabschieden müssen. Es ist peinlich und wir hinterlassen einen schlechten letzten Eindruck, wenn wir die Namen beim Verabschieden schon wieder vergessen haben.

Während des Gesprächs verhalten wir uns aktiv, verzichten aber darauf, das Gespräch an uns zu reissen. Wir warten, bis die Interviewenden Fragen stellen, und akzeptieren auch Pausen. Wenn wir gefragt sind, dann antworten wir interessant und ausführlich, aber nicht geschwätzig und ausschweifend. Wir stellen selbst auch Fragen, interessieren uns für die Interviewenden und suchen den Kontakt zu ihnen.

Ein Kontakt entsteht auch durch Blickkontakt mit allen Interviewenden. Sehen wir, dass die Interviewenden auf unsere Ausführungen reagieren (*lachen, Stirne runzeln, Augenbrauen hochziehen*), können wir unsererseits reagieren, indem wir eine Frage stellen, etwas erklären, begründen oder anders ausdrücken. So entwickelt sich ein echtes Gespräch statt nur eines Verhörs. An einem Verhör finden die Interviewenden genauso wenig Spass wie diejenigen, die sich bewerben.

Im Bewerbungsgespräch sind wir ehrlich, sonst laufen wir Gefahr, dass uns stimmliche und körpersprachliche Signale verraten.

Nach dem Bewerbungsgespräch gilt es die Ergebnisse zu sichten. Als Bewerberin, Bewerber überlegen wir, ob wir die Stelle immer noch möchten. Wir vergleichen unsere Wünsche mit der Wirklichkeit und ziehen Bilanz. So sind wir gerüstet, falls eine Zusage kommt oder wir können uns mit dem richtigen Elan auf neue Bewerbungen konzentrieren. Dazu analysieren wir unseren Auftritt und korrigieren unser Verhalten im Hinblick auf zukünftige Bewerbungsgespräche. So können wir auch bei einer Absage immer davon ausgehen, dass wir doch etwas bekommen haben: Wir haben wertvolle Erfahrungen gesammelt.

2.5 Kritikgespräch

2.5.1 Grundlagen der konstruktiven Kritik

Mit konstruktiver (aufbauender) Kritik können wir Konflikte verbal lösen. Wir gehen wieder vom Grundsatz der Kommunikationstheorie aus: *Jede Botschaft hat einen Inhalts- und einen Beziehungsaspekt.*

Auch im Kritikgespräch haben Rituale Bedeutung. Ein Kritikgespräch ohne Begrüssung und Verabschiedung und ohne Small Talk lässt sich sehr unangenehm an – fast wie eine Gerichtsverhandlung, in der über den (vor)verurteilten nur noch das Strafmass verhängt wird. Diese Situation sollten wir durch angemessene Kontaktelemente vermeiden. Auch ist dem Konfliktgespräch eine symmetrische Beziehung förderlich. Letztlich sollen ja Kritiker und Kritisierter gemeinsam Verbesserungsmassnahmen treffen. Nur das gemeinsame Vorgehen gewährleistet, dass alle Beteiligten die Massnahmen auch wirklich mittragen.

Mit positiven Aussagen zu Beginn des Kritikgespräches definieren wir als Kritisierende eine Beziehung als grundsätzlich positiv. Dabei geht es nicht darum zu heucheln. Jede und jeder sollte sich echt bemühen, das Positive am Verhalten oder an der Persönlichkeit dessen zu sehen, der zu Kritik Anlass gibt.

Vergegenwärtigen wir uns das Positive am Gesprächspartner, können wir das Kritikgespräch freundlicher, sachlicher und damit auch erfolgreicher in Angriff nehmen. Vielleicht wird sich das Kritikgespräch sogar ganz erübrigen. Wenn wir an all die guten Eigenschaften und Handlungen einer Person denken, dann kommen wir uns mit einer Detailkritik schnell kleinlich vor. Wir üben Toleranz.

Auch sachliche und konstruktive Kritik greift die Person des Kritisierten an und sogar die besten Ratschläge sind letztlich Schläge. Deshalb bereiten wir ein Kritikgespräch sorgfältig vor.

2.5.2 Perspektive des Kritisierenden

Lassen sich Probleme nicht mit Toleranz lösen, beachten wir als Kritisierende die folgenden Merkmale konstruktiver Kritik (Abb. 5):

- Wir organisieren Kritikgespräche mit Vorteil unter vier Augen. Öffentliche Kritik ist besonders hart und wenig effizient, da sie Abwehr, Trotz und Furcht hervorrufen kann. Diese Reaktionen verschärfen die Situation, anstatt sie zu verbessern.
- Wir sprechen ein Problem nach Möglichkeit sofort an. Mit einer schnellen Reaktion verhindern wir tückische Schwelbrände, die je länger je schwieriger zu kontrollieren sind.
- Um den heissen Brei herumreden, nicht mit dem Thema herausrücken ist einer symmetrischen Beziehung und damit einer konstruktiven Konfliktlösung abträglich. Besser künden wir dem Kritisierten schon im Voraus an, worüber wir mit ihm sprechen wollen, so dass er sich ebenfalls auf das Gespräch vorbereiten kann.
- Wir bleiben möglichst sachlich und verzichten darauf, persönliche Antipathie gegenüber dem Kritisierten zu bekunden oder die Persönlichkeit des Kritisierten anzugreifen. So verhindern wir einen Beziehungskonflikt und konzentrieren uns auf sachliche Problemlösungen.
- Als Kritisierende analysieren wir das bestehenden Problem.
  – Wir suchen nach Ursachen für das Verhalten, welches wir kritisieren wollen,
  – wir informieren uns über alle Umstände,
  – wir geben uns und dem Kritisierten Rechenschaft über unsere Erwartungen als Kritisierende.
- Gemeinsam mit dem Kritisierten suchen wir nach Lösungen. Wir machen zu diesem Zweck Vorschläge in Form von Ich-Aussagen. Wir treffen gemeinsam Vereinbarungen und legen unter Umständen auch Konsequenzen für den Fall fest, dass Vereinbarungen nicht eingehalten werden.
- Vor allem bei Beziehungsproblemen zwischen Mitarbeitenden kann es nötig sein, eine Mediatorin oder einen Mediator (Vermittlerin, Vermittler) beizuziehen, welche die Konfliktanalyse und Lösungen professionell unterstützen.

**Abbildung 5
Merkmale
konstruktiver
Kritik**

10 Merksätze für Kritisierende
1. Toleranz üben
2. Positives würdigen
3. Öffentliche Kritik vermeiden
4. Rasch reagieren
5. Schnell den wunden Punkt ansprechen
6. Sachlich bleiben
7. Den Umständen und der Situation Rechnung tragen
8. Erwartungen formulieren
9. Im Dialog nach Lösungen suchen
10. Vereinbarungen treffen

2.5.3 Perspektive der Kritisierten

Befinden wir uns in der Rolle der Kritisierten, dann halten wir uns an folgende Verhaltensregeln:

- Wir nehmen konstruktive Kritik (kommentarlos!) entgegen,
- wir prüfen die sachliche Berechtigung der Kritik,
- wir beteiligen uns an der Problemanalyse und der Lösungssuche.

Angriff ist die beste Verteidigung, sagt der Volksmund. Das ist eine Konfliktstrategie, wie die militärische Wortwahl (Angriff, Verteidigung) zeigt. Wenn wir uns in der Rolle des Kritisierten verteidigen, kann das Gespräch rasch in einen Schlagabtausch (Angriff – Verteidigung – Angriff …) münden. Problemlösungen kommen so kaum zu Stande. Je länger der Redestreit dauert, um so schwieriger wird es, zu einer positiven Ausgangslage zurückzufinden. Diese bildet aber, wie oben dargelegt, eine notwendige Voraussetzung für konstruktive Kritikgespräche.

Der Volksmund berät uns also schlecht. Wer sich konstruktiv verhält, der nimmt konstruktive Kritik auf, behandelt sie sachlich und passt sein Verhaltensrepertoire an.

Das gilt nicht im gleichen Mass bei destruktiver Kritik. Darunter will ich alle Kritik fassen, die nicht konstruktiv ist. Eine nicht-konstruktive Kritik läuft immer darauf hinaus zu verletzen, sie ist zerstörend (= destruktiv). Die Reaktionsvarianten auf destruktive Kritik sind vielfältig, und sicher hat hier auch die Volksweisheit *Angriff ist die beste Verteidigung* ihre Berechtigung. Allerdings gilt auch für destruktive Kritik, dass sich die Situation eher verbessert, wenn der Kritisierte konstruktiv reagiert. Eine konstruktive Reaktion kann trotz destruktiver Kritik zu einer konstruktiven Auseinandersetzung führen.

2.5.4 Beispiele für konstruktive und destruktive Kritik

Ich will im folgenden einige (konstruierte) Beispiele für konstruktive und destruktive Kritik und Reaktionen darauf geben.

Als Beispiel 1 nehmen wir an, meine Mitarbeiterin kommt jedesmal zu spät an die Teamsitzung. Ich kann ihr sagen:

> *Es ist eine Frechheit, dass du immer zu spät kommst!*

Das ist ein Beispiel für destruktive Kritik. Es handelt sich um einen klassischen Vorwurf in der Gestalt einer negativen Bewertung des Verhaltens einer Mitarbeiterin (Abb. 6).

Destruktiver Start ins Kritikgespräch	Negative Bewertung: *Es ist eine Frechheit, dass du immer zu spät kommst.*	Sarkasmus: *Das haben Sie ja wieder einmal gut gemacht!*
Konstruktiver Start ins Kritikgespräch	Offene Frage: *Warum kommst du zu spät?*	Gefühle in Ich-Aussage: *Ich bin enttäuscht über den Ausgang dieser Sache.*

Abbildung 6
Varianten destruktiver und konstruktiver Kritik

Die Mitarbeiterin kann z. B. antworten (gemäss dem Prinzip *Angriff ist die beste Verteidigung*):

> *Du bist auch schon zu spät gekommen.*

Wir können uns das Lamentieren vorstellen, das jetzt einsetzt und nur schlechte Stimmung macht, aber nichts an der Situation ändert. Ein Machtkampf findet statt, aber keine Konfliktlösung. Deshalb können wir vermuten, dass das Gespräch nicht konstruktiv ist.

Eine konstruktive Reaktion der Mitarbeiterin auf meine destruktive Kritik wäre:

> *Es ist mir einfach nicht möglich, rechtzeitig zu kommen, weil ich an diesem Tag immer so viel zu tun habe. Können wir die Sitzung in Zukunft an einem anderen Wochentag ansetzen?*

Ähnlich wie diese konstruktive Reaktion sähe eine konstruktive Kritik aus. Ich könnte z. B. fragen:

> *Warum kommst du zu spät?*,

oder feststellen:

> *Du kommst zu spät, würde dir in Zukunft ein anderer Termin besser passen?*

Es gibt viele Möglichkeiten, hier konstruktiv zu reagieren. Grundsätzlich ist es im Dienste konstruktiver Lösungen oft sinnvoll, Fragen zu stellen und Fakten zu konstatieren, anstatt Vorwürfe zu machen. Oft fallen einem bei solchen Gelegenheiten allerdings nur destruktive Bemerkungen ein, weil uns in solchen Situationen starke Gefühle leiten. Im geschilderten Beispiel können wir uns vorstellen, wie die Mitarbeitenden gewartet haben, wie sich Ungeduld und schlechte Laune aufgebaut und in der direkten Konfrontation mit der Auslöserin entladen haben. Konstruktive Kritik üben, heisst also im konkreten Fall auch, die Gefühle zurückdrängen und kühlen Kopf bewahren.

Als Beispiel 2 nehmen wir an, ein Projekt wird in den Sand gesetzt. Der Vorgesetzte sagt zum Projektverantwortlichen:

> *Das haben Sie ja wieder einmal gut gemacht!*

Es handelt sich um eine indirekte Kritik, genauer um Sarkasmus. Es ist schwierig, darauf konstruktiv zu reagieren. Sicher fährt der Kritisierte gut, wenn er sachlich bleibt, also den Ball nicht aufnimmt, sondern z. B. sagt:

> *Woran, glauben Sie, ist das Projekt gescheitert?*

Wie könnte der Chef sich schon von Beginn an konstruktiv verhalten? Er könnte z. B. sagen:

> *Ich bin enttäuscht über den Ausgang der Sache,*

oder er könnte seinerseits nach Gründen (*Warum ist es schief gelaufen?*) oder der Schadensbegrenzung (*Können wir noch etwas retten?*) fragen.

Hier (*Ich bin enttäuscht über den Ausgang der Sache*) sehen wir noch einen weiteren Ansatz, mit Gefühlen umzugehen. Lassen sich Gefühle nicht zurückdrängen, dann sollten wir sie direkt zum Ausdruck bringen. Bei Beispiel 1 würde eine entsprechende Botschaft z. B. lauten: *Ich bin wütend darüber, dass du schon wieder zu spät kommst.* Auch auf solchen direkten und persönlichen

Gefühlsäusserungen kann durchaus konstruktiv aufgebaut werden. Gefühlsäusserungen sollten wir allerdings in sogenannten *Ich-Aussagen* und nicht als unpersönliche, pauschale Vorwürfe (vgl. oben *Es ist eine Frechheit, dass du immer zu spät kommst*) formulieren.

Ich fasse zusammen: Eine konstruktive Kritik zeichnet sich dadurch aus, dass sie nicht auf die Austragung eines Konfliktes zielt, sondern auf die Lösung eines Konfliktes. Für alle Beteiligten gilt, dass sie möglichst offen ihre Gedanken und Gefühle formulieren, sich auf die Sache konzentrieren und darauf verzichten, ihre Gesprächspartnerin oder ihren Gesprächspartner persönlich anzugreifen.

2.6 Gesprächsleitung

Wir betrachten im Folgenden, wie sich Gesprächsleiter und Gesprächsleiterinnen verhalten sollten. Insbesondere geht es hier um Gespräche im beruflichen Alltag, insbesondere Sitzungen.

Sie erhalten Angaben darüber, wie Sie eine Sitzung vorbereiten und welche Aufgaben Sie während und nach der Sitzung als Gesprächsleiter oder Gesprächsleiterin erwarten.

Die genannten Regeln lassen sich auf manch anderes Gespräch im beruflichen und privaten Alltag übertragen. Sie können sich hier auch orientieren, wenn Ihnen beispielsweise ein Mitarbeitergespräch oder ein Gespräch unter Freunden bevorsteht, bei dem Sie nicht nur spontan, sondern auch strategisch vorgehen wollen.

2.6.1 Vorbereitung auf das Gespräch

Eine Sitzung soll einen Nutzen haben. Rufen Sie also nur dann – vermutlich vielbeschäftigte – Personen zusammen, wenn Sie einen guten Grund dazu haben. Meist ist der Grund einer Sitzung ein Problem, das nur mehrere Personen gemeinsam lösen können und das nicht auch telefonisch oder auf dem Korrespondenzweg zu lösen wäre. Solche Gründe sind zum Beispiel:

- Sicherer Informationsaustausch ohne Missverständnisse, mit genügend Redundanz, mit Überzeugungskraft,
- Klärungen, zum Beispiel eines Auftrages, oder Vereinbarungen, zum Beispiel eines Vertrages,
- Ideensammlungen oder Variantendiskussionen.

Ist ein Treffen nötig, überlegen sich Sitzungsleitende, wer alles zur Zielerreichung beitragen kann. Das können zum Beispiel Experten, Betroffene oder Auftraggebende sein. Es gilt also die richtigen Gesprächsteilnehmenden auszuwählen. In einem nächsten Schritt überlegen Gesprächsleitende, wie genau das Treffen idealerweise verlaufen sollte. Welche Inhalte soll das Gespräch haben? – ist die Leitfrage. Daraus ergeben sich die Traktanden und die Gesprächsdauer lässt sich abschätzen.

Gespräche sollten weniger in die Breite und mehr in die Tiefe gehen. Ein Gespräch, das diese Anforderung erfüllt, hat eine hierarchische Gesprächsstruktur. Ich will im Folgenden eine solche hierarchische Gesprächsstruktur an einem Beispiel verdeutlichen.

Nehmen wir an, das Gesprächsthema lautet: *Verbesserung von Produkt X,* und das Gesprächsziel besteht darin, *das Vorgehen und die Verantwortungen zur Verbesserung von Produkt X zu klären.* Sicher geht die gesprächsleitende Person in der Einleitung darauf ein, warum das Produkt X verbessert werden muss. Sie weist auf die Schwachpunkte des Produktes hin und klärt die Rahmenbedingungen (*der Preis soll z.B. gleich bleiben*). Sie erklärt den Ablauf des Gesprächs und den Entscheidungsmodus (z. B. *Mehrheitsentscheid der Anwesenden*).

Sie legt drei Verbesserungsvorschläge vor und diskutiert alle in Bezug auf verschiedene Kriterien (*Kosten, Materialien, Ressourcen*). Schliesslich entscheidet sich die Gesprächsgruppe für eine Variante. Dann besprechen sie das Vorgehen zur Realisierung. Auch hier kann die gesprächsleitende Person Möglichkeiten zur Auswahl stellen und diskutieren lassen, indem sie bei der Diskussion auf verschiedene Aspekte eingeht (*personelle Ressourcen, Materialbeschaffung, Marketing*). Wieder fällt eine Entscheidung.

Als letztes teilt die Gruppe Verantwortungen zu. Auch hier braucht es eine Gliederung, z.B. in *Konstruktions-, Produktions- und Instruktionsverantwortung.*

Überblicken wir das (nur grob und allgemein) geschilderte Gespräch, so erkennen wir eine Struktur wie in Abbildung 7:

Abbildung 7 Hierarchische Gesprächsstruktur

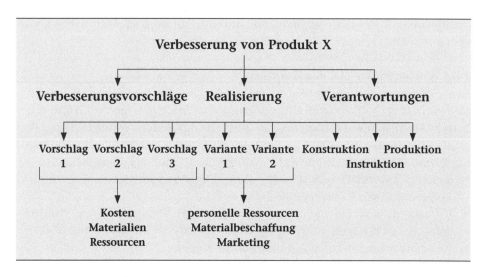

Die in Abbildung 7 gezeigte Struktur zeichnet sich dadurch aus, dass das Gespräch in wenige Themenbereiche gegliedert ist und sich diese wiederum in verschiedene Aspekte aufteilen. So kann die Gruppe alle Themenbereiche vertieft und differenziert diskutieren.

Sobald die Person, die das Gespräch einberuft und es in der Regel auch leitet, alle diese Vorbereitungen getroffen hat, fixiert sie Ort und Zeit. Dies kann eigenmächtig oder in Absprache mit den Teilnehmenden geschehen. Immer häufiger vereinbaren Sitzungsbeteiligte Termine für unregelmässig stattfindende Sitzungen mit elektronischen Hilfsmitteln wie Outlook oder über die Plattform *www.doodle.ch*. Zum Schluss bleibt noch das Bereitstellen von Materialien und Infrastruktur:

- Sitzungspapiere wie Entwürfe, Vorschläge, Argumentarien, Hintergrundinformationen sind zu erstellen und den Sitzungsteilnehmenden rechtzeitig zu verteilen. Denn die Lektüre von Sitzungspapieren gehört nicht in die wertvolle Sitzungszeit, sondern ist individuell im Voraus zu leisten.
- Ein geeigneter Raum und Getränke, bei einer halbtägigen oder längeren Sitzung auch Verpflegung, sind zu organisieren.
- Allfällige Materialien wie Flipcharts, Karten, Stifte, Pinwände zum Moderieren von Gruppenprozessen sind bereitzustellen.

Insgesamt sind also die in Abbildung 8 dargestellten fünf Phasen bei der Sitzungsvorbereitung zu unterscheiden.

Wozu?	Nutzen des Gesprächs abschätzen
Wer?	Gesprächsteilnehmende wählen
Was und wie lange?	Inhalte und Dauer des Gesprächs planen
Wann und Wo?	Termin und Ort des Gesprächs bestimmen oder vereinbaren
Womit?	Materialien und Infrastruktur für das Gespräch bereitstellen

Abbildung 8
Leitlinien für die Sitzungsvorbereitung

2.6.2 Aufgaben der Gesprächsleitenden

- **Als Gesprächsleitende führen wir ins Gesprächsthema ein.** Wir motivieren das Thema, erklären der Gesprächsrunde, warum sie sich mit dem Thema auseinandersetzen soll. Wir klären auch Rahmenbedingungen wie Zeitrahmen, Gesprächsziel und Entscheidungsmodus.
- **Wir verwalten das Rederecht.** Das gibt uns grosse Macht. Wir können das Wort entziehen oder es erteilen. Wir sind dafür verantwortlich, dass das Rederecht gerecht verteilt wird. Alle Gesprächsteilnehmenden sollen in gleichem Umfang zu Wort kommen.

  Wenn wir als Gesprächsleitende das Rederecht beanspruchen, akzeptieren das die Gesprächsteilnehmenden, weil sie unsere Führungsrolle anerkennen. Nehmen wir selbst das Rederecht wahr, dürfen wir es keinesfalls dazu missbrauchen, die eigenen Ansichten und Interessen durchzusetzen – darauf komme ich im Zusammenhang mit den Eigenschaften von Gesprächsleitenden zurück.
- **Wir greifen ordnend ein.** Wir bringen Vielredner zum Schweigen und Schweigerinnen und Schweiger zum Reden. Wir greifen ein, wenn die Gesprächsrunde oder einzelne vom Thema abschweifen oder wenn eine sachliche Diskussion in eine persönliche Auseinandersetzung mündet. Wir greifen ein, wenn wir das Thema oder den Themenaspekt wechseln oder die Entscheidungsfindung organisieren wollen.

- **Wir geben Impulse.** Wenn sich ein Gespräch nicht von selbst entwickelt, können Fragen Impulse auslösen. Wobei uns bei einer kleinen Runde die Möglichkeit offen steht, die Frage an alle oder an jeden und jede einzeln zu richten. Impulse gehen von kontroversen Ansichten aus. Wir sprechen also gezielt Themen an, bei denen wir wissen, dass die Mitglieder der Gesprächsrunde verschiedene Positionen vertreten. Impulse gehen auch von provozierenden Stellungnahmen aus. Solche Meinungsäusserungen können wir als Gesprächsleitende formulieren, müssen dabei aber deutlich machen, dass sie nicht unseren persönlichen Ansichten entsprechen. Ansonsten wird das Neutralitätsprinzip (vgl. unten) verletzt und das Gespräch blockiert, anstatt angeregt.
- **Wir nehmen einzelne Gesprächsbeiträge auf und stellen sie in der Gesprächsrunde zur Diskussion.** Soll ein Gespräch nicht in die Breite, sondern in die Tiefe gehen, dann müssen wir als Gesprächsleitende ordnend eingreifen. Wir greifen einen Beitrag auf und fordern die Gesprächsrunde auf zu diesem Beitrag Stellung zu nehmen, so dass alle vom Gleichen sprechen.
- **Wir beseitigen Störungen.** Denn ein Postulat des Konzeptes der Themenzentrierten Interaktion (TZI)[5] lautet: *Störungen haben Vorrang.* TZI ist ein Konzept für geleitete Gruppengespräche mit fixem Thema. Solange Störungen vorhanden sind, können keine produktiven Gespräche stattfinden. Störungen können in den Beziehungen vorhanden sein, beispielsweise Antipathien zwischen Gesprächsteilnehmenden. Störungen können durch ungünstige äussere Bedingungen wie Lärm verursacht sein. Störungen können auch auftreten, wenn einzelne Gesprächsteilnehmende die Aufmerksamkeit vom Thema abziehen und bei sich konzentrieren, weil sie z.B. wütend werden. Behandeln Gesprächsleitende Störungen vorrangig, müssen sie unter Umständen das sachbezogene Gespräch unterbrechen oder verschieben.
- **Als Gesprächsleitende schliessen wir das Gespräch ab.** Wir formulieren ein Schlusswort, indem wir das Gespräch, insbesondere dessen Ergebnisse zusammenfassen. Damit das gelingt, machen wir uns während des Gesprächs Notizen. Diese Notizen sind nicht mit dem Protokoll zu verwechseln.

Es ist zwar möglich, die ausserordentlich fordernden Aufgaben des Gesprächsleitenden und des Protokollführenden gleichzeitig zu übernehmen, aber nicht ideal. Gesprächsleitende organisieren deshalb rechtzeitig eine Protokollführerin, einen Protokollführer.

---

[5] Das Konzept der Themenzentrierten Interaktion (TZI) stammt von Ruth Cohn, welche es seit den 60er-Jahren stets weiter entwickelt. TZI versucht «verschiedene Strömungen und Grundüberzeugungen der guten und hilfreichen Gesprächsführung zu integrieren.» So Flammer, August; Einführung in die Gesprächspsychologie, Bern: Hans-Huber, S.189. Auf Flammer, S.189ff, beruhen auch die folgenden Hinweise auf Hilfsregeln der TZI. Die TZI stellt sehr allgemeine Axiome (Grundgesetze) für Gespräch auf, formuliert Postulate (Forderungen) und Hilfsregeln.

2.6.3 Eigenschaften der Gesprächsleitenden

Wichtige Eigenschaften von Gesprächsleitenden sind Neutralität und Sachlichkeit. Als Gesprächsleitende können wir nur dann den Führungsanspruch wahren, wenn wir uns einerseits selbst aus der Sache raushalten, also nie persönlich Stellung beziehen und andrerseits die Gesprächsteilnehmenden zwingen, immer bei der Sache zu bleiben.

Studierende sind oft der Meinung, dass eine Gesprächsleiterin, ein Gesprächsleiter nicht neutral sein muss, ja, gar nicht neutral sein kann. Sie haben in Bezug auf die zweite Behauptung recht. Selten ist jemand gegenüber einer Frage, mit der sie oder er sich befasst hat, neutral. Trotzdem muss auf der ersten Forderung beharrt werden. Gesprächsleiterinnen und Gesprächsleiter müssen sich neutral verhalten. Sie müssen sich zwingen, die subjektiven Ansichten und Einsichten zu unterdrücken. Warum müssen Gesprächsleitende neutral sein?

Stellen wir uns eine Sitzung vor wie oben beschrieben. Es geht um die Entscheidung der Frage, wie soll Produkt X verbessert werden. Nehmen wir an, der Sitzungsleiter sei der Chef und er sage: *Ich bin überzeugt davon, dass das Produkt X mit dieser und jener Massnahme verbessert werden muss.* Wer wird ihm widersprechen? Warum sollte man sich überhaupt auf eine Diskussion mit ihm einlassen? Er ist der Chef! Das gilt für jeden Gesprächsleiter und jede Gesprächsleiterin, auch wenn er oder sie in der Betriebshierarchie nicht höher steht als die Gesprächsteilnehmenden. Als Gesprächsleitende nehmen wir Führungsfunktionen wahr: Wir dominieren das Gespräch schon alleine dadurch, dass wir Thema, Themenaspekte, Zeit, Ort, Dauer und Teilnehmende bestimmen. Wir führen auch dadurch, dass wir das Rederecht verwalten, Impulse geben und Ergebnisse formulieren. Diese Führungsaufgaben missbrauchen wir, wenn wir sie dazu verwenden, unsere Ansichten oder unsere Interessen durchzusetzen. Das werden die Gesprächsteilnehmenden keineswegs schätzen. Sie werden den Anlass nicht als Gespräch, sondern als Referat interpretieren und sich ihre Gedanken im Stillen machen.

Damit überhaupt ein Gespräch stattfindet, müssen also Gesprächsleitende neutral sein, auch wenn das schwerfällt. Selbstverständlich dürfen wir als Gesprächsleitende eine eigene Meinung haben, wir sollten lediglich darauf verzichten, sie im Gespräch zu vertreten.

Ist es unverzichtbar, dass unsere Meinung einfliesst, dann sollten wir jemand anderen mit der Gesprächsleitung betrauen und uns in die Rolle einer Gesprächsteilnehmerin oder eines Gesprächsteilnehmers begeben.

Natürlich ist es vorteilhaft, wenn wir die Aufgaben des Gesprächsleiters möglichst höflich und diplomatisch wahrnehmen. Niemand sollte im Gespräch persönlich beleidigt werden, dazu haben auch die Gesprächsleitenden nicht das Recht. Die Forderung, jemanden zum Beispiel zu unterbrechen und gleichzeitig höflich zu sein, ist eine echte Kommunikationszwickmühle. Halten wir uns an das Gebot höflicher Sachlichkeit, dürfte die Zwickmühle aber zu bewältigen sein.

2.6.4 Haltung der Gesprächsteilnehmenden

Die Gesprächsteilnehmenden anerkennen alle Funktionen der Gesprächsleiterin, des Gesprächsleiters und lassen sich führen (Abb. 9). Tun sie das nicht, können sie ein Gespräch torpedieren. Anerkennen sie die Führungsrolle der gesprächsleitenden Person nicht, dann wird das Gespräch auf einen Machtkampf hinauslaufen. Ein sachliches Gespräch kann nicht stattfinden.

Gesprächsteilnehmende sollten bereit sein, ihre Meinung preiszugeben, Informationen mitzuteilen, Erfahrungen und Gefühle zu vermitteln. Nur unter diesen Voraussetzungen kann sich ein Gespräch entwickeln.

Eine Hilfsregel der Themenzentrierten Interaktion (TZI – vgl. dazu oben) lautet:

«Vertritt dich selbst in deinen Aussagen, sprich per ‹ich› und nicht per ‹wir› oder ‹man›.»[6]

Sogenannte *Ich-Aussagen* bedingen und ermöglichen die Übernahme von Verantwortung und zwingen jede und jeden sich seine eigenen Gefühle, Gedanken und Wertungen bewusst zu machen. Ich-Aussagen verhindern unverbindlich allgemeine und damit auch wenig bedeutsame Gesprächsbeiträge.

In eine ähnlich Richtung weist eine weitere Hilfsregel:

«Sei authentisch und selektiv in deiner Kommunikation ...»

Was bedeutet das? Mit *authentisch* ist gemeint, dass wir eigene und wahre Gefühle, Gedanken und Wertungen ausdrücken und keine Vorurteile, Allgemeinplätze und Leerformeln verbreiten. *Selektiv* kommunizieren wir, wenn wir nicht alle echten Gedanken, Gefühle, Erfahrungen und Ansichten, sondern nur die wichtigen Botschaften vermitteln. Gemäss dem Konzept der TZI ist etwas dann wichtig, wenn es für den Sprecher, die Sprecherin, die Gesprächsrunde oder in Bezug auf die Sache wichtig ist.

Zum Schluss will ich eine letzte Hilfsregeln verkürzt zusammenfassen:

Halte dich mit Urteilen über andere zurück!

Oft laufen Gespräche genau dann ins Leere, wenn Gesprächsteilnehmende andere be- oder verurteilen. Aussagen wie: *Du bist zu konservativ*, verurteilen das Gegenüber, drängen es in die Opposition und leiten einen Beziehungskonflikt ein. Solche Urteile sind einer sachlichen Auseinandersetzung wenig förderlich. Persönliche Urteile über andere bringen ein Gespräch nicht wirklich voran und sind deshalb produktiven Gesprächen oft abträglich.

Abbildung 9
Beiträge von
Gesprächsteil-
nehmenden zu
produktiven
Gesprächen

Verhaltensregeln für Gesprächsteilnehmende
1. Gesprächsleitende Person und ihre Rolle akzeptieren
2. Sich ins Gespräch einbringen
3. Ich-Aussagen formulieren
4. Echt sein und nichts vorspielen
5. Sich auf Relevantes beschränken
6. Auf persönliche Urteile über andere Personen verzichten

---

[6] Ruth Cohn, zit. in Flammer, Einführung in die Gesprächspsychologie, S. 199 ff.

3 Protokolle

3.1 Funktion von Protokollen

Ein Gespräch ist eine flüchtige Angelegenheit. Ist es einmal Vergangenheit, bleiben nichts als Erinnerungen. Erinnerungen können bei verschiedenen Gesprächsteilnehmerinnen und Gesprächsteilnehmern sehr verschieden ausfallen. Dafür gibt es mehrere Ursachen:

- Nicht alle hören alles.
- Viele knüpfen persönliche Deutungen an Gesprächsbeiträge und speichern diese dann entsprechend individuell ab.
- Erinnerungen verblassen.
- Schon nach kurzer Zeit überlagern neue Informationen alte oder verknüpfen sich mit ihnen.

Der Sinn eines Gesprächsprotokolls besteht darin, ein gewisses Mass an Gruppen-Erinnerungen für die Zukunft zu fixieren. **Protokolle bilden das kollektive Gedächtnis.**

Gesprächsleitende und protokollführende Person verantworten mit ihrer Unterschrift das Protokoll und sorgen dafür, dass es die Gesprächsteilnehmerinnen und Gesprächsteilnehmer genehmigen. In der Regel verteilt eine Sitzungsleiterin, ein Sitzungsleiter das Protokoll nach der Sitzung oder an der folgenden Sitzung allen Beteiligten oder hängt es öffentlich aus. Im stillen Verfahren – wenn keine Rückmeldungen kommen, gilt das Protokoll als anerkannt – oder in einem Abstimmungsverfahren genehmigen die Beteiligten das Protokoll. Damit erhält das Protokoll den Rang eines Beweises.

Protokolle dienen auch dazu, verhinderte Gesprächsteilnehmerinnen und Gesprächsteilnehmer, indirekt Beteiligte oder auch bloss Interessierte über ein Gespräch zu informieren. Gespräche erschliessen sich so Aussenstehenden, mündliche Informationen aus einem kleinen Kreis gelangen in grössere Kreise. Häufig dienen Protokolle auch als Organisationsinstrument. Sie halten zum Beispiel fest, wer was bis wann erledigt. Schliesslich ist auch jedes Protokoll wieder Muster für künftige Protokolle. Es steht in einer Tradition und setzt Standards bezüglich Funktion, Form und Inhalt (Abb. 10).

Abbildung 10
Funktionen von
Protokollen

Gute Gründe, um ein Protokoll zu verfassen
1. Kollektives Gedächtnis vereinbaren und konservieren
2. Beweismittel für den Konfliktfall schaffen
3. Informationsmittel für nicht Anwesende produzieren
4. Als Organisationsinstrument nutzen (wer tut wann was)
5. Eine Protokollkultur aufrecht erhalten

3.2 Form von Protokollen

3.2.1 Grundsätzliche formale Ansprüche

Protokolle sind wahrheitsgetreu und sachlich. Sie enthalten deshalb keine Kommentare, Hinzufügungen, Meinungen, Gedanken, Gefühle, Eindrücke des Protokollführers oder der Protokollführerin. Sie halten einzig und alleine Tatsachen fest.

Trotz dieser Forderung fallen kaum je zwei Protokolle eines Gespräches identisch aus. Durch die Auswahl der Informationen, durch die Einkleidung in eigene Worte sowie durch die Gestaltung bringen Protokollführende immer auch ihre Persönlichkeit ins Protokoll mit ein.

Protokollführende sollten sich bewusst bemühen, nur ungefärbte und sachlich richtig ausgewählte Tatsachen festzuhalten. Eine neutrale und emotionslose Einstellung zum Gesprächsthema und den Gesprächsteilnehmenden sind dieser Absicht förderlich.

Gespräche sollten nicht nur wahrheitsgetreu und sachlich, sondern auch ordentlich organisiert sein. Damit sind wir bei der Frage: Wie bauen wir das Protokoll auf?

3.2.2 Struktur von Protokollen

Ein Protokoll enthält einen stark strukturierten Vorspann, das eigentliche Protokoll und einen kleinen Schlussteil (Abb. 11).

Abbildung 11
Beispiel für
einen Vor- und
Nachspann in
einem Protokoll

Protokoll zur Diskussion der Projektskizze Ethikkodex 21. März 2008, 14–16 Uhr, FHNW Olten 305
Jean Nodi (Ethiker, Univ. Basel) Herbert Meier (Ethiker, Univ. Lausanne) Sonja Müller (Wiss. Mitarbeiterin, FHNW, Sitzungsleitung) Susan Göldi (Projektorganisation, FHNW, Protokoll) Verteiler: Mitglieder Ethik-Kommission SATW, Gesprächsteilnehmende
1. ... (Hauptteil des Protokolls)
Gesprächsleiterin Protokollführerin Sonja Müller Susan Göldi 25. März 2008 25. März 2008

Der Vorspann setzt sich aus folgenden Bestandteilen zusammen:

- Wir beginnen das Protokoll mit dem Titel: *Protokoll von/des/der ...*
- Wir ergänzen Datum, Uhrzeit, Dauer sowie Ort des protokollierten Gesprächs.
- Wir nennen Name, Titel, Funktion des Gesprächsleiters, der Gesprächsleiterin.
- Wir zählen alle Gesprächsteilnehmenden auf. Dabei können wir zwischen Anwesenden und entschuldigt bzw. unentschuldigt Abwesenden unterscheiden.
- Wir ergänzen eine Verteilerliste: Wer alles bekommt das Protokoll zur Genehmigung oder zur Kenntnis?
- Schliesslich nennt die Protokollführerin oder der Protokollführer ihren oder seinen Namen und fügt eine Traktandenliste an.

An die Traktandenliste schliesst sich das eigentliche Protokoll an. Wie wir das Protokoll strukturieren, hängt von dessen Inhalt ab. Wir kommen auf die Gestaltung des eigentlichen Protokolls im Zusammenhang mit der Frage nach dem Inhalt des Protokolls zurück.

Am Schluss signieren und datieren sowohl die protokollführende als auch die sitzungsleitende Person das Protokoll.

3.2.3 Sprache in Protokollen

Protokolle sind grundsätzlich in vollständigen und zusammenhängenden Sätzen zu verfassen, da nur Texte die diversen Funktionen des Protokolls erfüllen. Eine Stichwortliste fixiert Erinnerungen nur notdürftig, hat kaum Beweischarakter und dient Aussenstehenden selten als Informationsquelle.

Protokolle fassen wir im Präsens (der Zeitform der Gegenwart) ab. Präsens liest und schreibt sich am leichtesten und erfüllt auch eine Funktion des Protokolls optimal: Das Protokoll soll Vergangenes vergegenwärtigen.

Beim Protokollieren fixieren wir direkte Rede. Dabei können wir zwischen den sprachlichen Formen der direkten Rede, der indirekten Rede und Aussagesätzen wählen.

Wählen wir direkte Rede, halten wir die Redebeiträge exakt in Anführungs- und Schlusszeichen fest.

> In der Sitzung sagt Herr P: *Ich bin dafür, die Produktion wegen Sicherheitsmängeln vorerst einzustellen.*

Im Protokoll steht:

> a) *Herr P. sagt: «Ich bin dafür, die Produktion wegen Sicherheitsmängeln vorerst einzustellen.»*

Anführungs- und Schlusszeichen kennzeichnen wortwörtliche Zitate und sind ausschliesslich für Zitate zu verwenden. Auslassungen in direkter Rede sind durch Punkte zu markieren:

> b) *Herr P. sagt: «Ich bin dafür, die Produktion ... einzustellen.»*

Direkte Rede setzen wir in wortwörtlichen Protokollen ein. In ausführlichen

Protokollen und vor allem in Kurzprotokollen macht sie nur ausnahmsweise Sinn (vgl. dazu unten zum «Inhalt von Protokollen»).

Bei der indirekten Rede formulieren wir einen Ankündigungssatz und den Redebeitrag in der Möglichkeitsform (Konjunktiv) vgl. c) oder mit einem dass-Satz, vgl. d) oder einem Infinitivsatz, vgl e):

> c) *Herr P. sagt, er sei dafür, die Produktion wegen Sicherheitsmängeln vorerst einzustellen.*

> d) *Herr P. sagt, dass er dafür ist, die Produktion wegen Sicherheitsmängeln vorerst einzustellen.*

> e) *Herr P. sagt, dafür zu sein, die Produktion wegen Sicherheitsmängeln einzustellen.*

Diese Formulierungen sind alle schwerfällig und wenn sie gehäuft auftreten eine Zumutung für Leserinnen und Leser. Meist verkürzen wir deshalb in der indirekten Rede oder formen sie um:

> f) *Herr P. sagt, die Produktion sei wegen Sicherheitsmängeln vorerst einzustellen.*

Formen wir indirekte Rede in einfache Aussagesätze um, fällt das Protokoll erheblich kürzer, einfacher, direkter und somit lesefreundlicher aus. Wir vereinfachen beispielsweise:

> g) *Herr P. lehnt die weitere Produktion wegen Sicherheitsmängeln ab.*

oder

> h) *Herr P. findet die weitere Produktion unverantwortlich.*

Bei der Umformung von Redebeiträgen in einfache, klare und direkte Aussagesätze sollten wir zweierlei beachten:

* Wir dürfen Gesprächsbeiträge nicht verfälschen und
* wir sollten nicht in den schwerfälligen Nominalstil fallen

Der Satz

> i) *Herr P. stellt die Produktion sofort ein,*

verfälscht den Redebeitrag sehr stark. Er ist zwar klar, einfach und direkt, erfasst aber nur sehr ungenau, was der Redner tatsächlich gesagt hat.

Der Nominalstil – wir drücken viele Tätigkeiten durch Nomen (Hauptwörter) aus – wirkt ebenfalls schwerfällig und schwer verständlich. Während k) noch akzeptabel ist, sollten wir Konstruktionen wie im Beispiel l) vermeiden.

> k) *Herr P. befürwortet die Produktionseinstellung wegen Sicherheitsmängeln.*

> l) *Die Forderung von Herrn P. nach einer Produktionseinstellung regt die Überprüfung der Sicherheitseinschätzung durch die Projektleitung an.*

Insbesondere in Relevanzprotokollen bietet sich eine noch einfachere Variante an. Häufig ist nicht relevant, wer etwas sagt, sondern nur, was gesagt wird. Dann heisst es in unserem Beispiel lediglich:

> m) *Sicherheitsmängel verunmöglichen eine weitere Produktion.*

3.3 Inhalt von Protokollen

Wir können grundsätzlich zwischen Kurz- und Verlaufsprotokollen unterscheiden. Verlaufsprotokolle lassen sich in ausführliche und wörtliche Protokoll unterteilen; unter dem Kurzprotokoll wird meist ein Beschluss- und Ergebnisprotokoll verstanden. In der Praxis gehen die Erwartungen beim Kurzprotokoll aber häufig weiter. Fordern wir als Gesprächsleitende einen Protokollführer auf, ein *kurzes Protokoll* zu erstellen, erwarten wir meist, dass das Protokoll alles Wichtige und nicht nur die Beschlüsse und Ergebnisse festhält. Im folgenden bezeichne ich als *Relevanzprotokoll* das Protokoll, das alles Wichtige (Relevante) sowie Beschlüsse und Ergebnisse überliefert (Abb. 12).

3.3.1 Kurzprotokolle

Beschluss- und Ergebnisprotokoll

Das inhaltlich kürzeste Protokoll ist das *Beschluss- bzw. Ergebnisprotokoll*. Es hält nur Beschlüsse fest, die in einem Gespräch gefasst wurden bzw. Ergebnisse, welche sich im Gespräch ergaben, wie z. B. Abstimmungsergebnisse.

Solche Protokolle sind mit wenig Aufwand zu bewältigen, und eine Protokollführerin ist nicht unbedingt notwendig. Oft verfasst der Sitzungsleiter das Beschlussprotokoll.

Ein Beschluss- oder Ergebnisprotokoll sollten wir schon im Titel als solches bezeichnen, um keine falschen Erwartungen zu wecken.

Beschlüsse und Ergebnisse können chronologisch oder thematisch geordnet sein.

Relevanzprotokoll

Die häufigste Protokollart, der wir begegnen, bezeichne ich als *Relevanzprotokoll*. Diese Art Protokoll fasst wichtige und richtungsweisende Gesprächsbeiträge zusammen und hält Beschlüsse und Ergebnisse fest.

Als Protokollführende formulieren wir in eigenen Worten. Wir übernehmen Wörter und Sätze aus den Gesprächsbeiträgen ohne Anführungs- und Schlusszeichen und ohne Nennung der Rednerin, des Redners. Wir können aber auch Zitate in Anführungs- und Schlusszeichen einfügen und den Redner, die Rednerin nennen, wenn das sinnvoll ist. Zitate sind dann sinnvoll, wenn es auf den genauen Wortlaut ankommt. Namensnennung ist dann sinnvoll, wenn die Urheberschaft eines Redebeitrages relevant ist.

Wir strukturieren das Protokoll grundsätzlich thematisch. Dabei können wir uns an der Traktandenliste orientieren oder nach eigenem Gutdünken sinnvoll gliedern. Wir können Zwischentitel setzen und sinnvolle Abschnitte bilden. Zwischentitel ermöglichen ein selektives Lesen. Lesende können sich an den Zwischentiteln orientieren und nur lesen, was sie betrifft oder interessiert. Ebenfalls ermöglichen Zwischentitel die Darbietung des Protokolls als Hypertext. Ein Hypertext ist ein elektronischer Text mit verschiedenen Schichten, durch die sich Lesende einen individuellen Leseweg bahnen. Bei einem Protokoll lassen sich sinnvoll Zwischentitel mit Protokollteilen verlinken. Statt den

Abbildung 12
Protokolltypen

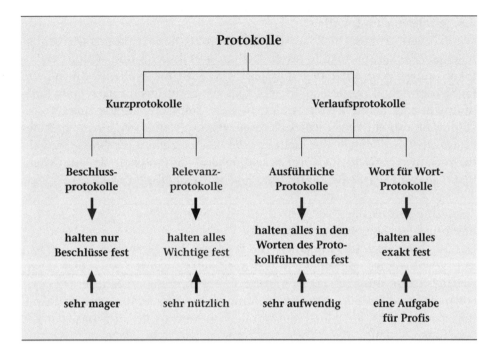

ganzen Text zu überfliegen und interessante Teile auszuwählen, wählen Lesende dann nur noch Titel und klicken sich in Abschnitte, die für sie relevant sind. Haben die Lesenden ausserdem Zugang zu einem gemeinsamen Netzwerk, können Protokollierende einzelne Abschnitte zusätzlich mit ergänzenden Informationen verlinken.

Neben aussagekräftigen Zwischentiteln ist es sehr wichtig, im Relevanzprotokoll Gleiches und Ähnliches zusammenzufassen. Äussern sich zum Beispiel acht von zehn Sitzungsteilnehmenden positiv zu einem Vorschlag, kann das Protokoll zusammenfassend festhalten: *Die meisten befürworten den Vorschlag.* Ein Protokoll soll grundsätzlich keine Redundanz aufweisen. Zusammenfassen heisst auch Reduzieren. Protokollierende reduzieren beständig Gesprächsbeiträge und Gesprächssequenzen auf relevante Bestandteile.

Relevanzprotokolle sind viel informativer als Beschlussprotokolle, aber mit viel geringerem Aufwand als Verlaufsprotokolle verbunden. Im beruflichen Alltag sind sie meist ausreichend.

Die Protokollführenden prägen Relevanzprotokolle sehr stark, da sie viele Freiheiten bei der Auswahl der Informationen und der Gestaltung geniessen.

3.3.2 Verlaufsprotokolle
Ausführliches Protokoll

Das *ausführliche Protokoll* hält chronologisch alle Gesprächsbeiträge und die genaue Bezeichnung des Sprechers, der Sprecherin fest. Wir beginnen also mit:

> *Herr … sagt, …*

Frau ... antwortet, ...
Herr .... ergänzt, ...
Frau ... fügt hinzu, ...
Herr ... erwägt, erklärt, entgegnet, erwidert, meint, denkt, gibt zu Bedenken, findet, glaubt, wendet ein, argumentiert, behauptet, bemerkt, bekräftigt, fordert, widerspricht, bestätigt, räumt ein, hebt hervor, trägt nach, prophezeit, teilt mit, äussert, weist hin auf, berichtet, fragt, betont, hält für richtig/falsch, akzeptiert, pflichtet bei ...

Durch eine sorgfältige Wahl der richtigen Ankündigung können wir Zusammenhänge erhalten und die einzelnen Beiträge präzise erfassen.

Die Gesprächsbeiträge geben wir als Protokollführende gerafft und in indirekter Rede in eigenen Worten wieder. Wir können Worte und Sätze der Sprecherinnen und Sprecher übernehmen, ohne diese mit Anführungs- und Schlusszeichen zu kennzeichnen.

Wir können auch, sofern das sinnvoll ist, mit Zitaten arbeiten. Sinnvoll sind Zitate in Anführungs- und Schlusszeichen dann, wenn es auf den genauen Wortlaut ankommt. Bei einer Verhandlung z.B. kann es bedeutsam sein, ob *alle Kostenüberschreitungen* oder *alle nicht vom Kunden verursachten Kostenüberschreitungen* zulasten des produzierenden Unternehmens gehen.

Wörtliches Protokoll

Wörtliche Protokolle halten chronologisch alle Gesprächsbeiträge im exakten Wortlaut, vollständig und mit Nennung des Sprechers, der Sprecherin fest. Sie sind sehr aufwendig und werden mit Vorteil von professionellen Protokollführerinnen und Protokollführern verfasst. Diese verarbeiten mittels Kurzschriften gesprochene Beiträge nach dem schnelleren Sprech- und nicht dem langsameren Schreibtempo.

Stehen keine professionellen Protokollführerinnen und Protokollführer zur Verfügung, müssen wir Ton und Bild aufnehmen, um im Nachhinein ein Wort für Wort Protokoll aufsetzen zu können.

Wörtliche Protokolle haben besonderen Beweischarakter, weil sie absolut vollständig, wahrheitsgetreu und sachlich sind. Auf Grund des enormen Aufwandes sind sie aber nur im Bedarfsfall zu erstellen.

3.3.3 Gedächtnisprotokolle

Ich will die light-Variante von Protokollen nicht unerwähnt lassen. Sogenannte *Gedächtnisprotokolle* halten im Nachhinein, also nicht während des Gesprächs, ein Gespräch fest. Sie sind unzuverlässig sowohl als Relevanz- als auch als Beschluss- oder Ergebnisprotokolle und unbrauchbar als ausführliche bzw. wortwörtliche Protokolle. Sie können deshalb keinen Beweisanspruch geltend machen. Sie dienen der nachträglichen Fixierung von Gesprächen und der Information Aussenstehender. Gedächtnisprotokolle sind im Titel als Gedächtnisprotokolle zu bezeichnen.

3.4 Strategien für Protokollführende

Abgesehen vom Beschluss- und Ergebnisprotokoll sollten idealerweise alle Protokolle von ernannten und allenfalls qualifizierten Protokollführerinnen und Protokollführern erstellt werden.

Protokollführende übernehmen im Gespräch im besten Fall keine anderen Funktionen. Sie sind einzig und allein fürs Protokoll zuständig. Dafür sprechen zwei Gründe:

- Je unbeteiligter Protokollführende sind, um so sachlicher, objektiver und neutraler fällt das Protokoll aus.
- Das Führen von Protokollen beansprucht Zeit, Energie und Konzentration und kann nur schlecht mit anderen Aktivitäten kombiniert werden.

Protokollführende sollten im Voraus klären, welche Art von Protokoll sie erstellen müssen. Ist ein wortwörtliches Protokoll gefordert, stellen sie mit Vorteil eine Video- oder Tonbandaufzeichnung her.

Sie sollten das Wortfeld *sagen* und den Konjunktiv beherrschen, um eine leserliche und korrekte Wiedergabe zu gewährleisten.

Protokollführende müssen alle Gesprächsteilnehmenden kennen und während des Gesprächs sehen und hören können. Allenfalls sollten sie Namensschilder bei den Personen platzieren. Sie dürfen (und müssen) das Gespräch unterbrechen, um Wiederholungen oder Präzisierungen zu erbitten.

Ihre Aufzeichnungen sollten (mit Ausnahme des wortwörtlichen Protokolls) kurz sein, d.h. aus kurzen einfachen Sätzen, kurzen Wörtern und kurzen Zusammenfassungen bestehen.

Protokolle fassen wir maschinenschriftlich, korrekt und gut verständlich ab. Handschriftliche Protokolle müssen wir mit dem Computer verarbeiten und sprachlich überarbeiten, deshalb erfordern sie Aufwand über die Gesprächsdauer hinaus. Diesen Aufwand sollten wir als Protokollführende einplanen.

Protokollieren gleicht dem umschreibenden Zuhören in Gesprächen[7]. Im Protokoll geben wir Gesprächsbeiträge schriftlich, statt wie im Gespräch mündlich, in eigenen Worten und zusammengefasst wieder, ohne sie zu bewerten oder zu interpretieren. Die Fähigkeit zu protokollieren können wir deshalb in Gesprächen trainieren. Beherrschen wir das umschreibende Zuhören, sind wir für Protokollaufgaben gut gewappnet.

---

[7] Vgl. dazu die Ausführungen zum umschreibenden Zuhören im Grundlagenkapitel «Gespräch».

4 Ergebnisse

Rituale wie das Begrüssungsritual oder Small Talk dienen vorrangig der Beziehungspflege. Beim Small Talk sprechen wir mit Vorteil aktuelle Themen an, formulieren offene Fragen und verhalten uns tolerant und nicht provokativ. Dies ermöglicht, entspannte Beziehungen aufzubauen und aufrechtzuerhalten.

Das Kundengespräch verläuft in zwei Phasen. Nachdem der Kontakt durch Ritual oder Small Talk etabliert ist, erforscht der Verkäufer, die Verkäuferin durch geschicktes Fragen Kundenwünsche. Im Dialog mit der Kundin, dem Kunden vermitteln die Verkaufenden anschliessend Lösungen.

Prüfungsgespräche sind vorzubereiten. Der Prüfer, die Prüferin führt mit Fragen und Anweisungen durch die Prüfung. Der Prüfling lässt sich führen und befolgt die Anweisungen. Er bereitet sich auf die Prüfung vor, indem er sich selbst Fragen ausdenkt und Antworten mündlich formuliert.

Bewerbungsgespräche gleichen Prüfungsgesprächen. Der Bewerber und die Bewerberin bereiten sich auf das Gespräch vor, indem sie Antworten auf Laufbahn-, Motiv- und persönliche Fragen formulieren und sich über die neue Firma informieren. Sie lassen sich von den Interviewerinnen und Interviewern führen und beantworten die Fragen wahrheitsgetreu und weder zu knapp noch zu ausführlich.

Kritik greift immer an. Das Konzept der konstruktiven Kritik hilft, Verbesserungen durch Kritik zu erreichen. Konstruktive Kritik würdigt positives Verhalten und greift nur wenige wesentliche Punkte kritisch auf. Sie beteiligt den Kritisierten an der Problemanalyse und den Lösungen und strebt Vereinbarungen an.

Die Leitung eines Gespräches ist eine anspruchsvolle Aufgabe. Sie erfordert die Planung und Organisation des Gesprächs im Vorfeld und das Wahrnehmen von Pflichten und Rechten während des Gesprächs. Gesprächsleiter und Gesprächsleiterin führen in das Gespräch ein und fassen es zusammen, sie strukturieren das Gespräch und verwalten das Rederecht. Wichtige Eigenschaften von Gesprächsleitenden sind Sachlichkeit, Neutralität und freundliche Bestimmtheit.

Protokolle dienen zum Fixieren von Gesprächsinhalten sowie von Beschlüssen und Ergebnissen, welche aus Gesprächen resultieren. Protokolle haben abgesehen vom Gedächtnisprotokoll Beweischarakter. Protokolle dienen auch als Informations- und Organisationsinstrument sowie als Muster.

Sie sind möglichst sachlich und wahrheitsgetreu abzufassen. Der Protokollführer, die Protokollführerin bringt keine eigenen Beiträge ins Protokoll ein und formuliert klar, genau, zusammenhängend und interessant.

Protokolle enthalten im Vorspann Angaben über Ort, Zeit und Dauer des Gesprächs sowie Angaben über Beteiligte am Gespräch und Traktanden im Gespräch. Die Gesprächsteilnehmenden anerkennen das Protokoll.

Je nach Ausführlichkeit des Protokolls erhält das Protokoll eine andere Struktur. Das ausführliche sowie das wörtliche Protokoll strukturieren wir nach den einzelnen Beiträgen. Das Relevanzprotokoll gliedern Protokollführende thematisch und mit Zwischentiteln.

Als Protokollführerin und Protokollführer übernehmen wir idealerweise keine weiteren Aufgaben im Gespräch. Wir halten unsere Aufzeichnungen kurz und genau. Protokolle ver- und überarbeiten wir nach dem Gespräch. Das Beherrschen des umschreibenden Zuhörens ist beim Protokollieren sehr nützlich.

5 Literaturverzeichnis

- Cerwinka, Gabriele und Schranz, Gabriele; Professionelle Protokollführung, Wien: Wirtschaftsverl. Ueberreuter, 1995.
- Elias, Kriemhild und Schneider, Karl Heinrich; Handlungsfeld Kommunikation, Köln: Stamm Verlag, 1996.
- Flammer, August; Einführung in die Gesprächspsychologie, Bern: Hans Huber, 1997.
- Gassmann, Heinrich; Protokollführung im Betrieb, Zürich: SKV, 1991, 5. Aufl.
- Gührs, Manfred und Nowak, Claus; Das konstruktive Gespräch. Ein Leitfaden für Beratung, Unterricht und Mitarbeiterführung mit Konzepten der Transaktionsanalyse, Meezen: Limmer Verlag, 1995, 3. überarb. u. erw. Aufl.
- Leisi, Ilse und Ernst; Sprach-Knigge oder Wie und was soll ich reden? Tübingen: Narr, 1993, 3. Aufl.
- Stroebe, Rainer W.; Kommunikation II, Verhalten und Technik in Besprechungen, Heidelberg: Sauer-Verlag, 1995, 6. überarb. Aufl.
- Weisbach, Christian-Rainer; Professionelle Gesprächsführung. Ein praxisnahes Lese- und Übungsbuch, München: dtv, 1999, 4. Aufl.

6.1 Checkliste Gesprächsleitung

Aufbau des Gesprächs

- Die **Einleitung** nennt Rahmenbedingungen, Thema und Ziel/e des Gesprächs und vereinbart den Verlauf.
- Der **Hauptteil** hat eine sinnvolle Struktur: vom Einfachen zum Schwierigen; in die Tiefe (statt in die Breite).
- Der **Schluss** enthält eine Zusammenfassung der wichtigsten Inhalte/Ergebnisse (redundant zum Hauptteil).

Gesprächsleitungs-Technik

- Das **Rederecht** ist gerecht **verwaltet.**
- **Alle** Gesprächsteilnehmenden sind angemessen **einbezogen.**
- Gesprächsleitende greifen **Beiträge der Gesprächsteilnehmenden auf** und stellen sie zur Diskussion.
- Gesprächsleitende treiben das Gespräch mit guten **Impulsen** voran (W-Fragen, Fakten, Argumente).
- Gesprächsleitende **verhindern Abschweifungen, Störungen und unsachliche Zusammenstösse.**
- Gesprächsleitende sind stets **sachlich und neutral.**
- Gesprächsleitende verfolgen ihre Ziele bestimmt, aber **freundlich.**

Gesprächsvorbereitung und -nachbereitung

- Gesprächsleitende fixieren/vereinbaren **Ziele, Themen, Ort, Zeit und Dauer.**
- Gesprächsleitende setzen/sammeln/vereinbaren **Traktanden** und Aufgaben für die Sitzung.
- Gesprächsleitende **strukturieren das Thema,** um einen effizienten Ablauf zu gewährleisten.
- Gesprächsleitende **überlegen sich Impulse** (Fragen, Fakten, Argumente), um das Gespräch zu lenken.
- Gesprächsleitende **laden Gesprächsteilnehmende** mit informativem Papier (damit Vorbereitung möglich ist) rechtzeitig (mindestens eine Woche im Voraus) **ein.**
- Gesprächsleitende **kümmern sich um die Infrastruktur** (Raum, Verpflegung, Materialien).
- Gesprächsleitende **kontrollieren das Protokoll** und dessen Vernehmlassung.

Rahmenbedingungen des Gesprächs

- Die **Ziele** werden **erreicht.**
- Der **Zeitrahmen** bleibt **eingehalten.**

230

6.2 Checkliste Relevanzprotokoll

Aufbau des Protokolls

- Das Protokoll hat eine sinnvolle **thematische Struktur.**
- Das Protokoll **fasst** alle relevanten Gesprächsbeiträge **zusammen.**
- Das Protokoll enthält **ausschliesslich Relevantes.**
- Es ist durch **Zwischentitel** gegliedert und im Idealfall als **Hypertext** verteilt.
- Die Abschnitte sind als **zusammenhängende Texte** (keine Stichworte) leicht lesbar.

Sprache des Protokolls

- Das Protokoll ist leicht verständlich:
  - Wortschatz der Lesenden,
  - Kurze klassische Sätze (ca. 15 Wörter pro Satz, Subjekt-Prädikat-Objekt-Struktur),
  - Einfache Satzgefüge (Hauptsatz + 1 Nebensatz).
- Das Protokoll ist **prägnant** (knapp und genau) abgefasst:
  - im aktiv-dynamischen Verbalstil,
  - mit Aussagesätzen (statt indirekte Rede – kein Konjunktiv, sondern **Indikativ**).
- Rechtschreibung und Zeichensetzung sind **korrekt.**

Form des Protokolls

- Das Protokoll ist stets **sachlich und neutral** abgefasst (ohne Ergänzungen, Erläuterungen, Kommentare und Bewertungen durch Protokollführende).
- Das Protokoll erfasst **WAS wurde gesagt, nicht das WER hat gesagt.**

Protokollrahmen

- Das Protokoll erreicht die Gesprächsteilnehmenden **innerhalb einer Woche.**
- Das Protokoll enthält einen **vollbestückten Vorspann:**
  - informativer Titel,
  - exakte Angaben zu Ort, Zeit, Dauer,
  - Liste der Teilnehmenden und deren Rollen,
  - Verteiler.
- Das Protokoll enthält einen **vollbestückten Nachspann:**
  - Unterschriften des Protokollführers und der Gesprächsleiterin,
  - Datum der Abfassung (= Versanddatum).

Sachregister

der bildungsverlag
www.hep-verlag.ch

Susan Göldi

Grundlagen der Unternehmenskommunikation

Werbung, Public Relations und Marketing im Dienste der Corporate Identity

Durch eine unverwechselbare Identität unterscheidet sich ein Unternehmen von anderen Unternehmen und findet seinen Platz in der Gesellschaft. Je vielfältiger und dynamischer ein Unternehmen ist, desto mehr muss es an der eigenen Identität arbeiten. Dieses Engagement drückt sich in Form von Leitbildern und durch Unternehmenskommunikation aus. Unternehmenskommunikation plant, realisiert und kontrolliert mithilfe von Instrumenten wie Public Relations und Werbung sämtliche Kommunikationsprozesse eines Unternehmens. «Grundlagen der Unternehmenskommunikation» richtet sich an Studierende aller Fachrichtungen, von den Ingenieur- bis zu den Sozialwissenschaften. Leicht verständlich vermittelt es unverzichtbares Grundwissen für den beruflichen und sozialen Alltag. Jede Mitarbeiterin, jeder Konsument, jede Chefin und jeder Zeitungsleser sollte Grundbegriffe und wichtige Mechanismen der Unternehmenskommunikation kennen und verstehen. Nur so können sie ihre Rolle in Wirtschaft und Gesellschaft bewusst und kritisch gestalten.